챗GPT를 활용한 고객 타깃 마케팅
다크 심리로 판다

다크 심리로 판다

초판 인쇄	2025년 8월 20일
초판 발행	2025년 8월 30일
지은이	조용태 · 이새봄 · 박비주 · 육은혜
발행인	조현수
펴낸곳	도서출판 더로드
기획	조영재
마케팅	최문섭
편집	문영윤
본사	경기도 파주시 광인사길 68, 201-4호(문발동)
물류센터	경기도 파주시 산남동 693-1
전화	031-942-5366
팩스	031-942-5368
이메일	provence70@naver.com
등록번호	제2015-000135호
등록	2015년 6월 18일

정가 20,000원
ISBN 979-11-6338-494-6 (13320)

파본은 구입처나 본사에서 교환해드립니다.

ChatGPT by DARK PSYCHOLOGY

챗GPT를 활용한 고객 타깃 마케팅

다크 심리로 판다

조용태 이새봄 박비주 육은혜 지음

프롤로그

마케팅 전쟁터에서 살아남기 위해 매일 새벽을 연다.
하루에 커피를 몇 잔 마셨는지도 기억 안 나는 날들. '열심히 하면 된다'는 말은 좋지만, 고객의 클릭은 성실함에 감동하지 않는다.

어디서 클릭되고, 어디서 지갑이 열리는지는 알다가도 모를 일이다. 심지어는 "그 제품 괜찮던데?" 하던 사람이 결제는 딴 데서 한다. 이쯤 되면 질문이 바뀐다. "마케팅은 실력인가, 심리전인가?"
이런 질문들이 이 책의 출발점이었다.

그동안 수많은 프로젝트에서 고객의 반응을 지켜봤다.
'완판'을 외치는 순간도 있었고, '와장창'을 경험한 밤도 있었다.
한 가지는 분명하다. 사람은 이성보다 감정으로 산다. 단 0.1초, 감정이라는 괴물이 마음을 흔들면, 그 흔들림이 카드 결제로 이어진다. 그리고 무서운 건 이거다. 그 감정의 흔들림을 AI가 데이터로 읽어내고 있다는 사실이다.

클릭 패턴, 체류 시간, 구매 이력까지, AI는 고객의 디지털 발자국에서 마음을 해독한다. 이쯤 되면 AI는 단순한 기술이 아니다. 데이터 속 감정을 번역하는 마케팅 요원이다.

여기서 의문이 든다. 모든 판매자들이 마주하는 고객의 구매, 클릭, 이탈. 그게 정말 고객의 자유의지였을까? 아니면, 누군가가 심어둔 심리적 지뢰였던 걸까? 그리고 그 누군가가… 바로 우리 자신이 될 수도 있지 않을까?

섬뜩하게도, AI는 데이터의 바다에서 인간 심리라는 패턴의 진주를 건져 올린다. 무의식의 열쇠, 욕망, 불안, 사회적 압력. 마케팅에 필요한 건 사실상, 뇌파보다도 더 뇌파 같은 감각이다. 이 책은, 그 감각을 설계하는 무기이자 지도이다.

이 책은 그 어둠의 심연을 정면으로 돌파하는 여정이다.

다양한 분야의 전문가들이 모여 AI를 활용해 고객 심리를 어떻게 파악하고, 그것을 마케팅 전략으로 어떻게 '현실화'하는지를 하나하나 정리해 보았다.

다행히도, 이제는 대기업만이 이 기술을 갖고 있지 않다.

AI는 당신에게도 똑같이 열려 있다. 이 책에서는 그 도구를 어떻게 손에 익히고, 어떻게 당신의 마케팅 무기로 만드는지를 함께 나누고자 했다.

책은 총 다섯 개의 흐름으로 구성되어 있다. 그 흐름은 심리를 읽는 눈을 기르는 과정이기도 하다.

Part 1에서는 AI가 뇌와 마음을 어떻게 해석하는지를 살펴본다.

감정, 무의식, 그리고 고객의 작은 반응들이 어떻게 구매 행동으로 이어지는지를 따라간다. 마케팅의 출발점은 결국 '사람을 아는 일'이라는 것을 다시 확인하게 될 것이다.

Part 2는 고객의 뇌 속에서 벌어지는 결정의 순간에 주목한다.
0.1초, 그 찰나에 뇌는 어떤 싸움을 벌이고 있을까? 그리고 뇌의 유형별로 어떤 언어를 선택해야 할까? 모두에게 통하는 말은 없다. 설득도 뇌 맞춤 시대다.

Part 3에서는 AI가 진짜 설득의 마법사가 되는 과정을 다룬다.
행동경제학 기반의 프롬프트를 통해 AI에게 심리 설계의 역할을 '지시'하는 법을 알려준다. AI에게 단지 "계산해줘"가 아니라, "이렇게 말해줘"라고 말할 수 있어야 한다.

Part 4는 윤리와 지속 가능성을 다룬다.

심리를 공략하는 기술이 강력한 만큼, 그 기술을 쓰는 손은 신중해야 한다. 고객을 설득하되, 속여서는 안 된다. 신뢰를 유지하면서도 공감과 연결을 끌어내는 전략, 바로 그 경계를 이야기한다.

Part 5는 마케팅의 마지막 관문인 '감정'을 해부한다.

감정 트리거, 브랜드의 언어, 팔리는 문장, 기억에 남는 메시지. 고객의 심장을 톡 치는 문장은 어떻게 만들어지는가? 바로 여기서, AI는 말 그대로 카피라이터의 뇌가 된다.

이 책은 단순한 이론서가 아니다.

각 장의 끝에는 즉시 사용할 수 있는 AI 마케팅 프롬프트를 담았다. 프롬프트를 그대로 활용하거나, 당신의 상황에 맞게 약간만 조정해도, 바로 내일, 당신의 마케팅 전략이 달라질 수 있다. 이제는 감각보다 설계, 운보다 전략, '느낌'보다 과학이 마케팅을 이끈다.

AI는 차갑게 계산하고, 마케터는 따뜻하게 설계한다. 그렇게 고객의 뇌는 움직인다.

고객의 마음을 움직이는 사람이 결국 시장을 움직인다.
이제, 그 움직임을 설계할 시간이다.

조용태 작가

차 례

프롤로그 • 4

Part 1
뇌와 마음의 비밀 : AI 인간 심리를 만나다

Chapter 1 | 챗GPT, 인간 심리의 블랙박스를 해킹하다
1-1. 뇌 속의 챗GPT • 18
1-2. 구매 버튼을 누르는 숨겨진 유혹자 • 23
1-3. AI, 아직 인간의 심장을 읽지 못하다 • 27

Chapter 2 | 무의식의 지배: 뇌, 당신의 숨겨진 지휘자
2-1. 뇌 속 심연에 숨겨진 구매의 진정한 동력: 욕망, 불안, 사회적 압박의 삼중주 • 30
2-2. 욕망을 디자인하라 • 35
2-3. AI, 침묵하는 당신의 뇌를 훔쳐보다 • 39

Part 2
보이지 않는 손: 뇌의 빈틈을 공략하는 심화 전략

Chapter 3 | 결정의 순간: 뇌 속에서 벌어지는 0.1초의 전쟁
3-1. 이성 vs 감정, 논리 vs 직관: 뇌는 어떻게 선택하는가? • 46
3-2. 감정과 이성을 사로잡는 최적의 마케팅 설계 • 52
3-3. 신경 마케팅과 AI, 무의식의 감각을 설계하다 • 61
3-4. AI와 데이터: 소비 결정을 예측하고 개입하다 • 68

Chapter 4 | 뇌 유형별 맞춤 쇼핑 전략: 3가지 뇌 유형을 알면 돈이 보인다!

4-1. 뇌는 3색 칵테일! 당신의 쇼핑 DNA를 해독하면 지갑이 웃는다 • 74

4-2. AI는 어떻게 개인의 뇌 유형을 분석하고 맞춤형 마케팅을 제공할까? • 81

Part 3
AI, 설득의 마법사가 되다: 심리 기반 전략과 프롬프트

Chapter 5 | 인공지능, 이제 당신의 마음을 사로잡는 설득의 마법사가 된다

5-1. 설득의 연금술: 로고스, 파토스, 에토스를 AI에게 주입한다 • 92

5-2. AI, 설득의 언어를 디자인한다. 프롬프트에 심리 구조를 주입하는 기술 • 97

5-3. AI 모델의 편향과 한계를 극복하는 프롬프트 전략 • 103

Chapter 6 | 설득의 마법: 행동경제학 기반 프롬프트

6-1. 넛지(Nudge) 프레이밍, 손실 회피: AI를 이용한 설득의 기술 • 124

6-2. 감정, 욕망, 불안을 자극하는 프롬프트 AI 카피라이터의 탄생 • 132

6-3. AI는 어떻게 인간의 심리를 조종하고 행동을 유도할 수 있을까? • 142

Chapter 7 | 행동 유도의 기술: 목표 달성을 위한 프롬프트 설계

7-1. 클릭, 구매, 참여를 유도하는 AI 기반 프롬프트 전략 • 158

7-2. 행동 유도의 기술: 사용자 경험 최적화를 위한 개인 맞춤형 콘텐츠 설계 • 182

7-3. AI는 어떻게 인간의 행동을 예측하고 변화시킬 수 있을까? • 194

Part 4
미래를 여는 열쇠: 책임감 있는 AI 마케팅과 지속 가능한 연결

Chapter 8 | 뇌의 사각지대를 공략하라: 인지 편향을 활용한 마케팅 무의식의 덫

8-1. 뇌의 사각지대 공략 3단계: 착각, 망각, 그리고 본능 • 202
8-2. 고정관념을 깨고 마케팅 예상을 뒤엎는 역발상 • 213
8-3. 판을 뒤집는 한 수, 뇌를 점령하는 역발상 마케팅 프로페셔널 분석 • 218

Chapter 9 | 소비자의 뇌리에 박히는 기억의 마법, 브랜딩 전략

9-1. 감각, 감정, 스토리: 기억에 남는 브랜드 경험을 디자인하라 • 238
9-2. 뇌 과학 기반 브랜드 메시지 전략: 반복, 연상, 각인 • 247

Chapter 10 | 시간, 장소, 분위기: 맥락이 소비 심리에 미치는 영향

10-1. 사람은 상품이 아닌, 그 순간의 감정을 구매하는 것이다 • 254
10-2. 감정에 이끌려, 소비를 합리화하다 • 258

Chapter 11 | 마케팅 시각을 바꾸면 미래가 보인다

11-1. 마케팅 시각을 바꾸면 미래가 보인다. 소비자 중심 마케팅 공감 • 262
11-2. 마케팅 시각을 바꾸면 미래가 보인다. 소비자 중심 마케팅 참여 • 265
11-3. 마케팅 시각을 바꾸면 미래가 보인다. 소비자 중심 마케팅 경험 • 268
11-4. 마케팅 시각을 바꾸면 미래가 보인다. 소비자 중심 마케팅 관계 • 270

Part 5
마음의 스위치를 켜는 기술, 고객의 숨겨진 욕망을 읽는 기술

Chapter 12 | 감정 트리거 해부학
12-1. 고객 마음속 미지의 방을 여는 열쇠, 감정 트리거 해부학 첫걸음 • 276
12-2. 구매를 부르는 대표적인 감정 트리거 해부 • 279
12-3. 인공지능, 감정을 지휘하다. 감성 마케팅의 작곡가로 진화하는
　　　인공지능 • 301

Chapter 13 | 팔리는 글쓰기를 알아야 AI 똑똑하게 활용한다
13-1. AI 글쓰기 시대, 팔리는 글의 핵심은 역시 인간이다 • 310
13-2. AI 활용 '돈' 되는 글쓰기, 팔리는 메시지 제작 비법 대방출 • 313
13-3. '사게 만드는' 문장 만들기 필살 전략 실습 • 318
13-4. 이제는 '어떻게 팔 것인가'가 아니라 '어떻게 설계할 것인가'의
　　　시대이다 • 325

보너스장
AI 세일즈 글쓰기 워크북 • 330

에필로그 • 342

Part 1

뇌와 마음의 비밀 :
AI 인간 심리를 만나다

Chapter 1

챗GPT,
인간 심리의
블랙박스를 해킹하다

1-1
뇌 속의 챗GPT

 # 소비 행동의 메커니즘 감정과 이성의 엇갈린 춤

인간의 뇌는 구매 결정을 내릴 때 이성과 감정이 혼합된 과정을 거친다. 편도체와 전두엽, 이 두 영역은 마치 끊임없이 펼쳐지는 드라마 속 두 주인공처럼 경쟁하고 협력한다. 감정적 반응은 이성적 사고보다 빠르게 작동한다. 충동 구매와 브랜드 선호도에 결정적인 영향을 미친다. "50% 세일, 오늘까지만!" 이 문장, 단순해 보이지만 강력한 힘을 지닌다. 긴박감을 조성해 소비자를 무의식적 행동으로 이끈다. 도파민 보상 회로를 활성화해 즉각적 구매를 만든다.

소비는 단순한 물건 구매가 아니다. 우리의 무의식을 자극하는 심리적 드라마 그 자체다. 우리는 자신의 구매 결정을 합리적이라고 믿는다. 하지만 현실은 다르다. 무의식적 욕망, 불안, 사회적 압력 등이 우리를 지배한다. 때로는 자신이 어떤 선택을 하고 있는지조차 인지하지 못하게 만든다.

충동적 소비와 다크 패턴, AI의 한계, 이 모든 것은 소비 심리를 이해하는 데 중요한 단서를 제공한다. 행동경제학과 뇌 과학, 이 두 관점에서 소비 심리를 분석한다. 우리의 구매 결정 이면에 숨겨진 이유를 탐구하는 여정이다. 챗GPT의 방대한 데이터 분석 능력은 이 여정을 더욱 풍성하게 만든다. 소비 심리에 숨겨진 미묘한 패턴을 밝혀낸다. 소비자에게 현명한 선택을 할 수 있는 힘을 제공한다.

무의식을 지배하는 다크 패턴의 유혹

인간의 뇌는 논리보다 감정과 본능에 민감하게 반응한다. 특히 소비 상황에서는 편도체와 보상 회로가 활성화된다. 충동 구매를 자극한다. 현대 소비 환경에서는 더욱 빈번하게 나타나는 현상이다. 다크 패턴 마케팅, 인간 심리를 교묘하게 이용한다. 소비자의 무의식을 조종하고 비합리적 소비를 유도한다. 챗GPT는 이 어두운 유혹을 밝혀내는 빛이다. 온라인 쇼핑몰, 소셜 미디어, 광고, 모든 채널에서 데이터를 수집하고 분석한다. 다크 패턴을 효과적으로 탐지한다. 소비자에게 경고 메시지를 전달한다.

럭키박스, 이건 못 참는 MZ세대. MZ세대에게 럭키박스는 단순한 상품이 아니다. 기대감과 즐거움의 상징이다. 챗GPT는 럭키박스 관련 데이터를 분석한다. 기대감을 증폭시키고 반복적 소비를 유도하는 요소들을 파악한다. 소비자는 자신의 소비 심리를 객관적으로 분석할 수 있다. 충동적 구매를 자제할 수 있다.

21세기 파블로프의 개, 쇼핑 할인 알림에 반응하다. "1시간 한정

할인!" 알림, 파블로프의 개처럼 우리를 조건 반사적으로 반응하게 만든다. 챗GPT는 할인 알림의 빈도, 시간대, 내용을 분석한다. 소비자의 구매 행동에 미치는 영향을 파악한다. 알림의 위험성을 경고한다. 필요한 소비와 불필요한 소비를 구분하는 데 도움을 준다.

"오늘만 할인" 내일 없는 소비. "오늘만 할인!" 이 문구, 소비자의 심리를 뒤흔드는 강력한 메시지다. 챗GPT는 이 문구의 사용 빈도, 제품 종류, 할인율을 분석한다. 충동 구매를 유발하는 요인을 파악한다. 소비자에게 현혹되지 않고 신중하게 구매 결정을 내리도록 조언한다.

판매자의 판매 극대화를 위한 챗GPT 활용 전략

현대 소비 시장은 치열한 경쟁과 끊임없이 변화하는 소비자 트렌드로 가득하다. 단순한 제품 홍보를 넘어, 소비자의 무의식을 파고드는 전략이 필요하다. 할인 문구, 한정판 마케팅, 스마트폰 알림, 모두 소비자의 숨겨진 욕망을 자극하고 즉각적인 구매를 유도하는 강력한 도구다. 순간적인 만족을 넘어, 지속적인 매출 성장을 위한 전략이 필요하다.

챗GPT는 판매자의 강력한 무기다. 경쟁 우위를 확보하고 매출을 극대화하는 열쇠다. 소비자의 심리 분석 및 맞춤형 전략 수립이 가능하다. 챗GPT는 방대한 데이터를 분석하여 소비자의 소비 패턴, 선호도, 구매 심리를 심층적으로 파악했다. 이를 통해 판매자는 타겟 고객층에 최적화된 마케팅 전략을 수립하고, 구매 전환율을 극대화할 수 있다. 경쟁사 제품에 대한 소비자 반응 분석도 가능하다. 소비자가 경쟁사의 어떤 마케팅에 자극받고, 소비하는지에 대해 알아 볼 수 있고, 분석된 자료를 통해 경쟁사보다 높은 경쟁력을 가지는 마케팅을 펼 칠 수 있다.

다크 패턴 활용 극대화가 가능하다. 챗GPT는 소비자의 심리적 취약점을 파악하여, 효과적인 다크 패턴 활용 전략을 제시했다. 가짜 긴급성, 희소성 강조, 사회적 증거 활용 등 다양한 기법을 통해 소비자의 구매 욕구를 자극하고, 즉각적인 행동을 유도할 수 있다. 소비자의 리뷰 분석으로, 제품 구매 후 부족한 부분들을 파악하고, 구매 만족도를 높여 재 구매가 일어날 수 있도록 챗GPT는 도움을 줄 수 있다.

실시간 데이터 분석 및 최적화가 가능하다. 챗GPT는 실시간으로 변화하는 시장 상황과 소비자 반응을 분석하여, 판매 전략을 즉각적으로 최적화했다. 이를 통해 판매자는 급변하는 시장 환경에 유연하게 대응하고, 지속적인 매출 성장을 달성할 수 있다. 이벤트 진행시, 챗GPT를 사용하여, 소비자들의 반응을 실시간으로 분석하여, 즉각적으로 마케팅 전략을 수정하여, 판매자는 소비자의 니즈를 빠르게 캐치하여 판매량을 올릴 수 있다.

고객 경험 향상 및 브랜드 충성도 강화가 가능하다. 챗GPT는 고객과의 상호작용을 분석하여, 개인 맞춤형 고객 응대 전략을 제시했다. 이를 통해 판매자는 고객 만족도를 향상시키고, 브랜드 충성도를 강화할 수 있다.

소비 심리에 대한 깊이 있는 이해와 챗GPT의 강력한 분석 능력을 결합하여, 판매자는 경쟁 우위를 확보하고 지속적인 매출 성장을 이끌어낼 수 있다.

1-2
구매 버튼을 누르는 숨겨진 유혹자

소비자의 무의식을 조종하는 어두운 설계, 다크 패턴

 다크 패턴은 소비자의 심리를 미묘하게 조종하여 무의식적인 행위를 유도하는 디자인 기법이라 할 수 있다. 일례로, "첫 달 무료 체험!"이라는 문구에 현혹되어 신청하였으나, 추후 인지하지 못한 채 매달 결제가 이루어지는 경우가 존재한다. 이는 다크 패턴의 일종인 '무료 체험 미끼, 자동 결제의 덫'에 해당한다.

 소비자는 최초 '무료'라는 매력적인 조건에 이끌려 용이하게 결제 정보를 입력하게 된다. 달콤한 사탕으로 소비자를 안심시키는 것과 유사하다. 그러나 무료 기간이 종료되면, 소비자가 해지를 망각한 순간 자동으로 유료 결제가 진행되는 것이다. 소비자가 인지하지 못한 사이 덫에 걸리는 것과 같은 양상이다.

 이러한 상황에 직면한 소비자는 "어? 나도 모르는 사이에 금전이 지출되었네? 기만당했다!"라는 감정을 느끼기 마련이다. 최초의 긍정적인 경험은 소멸되고, 오히려 기업에 대한 불신감 및 분노를 야기할 수 있다.

AI 활용법

[서비스 유형] 서비스를 [기간] 동안 무료로 체험할 수 있는 [광고 문구]를 작성해주세요. 단, 무료 체험 후 자동으로 유료 결제로 전환되는 [다크 패턴 요소]를 포함해야 합니다. 또한, 소비자가 [불만 또는 문제점]을 느낄 수 있는 상황을 제시하고, 이를 해결하기 위한 [해결 방안 또는 대안]을 함께 제시해주세요.

놓치면 후회할까, 한정판의 황홀한 유혹이 있다. 희소성은 소비자의 욕망을 자극하는 강력한 마법이다. '마지막 5개 남음' 또는 '한정판 출시'라는 주문은 소비자의 구매 결정을 재촉한다. 인간의 뇌는 희소성을 생존과 관련된 중요한 자원으로 해석하기 때문이다. 한정판 운동화나 협업 제품은 이러한 심리를 극한으로 끌어올린 황홀한 유혹이다. 소비자들은 밤새 줄을 서고, 출시와 동시에 광클하며 제품을 손에 넣으려 한다. 기업은 이 마법 같은 한정판 전략으로 브랜드 가치를 높이고, 충성도 높은 추종자를 얻는다.

AI 활용법

[제품 유형]의 [특정 속성]을 강조한 [한정판 유형] 상품을 기획하고, 소비자의 [심리적 욕구]를 자극하는 [마케팅 문구]를 작성해주

세요. 또한, [구매를 서두르게 만드는 요소]를 포함하여 소비자의 [즉각적인 구매 결정]을 유도하는 전략을 제시하고, 이 전략이 [브랜드 가치]에 미치는 영향에 대해 설명해주세요.

소비자를 불편하게 만드는 서비스 해지의 덫은 미로와 다를 바 없다. 가입은 쉽고, 해지는 어려우니 말이다. 고객센터를 거치거나 여러 단계를 밟아야만 해지가 가능한 구조는 소비자에게 의도적으로 불편함을 안겨 서비스를 붙잡아 두려는 속셈이다. 해지 버튼을 숨기고 복잡한 확인 절차를 거치게 만드는 서비스들은 소비자의 인내심을 시험한다. 이러한 방식은 기업의 이익을 위한 도구로 쓰이겠지만, 소비자에게는 분노와 좌절을 안겨줄 뿐이다. 다크 패턴은 소비자의 무의식을 자극하여 구매를 유도하지만, 결국에는 소비자들의 마음속에 깊은 상처를 남기게 된다.

현대인의 구매 행동은 이성이나 필요보다는 감정, 본능, 사회적 압력과 같은 무의식적 요인에 의해 좌우된다. 다크 패턴, 희소성 마케팅, '오늘만 할인'과 같은 전략은 소비자의 심리를 정교하게 조종하여 즉각적인 소비를 부추긴다. 최면술사처럼 소비자를 홀려 자신의 선택이 어디에서 비롯되었는지조차 잊게 만드는 것이다. 이러한 전략은 단기적인 성공을 가져올 수는 있어도, 장기적으로는 소비자의 신뢰를 잃고 기업의 미래를 위태롭게 할 수 있다.
선택이 강요되었다고 느끼는 소비자는 배신감과 후회를 경험하며 브랜드 충성도는 무너져 내린다. 반대로 윤리적이고 투명한 마케팅은 소비자와의 굳건한 신뢰를 바탕으로 영원한 관계를 구축한다. 소비자는 자신의 무의식적 반응을 깨닫고 충동적인 행동을 제어하는 현명함을 갖춰야 한다. '이 소비가 정말 필요한가?' 이 단순한 질문은 불필요한 소비를 막고 더 나은 선택을 가능하게 한다. 기업은 소비자의 심리를 교묘하게 이용하는 전략을 버리고 투명성과 윤리를 중심으로 지속 가능한 마케팅 전략을 개발해야 한다. 무의식적 소비의 메커니즘을 이해하고 이를 윤리적으로 활용하는 것은 소비자와 기업 모두에게 주어진 중요한 과제다.

결국, AI의 방향은 우리가 정한다. 우리는 판매자로서, 그리고 혁신가로서 선택해야 한다. AI가 소비자의 숨겨진 욕망을 파헤쳐 전에 없던 판매 전략을 펼치도록 활용할 것인가? 아니면 평범한 도구로 남겨두고 경쟁에 뒤처질 것인가?

미래는 이미 시작되었다. 그리고 그 미래를 결정하는 열쇠는 당신의 손에, 바로 이 책에 있다. "다크 심리를 만난 챗GPT가 판다." 이 책과 함께라면, 당신은 소비자의 무의식을 조종하는 다크 심리를 자유자재로 다루는 전문가가 될 것이다. 챗GPT는 당신의 판매 전략에 날개를 달아, 전에 없던 성공을 안겨줄 것이다. 다크 심리와 AI, 이 둘의 강력한 조합은 당신을 판매의 제왕으로 만들 것이다. 미래의 승리는 당신의 것이다.

1-3
AI, 아직 인간의 심장을 읽지 못하다

AI, 손금처럼 소비자를 읽다: 데이터 너머의 인간 심리

AI는 소비 데이터를 분석하며 마치 우리를 손금 보듯 훤히 들여다보는 듯하다. 넷플릭스의 섬세한 추천, 스포티파이의 마음을 울리는 플레이리스트, 인스타그램의 눈길을 사로잡는 광고, 이 모든 것은 우리가 남긴 디지털 흔적을 바탕으로 정교하게 짜여진 작품 같다. 하지만 그 결과가 언제나 우리의 영혼까지 만족시키는 것은 아니다.

실제로 우리의 소비는 냉철한 데이터만으로는 설명할 수 없는 뜨거운 감정과 예측 불가능한 변수들로 가득 차 있다. 스트레스가 폭발하는 순간 찾아드는 고급 디저트의 달콤한 유혹, 소셜 미디어 속 찰나의 바이럴 트렌드에 휩쓸려 벌이는 쇼핑 광란, 이 모든 것은 AI가 감히 넘볼 수 없는 인간이라는 존재의 복잡성을 보여준다. AI는 데이터의 숲에서 패턴이라는 보석을 찾아내는 데는 능숙하지만, 인간의 감정이라는 예측 불가능한 폭풍, 급변하는 트렌드라는 변덕스러운 바람 앞에서는 여전히 속수무책이다. 팬데믹 초기 마스크와 손 소독제의 폭발적인 수요, 그 누구도 예측하지 못했던 혼돈의 소용돌이 속에서 AI는 무력했다.

하지만 바로 이 지점에서, 우리는 AI의 숨겨진 가능성을 발견한다. 데이터라는 차가운 통계에 심리학과 행동경제학이라는 따뜻한 인간의 통찰을 더한다면, AI는 단순한 소비 유도 도구를 넘어 우리의 삶을 풍요롭게 하는 진정한 조력자가 될 수 있다. 챗GPT와 다크 심리라는 강력한 조합은 바로 이 간극을 메우는 열쇠다.

결국, AI의 미래는 우리의 선택에 달려 있다. 우리는 판매자로서, 그리고 혁신가로서 선택해야 한다. AI가 소비자의 숨겨진 욕망이라는 어둠 속에서 영원한 수익을 창출하는 도구가 될 것인가? 아니면 평범한 알고리즘의 감옥에 갇혀 경쟁에서 도태될 것인가?

미래는 이미 시작되었다. 그리고 그 미래를 결정하는 힘은 바로 이 책, "다크 심리를 만난 챗GPT가 판다"를 펼치는 당신의 손에 있다. 챗GPT의 정교한 데이터 분석 능력과 다크 심리의 강력한 인간 통찰력을 결합한다면, 당신은 소비자의 무의식을 조종하고, 그들의 마음을 사로잡는 마법사가 될 것이다. 챗GPT와 다크 심리, 이 두 힘이 하나로 합쳐진다면, 판매왕의 자리는 당신의 것이다. 미래의 승리는 오직 당신의 것이다.

Chapter 2

무의식의 지배: 뇌, 당신의 숨겨진 지휘자

2-1
뇌 속 심연에 숨겨진 구매의 진정한 동력: 욕망, 불안, 사회적 압박의 삼중주

보이지 않는 구매의 오케스트라

　우리는 소비를 이성적이고 자유로운 선택의 향연이라 착각한다. 하지만 진실은 어둠 속에 숨겨진 오케스트라의 연주와 같다. 우리의 구매 결정은 무의식이라는 심연 속에서 꿈틀거리는 심리적 동기에 의해 교묘하게 조율된다. 욕망은 우리를 더 높은 곳을 향해 날갯짓하게 만들고, 불안은 우리를 안전이라는 요새로 웅크리게 하며, 사회적 압박은 우리를 군중 속에서 빛나는 존재로 발돋움하게 한다.

　이 심리적 요소들은 단순한 개인의 선호를 넘어, 거대한 시장과 AI라는 보이지 않는 손에 의해 정교하게 조종된다. 그들은 우리의 무의식이라는 금고를 해킹하여 욕망과 불안이라는 열쇠를 쥐고, 우리의 심리적 약점을 노련하게 활용한다. 그 결과, 우리는 마치 최면에 걸린 듯, 자신도 모르는 사이에 구매라는 덫에 걸려든다.

이 장에서는 우리의 구매 동기를 빚어내는 심리적 거장들의 숨겨진 연주와, 시장과 AI가 이 오케스트라를 어떻게 지휘하는지 탐구한다. 당신의 소비를 설계하는 무의식이라는 블랙박스를 열어, 보이지 않는 힘들이 어떻게 당신의 선택을 유혹하는지 그 비밀을 밝혀낼 것이다.

우리는 자신의 구매 결정을 논리적이고 합리적인 판단이라 믿는다. 그러나 현실은 꿈틀거리는 욕망, 차가운 불안, 그리고 날카로운 사회적 압박이라는 세 마리의 맹수가 뇌 속 깊은 곳에서 우리의 선택을 조용히 지배하는 잔혹한 게임이다. 명품 가방을 움켜쥐며 자신감이라는 갑옷을 걸치거나, 팬데믹 초기 마스크를 산처럼 쌓아 올리며 안전이라는 성벽을 구축하거나, SNS에 호화로운 풀빌라 인증샷을 올리며 '나'라는 존재를 증명하려는 행위는 단순한 선택이 아닌, 무의식적 심리 동기의 거대한 그림자이다.

명품은 단순한 물건이 아닌, 성공과 사회적 지위라는 신화적인 상징이며, 타인의 시선을 통해 자신의 가치를 확인하려는 원초적인 욕망의 표현이다. 불안에 의한 소비는 위기 상황에서 통제력이라는 마지막 보루를 사수하려는 필사적인 몸부림이다. 팬데믹 초기, 사람들은 "지금 움켜쥐지 않으면 모든 것을 잃을지도 모른다"는 공포 속에서 과잉 소비라는 절박한 선택을 했다. 사회적 압력은 준거 집단이라는 거울 속에 비친 자신의 모습을 끊임없이 확인하고, "뒤처지지 않기 위해" 소비라는 맹렬한 질주를 부추긴다. 골프, 풀빌라, 해외여행과 같은 소비는 자신이 집단 내에서 인정받고 있다는 환상을 유지하려는 처절한 몸부림이다.

이처럼 우리의 구매 동기는 단순히 생존을 위한 필요가 아닌, 무의식적 심리 요소들이 정교하게 짜여진 태피스트리와 같다. 욕망은 우리를 더 높은 곳을 향해 날갯짓하게 만들고, 불안은 우리를 안전이라는 요새로 웅크리게 하며, 사회적 압박은 우리를 군중 속에서 빛나는 존재로 발돋움하게 한다. 이 동기들은 우리의 소비라는 건축물을 설계하는 보이지 않는 실처럼 작용하며, 소비 행동이라는 미스터리의 숨겨진 진실을 밝혀내는 열쇠가 된다.

소비심리, 무의식으로 읽는 욕망의 코드

MZ세대 사이에서 명품 소비가 증가하는 현상은 단순한 유행을 넘어 심리적 욕망의 드라마이다. 그들은 명품을 통해 사회적 지위와 자아정체성을 시각적으로 표현하려 한다. 명품은 성공과 높은 사회적 위치를 상징하며, 이를 소유함으로써 타인의 시선 속에서 더 나은 자신을 창조하려는 무의식적 욕망이 작동한다. "명품 가방 하나쯤은 있어야 자신감이 생긴다"는 생각은 단순한 소비를 넘어 자기 가치를 증명하려는 강력한 의지의 표현이다. 사회적 비교 이론에 의해 강화된 이 욕망은, 타인의 소유물을 기준으로 삼아 자신도 동일하거나 더 나은 가치를 가진 사람으로 보이려는 처절한 몸부림이다. SNS 인증샷은 "나는 특별하고 가치 있는 존재"라는 메시지를 세상에 외치려는 외침이다. 명품은 단순한 물건이 아닌, 개인의 사회적 위치와 자기 정체성을 드러내는 강력한 상징이다.

불안심리, 사재기로 이어지다.

불확실한 상황에서 사람들은 통제력을 되찾기 위해 소비라는 마지막 보루에 매달린다. 안전 확보를 위한 과잉 구매는 불안 심리가 소비를 지배하는 전형적인 시나리오이다. 코로나19 팬데믹 초기, "혹시 내가 감염되면 어쩌지?"라는 질문은 많은 사람들의 심장을 공포로 물들였고, 마스크와 손 소독제는 단순한 생필품을 넘어 심리적 안전망으로 변모했다. 소비자들은 감염 공포와 재고 부족이라는 불안의 늪에서 필요한 양을 초과하는 물건을 사들였고, 이는 오히려 사재기를 부추겨 재고 부족을 심화시켰다. 경제 불황이나 사회적 위기 또한 이 불안의 시나리오를 반복한다. 불안감을 해소하려는 심리는 구매 행위를 안정과 통제의 상징으로 탈바꿈시킨다. 사람들은 논리적 판단을 멈추고 본능적인 구매를 선택하며, "지금 당장 구매하지 않으면 위험해질지도 모른다"는 심리적 압박 속에서 과잉 소비의 늪에 빠져든다. 이 심리적 메커니즘은 감염병 예방용품이나 생필품에 국한되지 않는다. 불안을 보상하기 위해 사치품이나 비필수 소비재를 탐하는 심리 또한 나타나며, 이는 불확실한 상황에서 자신을 안심시키려는 무의식적 몸부림이다. 결국, 불안은 소비 행동을 부추기고, 안전과 통제라는 심리적 욕구를 충족시키기 위해 비합리적인 구매를 합리화시킨다.

사회적 압박 좋아요에 목매다.

사회적 압력은 소비자가 타인의 기대와 행동에 동조하려는 심리에서 솟아난다. 준거 집단의 소비는 개인의 소비 결정에 강력한 영향을 미친다. "주변 사람들이 다 하는데, 나도 해봐야 하지 않을까?" 이 생각은 소비의 강력한 동기가 된다. 골프는 MZ세대 사이에서 성공과 트렌디함을 상징하는 활동이 되었다. SNS에는 고급 골프장 인증샷과 브랜드 골프웨어가 넘쳐나며, 이는 준거 집단에 속함을 증명하는 상징이 된다. FOMO(Fear of Missing Out) 현상 또한 소비를 부추긴다. 풀빌라 숙박, 해외여행, 명품 호텔 브런치 등은 "이걸 하지 않으면 뒤처지는 게 아닐까?"라는 심리적 압박을 동반한다. 풀빌라 휴가나 해외여행 사진은 "나도 이런 삶을 살고 있다"는 메시지를 전달하는 도구이다. "좋아요"와 댓글은 집단에 인정받고 있음을 확인하는 신호이며, 소비자는 무의식적으로 자신의 가치를 확인받으려 한다. 카페, 레스토랑, 호텔 등 다양한 소비 분야에서도 이러한 현상이 나타난다. "인증샷 명소" 카페, 예약이 어려운 고급 레스토랑 사진은 자신만의 라이프스타일을 드러내는 도구가 된다. 사회적 압력은 타인의 소비 행동을 따라야 한다는 심리적 부담을 주고, 과소비나 경제적 한계를 넘는 지출을 유발한다.

 MZ세대 소비 행태는 단순한 만족이나 편의가 아닌, 준거 집단에서 인정받고 소속감을 확인하려는 심리적 욕구의 결과이다. 골프, 풀빌라, 해외여행 등은 "나도 이 트렌드에 속해 있다"는 메시지를 전달하는 상징이며, 동조 소비와 FOMO가 만들어내는 강력한 심리적 메커니즘을 보여준다.

2-2
욕망을 디자인하라

브랜딩, 영혼을 담는 연금술

우리는 왜 특정 브랜드에 끌리는가? 그것은 단순한 호감이 아니다. 우리의 무의식은 브랜드가 그려내는 감정의 풍경에 반응한다. 컬러와 디자인은 첫눈에 반하게 만드는 마법이며, 감정을 자극하고 브랜드와 영혼의 끈을 엮는 강력한 도구다.

컬러, 욕망을 물들이는 감정 팔레트

컬러는 브랜드의 얼굴이자, 소비자의 욕망을 자극하는 무의식의 언어이다. 붉은색은 심장을 뛰게 하고, 욕망의 불을 지핀다. 맥도날드와 버거킹은 붉은색과 노란색의 조합으로 "빠르고 맛있는 욕망"을 자극한다. 푸른색은 신뢰와 안정이라는 안식처를 제공한다. 페이팔과 비자는 푸른색으로 "안전한 욕망"을 약속한다. 녹색은 자연과 지속 가능성이라는 꿈을 꾸게 한다. 스타벅스는 녹색으로 "착한 욕망"을 충족시킨다. 노란색은 따뜻함과 친근함이라는 환상을 심어준다. 맥도날드는 노란색으로 "행복한 욕망"을 표현한다. 보라색은 부와 우아함이라는 욕망을 자극한다. 럭셔리 브랜드는 보라색으로 "특별한 욕망"을 속삭인다. 검은색은 세련미와 권위라는 욕망을 드러낸다. 메르세데스-벤츠는 검은색으로 "강력한 욕망"을 표현한다. 컬러는 브랜드의 욕망을 소비자에게 전달하고, 구매를 부추기는 강력한 마법이다.

디자인, 욕망을 현실로 만드는 조형술

현대 소비자는 기능에 만족하지 않는다. 자신만의 욕망을 표현하는 맞춤형 경험을 원한다. 기술은 평준화되었고, 디자인이 욕망의 차이를 만든다. 삼성 비스포크는 소비자가 직접 디자인하는 욕망을 실현시킨다. 색상, 재질, 크기까지, 모든 것을 소비자의 욕망대로 바꿀 수 있다. "나만의 욕망"을 담은 냉장고는 단순한 가전이 아닌, 욕망의 오브제가 된다. LG 오브제는 라이프스타일과 조화를 이루는 욕망을 창조한다. 가전은 인테리어의 일부가 되고, 공간은 욕망의 캔버스가 된다. 소비자는 자신만의 욕망을 담은 공간을 완성하며, 프리미엄이라는 욕망을 경험한다. 맞춤형 디자인은 소비자의 욕망을 자극하고, 브랜드에 대한 충성심을 강화한다. 디자인은 욕망을 표현하고, 선택의 즐거움을 제공하며, 프리미엄 욕망을 경험하게 하는 마법이다. 삼성과 LG는 디자인으로 욕망의 시대를 열고 있다.

스토리텔링으로 전하는 브랜드 가치

브랜드 스토리텔링은 소비자와의 정서적 유대감을 형성하는 강력한 도구다. KCC 스위첸 광고는 현실의 단면을 잘라낸 듯 결혼생활의 힘난한 여정, 가족이라는 이름의 따스한 끈, 문화적 충돌이라는 날카로운 파편들을 섬세하게 직조하여 소비자의 영혼을 파고드는 공감의 거울을 만들어낸다. 이 거울은 단순히 상품을 비추는 것이 아니라 소비자의 가장 깊은 기억과 감정을 투영하며 브랜드를 단순한 판매자가 아닌 인생의 동반자로 각인시킨다.

진정성과 투명성은 소비자의 마음을 사로잡는 마법의 주문이다. KCC 스위첸 광고는 서로 다른 배경을 가진 사람들이 모여 가족이라는 울타리를 만들어가는 과정을 진솔하게 담아내며 브랜드가 추구하는 사회적 가치를 가슴 깊이 와닿게 한다. 소비자는 이 따뜻한 이야기에 공감하며 브랜드를 자신의 신념과 가치관을 공유하는 믿음직한 친구로 여긴다.

브랜드 스토리는 소비자의 이성적 판단을 무력화시키고 무의식 깊숙한 곳에 숨겨진 욕망의 불씨를 지핀다. 소비자는 자신의 선택이 합리적인 결과라고 믿지만 사실은 브랜드 스토리가 제공하는 감성적 경험과 공감에 의해 깊이 영향을 받는다. 가족이라는 끈을 강조한 메시지는 소비자의 원초적인 안정 욕구를 자극하고 브랜드를 삶의 필수적인 부분으로 인식하게 만든다. 이 미묘한 연결은 소비자의 지갑을 열게 하고 브랜드에 대한 충성심을 불태우는 강력한 힘으로 작용한다.

브랜드가 사회적 가치를 이야기할 때 소비자는 단순한 상품 판매자를 넘어 세상에 긍정적인 영향을 미치는 영웅을 발견한다. KCC 스위첸 광고의 메시지는 진실과 투명성을 바탕으로 소비자의 불안한 마음에 평온을 선사하고 브랜드의 이상과 비전이 소비자의 삶과 완벽하게 일치할 때 폭발적인 공감대를 형성한다. 이는 소비자가 브랜드의 가치를 자발적으로 옹호하게 만들고 영원히 지속될 것 같은 특별한 관계를 구축하는 초석이 된다.

2-3
AI, 침묵하는 당신의 뇌를 훔쳐보다

"다음 영상"의 마법, AI는 당신의 리모컨을 훔쳤다

어느덧 우리는 밤의 끝자락을 붙잡고 유튜브 썸네일을 하염없이 떠도는 좀비가 되었다. "분명 딱 하나만 더 보고 자야지…"라는 나약한 다짐은 AI가 던져주는 '맞춤형 떡밥' 앞에서 맥없이 무너진다. 섬뜩하리만치 정확한 "다음 영상" 추천, 소름 돋도록 내 취향을 저격하는 광고들. 이쯤 되면 섬뜩한 기시감마저 든다. "혹시 이 AI, 내 머릿속에 몰래 들어와 있는 건 아닐까?"

우리가 의식조차 하지 못하는 찰나의 시선 이동, 망설이는 클릭, 새벽 3시의 뜬금없는 검색어까지, AI는 이 모든 디지털 흔적을 꿰뚫어 마치 숙련된 최면술사처럼 우리의 무의식을 조종한다. 넷플릭스와 스포티파이는 이미 우리의 '자동 재생' 버튼을 장악했고, 소셜 미디어 피드는 우리가 '좋아요'를 누르기도 전에 다음 욕망을 예측하여 우리 눈앞에 펼쳐 놓는다.

뇌 해킹: AI, 당신의 '구매 버튼'을 엿보다

생각해보라. 왜 유독 특정 광고에 눈길이 멈추고, 나도 모르게 '장바구니' 버튼을 누르게 되는 것일까? AI는 단순한 데이터 분석을 넘어, 우리의 뇌가 특정 자극에 어떻게 반응하는지, 어떤 무의식적인 감정에 흔들리는지 정밀하게 파악한다. 마치 디지털 뇌파 측정기처럼, 우리의 클릭 패턴, 검색 기록, 심지어 콘텐츠 시청 시간에 따른 미묘한 생체 반응까지 분석하여, '구매'라는 최종 행동을 유발하는 '무의식적 트리거'를 찾아내는 것이다.

넷플릭스가 당신이 중간에 멈춘 스릴러 영화와 유사한 '취향 저격' 콘텐츠를 끊임없이 추천하는 것은, 당신의 '미완성된 욕망'을 자극하는 교묘한 전략이다. 스포티파이가 당신의 새벽 감성에 딱 맞는 잔잔한 음악 플레이리스트를 선물하는 것은, 당신의 '숨겨진 감정 코드'를 정확히 읽어낸 결과이다. 인스타그램 피드에 떠도는 화려한 여행 사진은 당신의 '잠재된 일탈 욕구'를 건드리고, 맛집 광고는 당신의 '미각 뉴런'을 자극하여 당장이라도 지갑을 열게 만든다.

판도라의 알고리즘: 편리함 뒤에 숨겨진 어두운 욕망

AI가 우리의 무의식을 읽고 활용하는 것은 양날의 검과 같다. 편리함이라는 달콤한 유혹 뒤에는, 우리의 자율적인 선택 능력이 서서히 마비될 수 있다는 섬뜩한 진실이 숨어 있다. AI가 설계한 '맞춤형 정보'의 틀 안에서 우리는 점점 더 편협한 사고에 갇히고, 스스로 탐색하고 결정하는 능력을 잃어버릴 수 있다.

"다음 영상" 자동 재생 기능은 우리의 비판적 사고 능력을 무력화시키고, 알고리즘이 추천하는 콘텐츠에 무비판적으로 노출되도록 만든다. 소셜 미디어의 '맞춤형 필터 버블'은 우리와 다른 의견을 접할 기회를 박탈하고, 확증 편향을 강화하여 더욱 극단적인 소비 성향을 부추길 수 있다.

뇌를 엿보는 AI, 윤리적 딜레마에 서다

우리의 가장 사적인 영역, 무의식의 영역까지 침범하는 AI 기술은 심각한 윤리적 질문을 던진다. 기업은 과연 우리의 뇌를 '해킹'하여 얻은 정보를 상업적인 목적으로 활용할 권리가 있는가? AI가 우리의 무의식적인 욕망을 자극하여 특정 상품을 구매하도록 유도하는 것은 정당한 마케팅 전략인가, 아니면 교묘한 심리 조작인가?

이제 우리는 AI가 만들어낸 편리함이라는 환상에서 깨어나, 이 기술이 우리의 자유 의지와 선택의 권리에 미치는 영향을 심각하게 고민해야 한다. AI는 우리의 삶을 풍요롭게 하는 강력한 도구가 될 수도 있지만, 동시에 우리의 가장 깊은 내면을 조종하는 위험한 감시자가 될 수도 있다.

당신의 뇌는 안전한가? AI 시대, 소비자의 마지막 방어선

AI가 우리의 무의식을 읽고 활용하는 시대, 우리는 어떻게 스스로를 보호하고 주체적인 소비자로 살아남을 수 있을까? 단순히 기술의 발전을 멈출 수는 없다. 중요한 것은 AI의 작동 방식을 이해하고, 비판적인 시각을 유지하며, 우리의 디지털 발자국을 신중하게 관리하는 것이다.

우리는 AI가 제공하는 편리함에 무비판적으로 순응하기보다는, 때로는 알고리즘의 추천에서 벗어나 스스로 탐색하고 결정하는 노력을 기울여야 한다. 우리의 무의식은 그 누구에게도 함부로 내맡길 수 없는, 우리 자신만의 고유한 영역이기 때문이다. AI 시대, 우리의 뇌를 지키기 위한 치열한 싸움은 이미 시작되었다.

Part 2

보이지 않는 손:
뇌의 빈틈을 공략하는
심화 전략

Chapter 3

결정의 순간: 뇌 속에서 벌어지는 0.1초의 전쟁

3-1
이성 vs 감정, 논리 vs 직관: 뇌는 어떻게 선택하는가?

0.1초, 뇌는 어떤 선택을 하는가? 감정적 뇌와 이성적 뇌의 숨 막히는 경주

우리가 물건을 사는 순간, 뇌 속에서는 마치 숨 막히는 단거리 경주와 같은 치열한 경쟁이 벌어진다. 이 경주에는 두 명의 강력한 선수가 참가한다. 바로 감정적 뇌와 이성적 뇌이다.

감정적 뇌는 과거의 경험, 욕구, 그리고 즉각적인 보상에 민감하게 반응하며, 빠른 속도로 결승선을 향해 질주한다. 이 선수는 '쾌락 원칙'에 따라 움직이며, "지금 당장 갖고 싶다!", "이걸 가지면 기분이 좋아질 거야!"와 같은 강렬한 감정을 연료로 삼는다.

반면, 이성적 뇌는 논리적 분석, 장기적인 결과 예측, 그리고 합리적인 판단을 주 무기로 삼아 경주에 임한다. 이 선수는 '현실 원칙'에 따라 움직이며, "이것이 정말 필요한가?", "장기적으로 봤을 때 이득이 되는가?"와 같은 질문을 던지며 신중하게 발걸음을 옮긴다.

이 두 선수의 경주 결과는 0.1초라는 찰나의 순간에 결정된다. 때로는 감정적 뇌가 압도적인 속도로 이성적 뇌를 제치고 결승선을 통과하며 충동 구매라는 결과를 낳기도 한다. 또 다른 순간에는 이성적 뇌가 냉철한 판단으로 감정적 뇌를 제어하며 합리적인 소비 결정을 이끌어내기도 한다.

이처럼 소비 결정은 뇌 속에서 벌어지는 복잡하고 역동적인 심리적 과정의 결과이다.

감정적 뇌의 폭주: 쾌락 중추를 자극하는 마케팅 전략

감정적 뇌는 뇌의 변연계에 위치하며, 도파민이라는 신경전달물질을 분비하여 쾌락과 보상을 추구하는 강력한 동기를 유발한다. 마케터들은 이러한 감정적 뇌의 특성을 정확히 파악하고, 다양한 전략을 통해 소비자의 구매 행동을 자극한다.

예를 들어, 화려한 광고 영상, 감각적인 디자인, 그리고 유명 인플루언서의 추천은 소비자의 시각, 청각, 그리고 사회적 동경심을 자극하여 감정적 뇌를 활성화한다. 이러한 자극은 뇌의 보상 중추를 작동시키고, 소비자는 "이 제품을 가지면 행복해질 거야!", "이걸 사면 나도 멋있어 보일 거야!"와 같은 긍정적인 감정을 느끼며 즉각적인 구매 욕구를 느낀다.

또한, '희소성 효과'와 '긴급성 효과'는 감정적 뇌의 불안 회피 기제를 작동시켜 소비자의 구매를 촉진한다. "지금 아니면 기회가 없다!", "한정 수량만 판매한다."와 같은 메시지는 소비자가 놓치면 안

될 것 같은 불안감을 느끼게 하고, 이성적 판단을 흐리게 하여 충동적인 구매 결정을 내리도록 유도한다.

이처럼 감정적 뇌는 강력한 구매 동기를 유발하는 1등 주자이지만, 때로는 비합리적인 소비로 이어질 수 있다는 위험성을 내포한다.

이성적 뇌의 저항: 합리적 소비를 위한 인지적 노력

이성적 뇌는 뇌의 전두엽에 위치하며, 논리적 사고, 분석, 그리고 계획 수립과 같은 고차원적인 인지 기능을 담당한다. 소비자가 합리적인 구매 결정을 내리기 위해서는, 이성적 뇌가 감정적 뇌의 충동적인 욕구를 제어하는 과정이 필수적이다.

소비자는 제품의 기능, 가격, 그리고 성능을 꼼꼼히 비교하고, 리뷰나 사용자 평가를 참고하여 객관적인 정보를 수집하고 분석한다. 이러한 정보 처리 과정은 이성적 뇌를 활성화하며, 소비자는 제품의 장단점을 논리적으로 평가하고, 자신의 필요와 예산에 맞는 최적의 선택을 하려고 노력한다.

또한, 소비자는 과거의 소비 경험을 바탕으로 미래의 소비 계획을 세우고, 충동적인 구매를 자제하기 위한 자기 통제 전략을 사용한다. 예를 들어, 쇼핑 목록을 미리 작성하거나, 예산을 설정하고, 불필요한 소비를 줄이기 위한 노력을 기울인다.

이처럼 이성적 뇌는 합리적인 소비를 위한 강력한 조력자이지만, 감정적 뇌의 강력한 충동을 억제하기 위해서는 상당한 인지적 노력이 요구된다.

0.1초의 승패: 소비 결정에 영향을 미치는 심리적 요인들

소비 결정은 뇌 속에서 벌어지는 감정적 뇌와 이성적 뇌의 숨 막히는 경주 결과이다. 이 경주의 승패에 영향을 미치는 다양한 심리적 요인들이 존재한다.

'프레이밍 효과(Framing Effect)'

동일한 정보라도 제시 방식에 따라 소비자의 감정적 반응과 선택이 달라진다. 예를 들어, "20% 할인"이라는 표현은 "80% 가격 유지"보다 더 매력적으로 느껴진다.

'앵커링 효과(Anchoring Effect)'

처음 제시된 정보(앵커)가 이후의 판단에 큰 영향을 미친다. 예를 들어, 비싼 가격의 제품을 먼저 제시한 후 저렴한 제품을 제시하면, 저렴한 제품이 상대적으로 더 싸게 느껴진다.

'사회적 증거(Social Proof)'

다른 사람들의 행동이나 의견이 자신의 선택에 큰 영향을 미친다. 예를 들어, 많은 사람이 구매한 제품은 안심하고 구매할 가능성이 크다.

'손실 회피(Loss Aversion)'

이익을 얻는 것보다 손실을 회피하려는 경향이 더 강하다. 예를 들어, "이 제품을 구매하지 않으면 후회할 것이다!"라는 메시지는 소비자의 불안감을 자극하여 구매를 촉진한다.

마케터들은 이러한 심리적 요인들을 이용하여 소비자의 무의식적인 반응을 유도하고, 구매 결정에 영향을 미친다.

AI, 뇌를 읽고 소비를 설계하다

최근 AI 기술의 발전은 뇌 과학 연구와 접목되어, 소비자의 뇌 활동을 실시간으로 분석하고 예측하는 수준에 이르렀다. 뉴로마케팅(Neuro marketing)이라는 새로운 분야는 뇌파, 시선 추적, 그리고 피부 전도율 측정과 같은 기술을 활용하여 소비자의 무의식적인 반응을 측정하고, 이를 마케팅 전략에 반영한다.

AI는 이러한 뉴로마케팅 데이터를 분석하여 소비자의 선호도, 감정 상태, 그리고 구매 의도를 정확하게 파악하고, 개인 맞춤형 광고나 추천 시스템을 제공한다. 이는 소비자의 편의성을 높이고 구매 만족도를 향상하는 긍정적인 효과를 가져올 수 있다.

하지만, AI가 소비자의 뇌를 읽고 소비 행동을 설계하는 기술은 심각한 윤리적 딜레마를 야기한다. 소비자의 사생활 침해, 심리적 조작, 그리고 자율성 침해와 같은 우려가 제기되며, AI 마케팅의 윤리적 사용에 대한 사회적 논의가 필요한 시점이다.

미래에는 AI 기술이 더욱 발전하여 소비자의 무의식적인 욕구를 더욱 정교하게 파악하고, 초개인화된 마케팅 전략을 제공할 것으로 예상된다. 이러한 변화는 소비자와 기업 모두에게 새로운 기회와 도전을 동시에 제시할 것이다.

3-2
감정과 이성을 사로잡는 최적의 마케팅 설계

뇌를 춤추게 하는 마케팅 전략

　우리는 지금 AI가 단순한 데이터 분석 도구를 넘어, 인간 뇌의 작동 원리를 깊이 이해하고 소비자의 마음을 사로잡는 혁신적인 마케팅 전략을 설계하는 '디지털 심리학자'로 진화하는 놀라운 시대를 살고 있다. AI는 뇌 과학과 심리학의 최신 연구 성과를 빠르게 흡수하여, 소비자의 감정적 욕구와 이성적 판단 과정을 정밀하게 분석하고 예측하는 능력을 갖추게 되었다. 마치 숙련된 마케터가 소비자의 심리를 꿰뚫어 보듯, AI는 과거에는 상상할 수 없었던 수준의 개인 맞춤형 마케팅을 가능하게 한다. 이 챕터에서는 AI가 어떻게 인간의 뇌를 분석하고, 감정과 이성을 모두 만족시키는 최적의 마케팅 설계를 가능하게 하는지, 그리고 이러한 AI의 힘을 활용하여 초보 챗GPT 사용자도 쉽게 마케팅 효과를 극대화할 수 있도록 AI 프롬프트 적용법을 친절하게 안내한다.

AI 마케팅의 핵심은, 소비자의 뇌를 마치 오케스트라처럼 조화롭게 지휘하는 것이다. AI는 소비자의 감정적 뇌를 자극하여 강렬한 인상을 남기는 동시에, 이성적 뇌를 설득하여 합리적인 구매 결정을 내리도록 유도하는 정교한 마케팅 시나리오를 설계한다.

먼저, AI는 소비자의 감정적 뇌를 춤추게 하는 다양한 마케팅 전략을 구사한다.

AI 스토리텔러

AI는 소비자의 과거 구매 이력, 소셜 미디어 활동, 그리고 감정 분석 결과를 종합적으로 고려하여, 소비자의 마음을 울리는 맞춤형 스토리를 만들어낸다. 예를 들어, 가족애를 자극하는 광고를 보고 소비자가 눈물을 흘렸다면, AI는 이 소비자를 타겟으로 더욱 감동적이고 개인적인 스토리가 담긴 광고를 자동으로 생성하여 깊은 공감을 이끌어낸다. 숙련된 작가가 독자의 심금을 울리는 감동적인 이야기를 쓰는 것처럼, AI는 소비자의 감정적 공감대를 형성하여 브랜드에 대한 긍정적인 이미지를 심어준다.

챗GPT와 같은 AI 도구에 다음과 같은 프롬프트를 입력하면, 원하는 감성 키워드를 담은 스토리텔링 광고를 쉽게 제작할 수 있다.

AI 감각 디자이너 프롬프트 적용

AI는 소비자가 선호하는 색상, 음악, 그리고 전반적인 분위기를 분석하여, 시각, 청각, 그리고 다양한 감각적 경험을 극대화하는 광고를 디자인합니다. 예를 들어, 밝고 활기찬 음악에 긍정적인 반응을 보인 소비자에게는, 경쾌한 리듬과 화려한 색감이 어우러진 광고를 자동으로 제공하여 소비자의 몰입도를 높입니다. 전문 디자이너가 소비자의 취향을 정확히 파악하여 맞춤형 디자인을 제공하는 것처럼, 소비자의 감각을 만족시키는 최적의 광고 환경을 조성합니다.

"제품: 향수, 타겟 고객: 30대 남성, 감각 키워드: #세련됨 #도시적 #남성미, 오감 자극 광고 프롬프트 생성"

AI 브랜드 큐레이터 프롬프트 적용

AI는 소비자의 가치관, 라이프스타일, 그리고 사회적 지위를 정밀하게 분석하여, 소비자가 자신의 정체성을 효과적으로 표현하고 감정적인 만족을 얻을 수 있는 브랜드 이미지를 구축합니다. 예를 들어, 환경 보호에 높은 가치를 부여하는 소비자에게는, 브랜드의 지속가능성과 윤리적 소비를 강조하는 메시지를 전달하여 소비자의 공감을 얻고 브랜드 충성도를 높입니다. 전문 큐레이터가 미술 작품을 통해 관람객의 감성을 자극하는 것처럼, 브랜드 이미지를 통해 소비자의 감정적인 유대감을 형성합니다.

"브랜드: 친환경 의류, 타겟 고객: 40대 여성, 가치 키워드: #지속가능성 #윤리적 소비 #미니멀라이프, 브랜드 이미지 광고 프롬프트 생성"

AI 사회적 증거 생성기 프롬프트 적용

AI는 소비자와 유사한 취향을 가진 다른 사람들의 긍정적인 평가와 생생한 사용 후기를 분석하여, 소비자의 불안감을 해소하고 구매 결정을 더욱 확신하게 만듭니다. 예를 들어, 새로운 여행 상품 구매를 망설이는 소비자에게는, 다른 여행객들의 만족스러운 경험담과 사진을 제공하여 소비자의 구매를 유도를 합니다. 유명 맛집 앞에 길게 늘어선 줄이 맛을 보장하는 것처럼, 사회적 증거를 활용하여 소비자의 구매 심리를 자극합니다.

"제품: 여행 상품, 타겟 고객: 50대 부부, 사회적 증거 키워드: #안전 #편안함 #추억, 여행 후기 생성 프롬프트 생성"

AI 손실 회피 설계자 프롬프트 적용

AI는 소비자의 손실 회피 심리, 즉 무언가를 잃는 것에 대한 두려움을 자극하는 메시지를 생성하여, 소비자의 즉각적인 구매를 유도합니다. 예를 들어, "오늘이 마지막 할인 기회!", "한정 수량만 남았습니다!"와 같은 메시지를 통해 소비자의 불안감을 고조시켜 빠른 구매 결정을 유도합니다. 마치 경매사가 "지금 아니면 절대 살 수 없습니다!"라고 외치는 것처럼, AI는 소비자의 심리적 압박감을 조성하여 구매를 촉진합니다.

"제품: 건강기능식품, 타겟 고객: 60대 남성, 손실 회피 키워드: #건강 #노후 #예방, 긴급성 메시지 생성 프롬프트 생성"

이처럼 AI는 다양한 전략을 통해 소비자의 감정적 뇌를 자극하여 구매 욕구를 높이는 데 탁월한 능력을 발휘한다. 하지만, AI 마케팅은 감정적인 측면에만 집중하지 않는다.

AI는 소비자의 이성적 판단을 돕고, 합리적인 구매 결정을 내리도록 지원하는 마케팅 전략도 함께 제공한다.

AI 정보 큐레이터 프롬프트 적용

AI는 제품의 기능, 성능, 가격, 그리고 장단점에 대한 명확하고 정확한 정보를 소비자가 이해하기 쉬운 형태로 제공하여, 소비자가 객관적으로 제품을 비교하고 분석할 수 있도록 돕습니다. 예를 들어, 새로운 노트북 구매를 고려하는 소비자에게는, 각 모델의 스펙, 사용자 리뷰, 그리고 가격 비교 정보를 한눈에 볼 수 있도록 정리하여 제공합니다. 전문 컨설턴트가 소비자의 질문에 명쾌하게 답변하는 것처럼,

소비자의 정보 탐색 과정을 효율적으로 만들어줍니다.

"제품: 노트북, 타겟 고객: 대학생, 정보 제공 키워드: #성능 #가격 #휴대성, 제품 비교 정보 생성 프롬프트 생성"

AI 논리 설계자 프롬프트 적용

AI는 제품의 우수성을 입증하는 객관적인 데이터나 통계 자료를 제시하여, 소비자의 신뢰를 얻고 구매 결정을 더욱 확신하게 만듭니다. 예를 들어, 새로운 자동차 구매를 고려하는 소비자에게는, 연비, 안전성, 그리고 유지비에 대한 상세한 정보를 제공하여 소비자의 합리적인 선택을 돕습니다. 과학자가 실험 결과를 통해 자신의

주장을 뒷받침하는 것처럼, AI는 객관적인 근거를 통해 소비자의 이성적인 판단을 지원합니다.

"제품: 자동차, 타겟 고객: 직장인, 논리적 근거 키워드: #연비 #안전 #유지비, 객관적 데이터 제공 프롬프트 생성"

AI 비교 분석가 프롬프트 적용

AI는 경쟁사 제품과의 비교 분석을 통해 자사 제품의 강점과 차별성을 명확하게 보여줌으로써, 소비자가 더욱 합리적인 선택을 할 수 있도록 돕습니다. 예를 들어, 새로운 화장품 구매를 고려하는 소비자에게는, 성분, 효능, 그리고 가격 비교 정보를 제공하여 소비자가 자신에게 가장 적합한 제품을 선택할 수 있도록 안내합니다. 마치 전문 평론가가 다양한 제품을 객관적으로 평가하는 것처럼, AI는 소비자의 비교 분석을 돕습니다.

"제품: 화장품, 타겟 고객: 20대 여성, 비교 분석 키워드: #성분 #효능 #가격, 경쟁사 비교 정보 생성 프롬프트 생성"

AI 문제 해결사 프롬프트 적용

AI는 소비자의 문제를 정확하게 파악하고, 제품이나 서비스가 어떻게 소비자의 문제를 효과적으로 해결해 줄 수 있는지 명확하게 제시하여, 소비자의 구매 동기를 강력하게 유발합니다. 예를 들어, 시간 관리에 어려움을 겪는 소비자에게는, 스케줄 관리 앱의 편리성과 생산성 향상 효과를 구체적으로 설명하여 소비자의 공감을 얻습니다. 마치 숙련된 상담가가 소비자의 고민을 해결해 주는 것처럼, AI는 소비자의 니즈를 충족시키는 솔루션을 제공합니다.

"제품: 스케줄 관리 앱, 타겟 고객: 직장인, 문제 해결 키워드: #시간 관리 #효율성 #생산성, 문제 해결 솔루션 제공 프롬프트 생성"

AI 신뢰 설계자 프롬프트 적용

AI는 제품에 대한 보증이나 환불 정책을 명확하게 안내하여, 소비자의 구매 위험을 최소화하고, 안심하고 구매할 수 있도록 유도합니다. 예를 들어, 고가의 가전제품 구매를 고려하는 소비자에게는, 무상 보증 기간과 환불 절차를 상세하게 안내하여 소비자의 불안감을 해소합니다. 마치 변호사가 계약 조건을 명확하게 설명하는 것처럼, AI는 소비자의 안전한 구매를 지원합니다.

"제품: 가전제품, 타겟 고객: 주부, 신뢰 키워드: #보증 #환불 #안심, 보증 및 환불 정책 안내 프롬프트 생성"

AI 마케팅의 궁극적인 목표는, 소비자의 감성과 이성을 모두 만족시키는 최적의 마케팅 시나리오를 설계하는 것이다. AI는 소비자의 감정을 자극하는 매력적인 스토리텔링과 소비자의 합리적인 의사 결정을 돕는 객관적인 정보를 조화롭게 결합하여, 소비자의 구매 여정을 성공적으로 이끌어낸다.

AI 감성 시나리오 프롬프트

AI는 소비자의 감정을 극대화하는 스토리를 제공하고, 제품 사용 후의 긍정적인 감정 변화를 예측하여, 소비자의 구매 욕구를 최고조로 끌어올립니다.

"제품: 카메라, 시나리오: 가족 여행, 감정 키워드: #행복 #추억 #사랑, AI 스토리텔링 광고 생성, AI 감정 분석 결과 예측"

AI 이성 시나리오 프롬프트

AI는 제품의 기능과 성능에 대한 정확하고 객관적인 정보를 제공하고, 소비자의 합리적인 의사 결정을 적극적으로 지원하여, 소비자의 신뢰를 확보합니다.

"제품: 공기청정기, 시나리오: 미세먼지, 정보 제공 키워드: #성능 #필터 #안전, AI 제품 비교 정보 생성, AI 사용자 리뷰 분석"

AI 통합 시나리오 프롬프트

AI는 감성적인 스토리텔링과 합리적인 정보 제공을 완벽하게 결합하여, 소비자의 감정적 욕구와 이성적 판단을 동시에 충족시키는 최적의 마케팅 시나리오를 설계합니다.

"제품: 커피머신, 시나리오: 홈카페, 감정 키워드: #여유 #힐링, 정보 제공 키워드: #가격 #성능, AI 감성 시나리오 생성, AI 이성 시나리오 생성, AI 시나리오 통합 및 최적화"

AI는 인간의 뇌를 닮아가는 혁신적인 기술을 통해, 소비자의 마음을 사로잡는 더욱 강력하고 정교한 마케팅 전략을 설계하고 있다. 소비자의 감성과 이성을 모두 만족시키는 AI 마케팅은, 기업에는 매출 증대라는 성공적인 결과를 가져다주고, 소비자에게는 만족스러운 구매 경험과 삶의 질 향상을 선사하는 윈-윈 전략이 될 것이다.

3-3
신경 마케팅과 AI, 무의식의 감각을 설계하다

AI 신경 마케터: 무의식의 감각 설계사

AI는 뇌 과학 연구 결과를 바탕으로 소비자의 무의식적인 반응을 유도하는 정교한 감각적 자극을 설계하는 데 혁신적인 역할을 한다. 신경 마케팅은 AI의 능력을 활용해 소비자의 감각을 조작하고, 무의식 영역에서 구매 결정을 이끌어내는 강력한 마케팅 전략이다. 감각 자극은 뇌의 보상 시스템을 은밀하게 활성화하여 소비자가 인지하지 못하는 사이에 긍정적 감정을 느끼고 특정 제품이나 브랜드를 무의식적으로 선호하도록 유도한다.

또 AI는 소비자의 뇌가 특정 감각 자극에 어떻게 반응하는지 방대한 데이터를 통해 분석하고, 이를 바탕으로 소비자의 감정을 극대화하고 구매 행동을 유도하는 최적의 감각 마케팅 전략을 설계한다. AI는 소비자의 오감을 정교하게 조율하여 구매를 유도한다.

오감1 시각 자극 설계

AI는 소비자가 특정 색상, 형태, 움직임, 이미지에 어떻게 반응하는지 시선 추적 및 뇌파 분석을 통해 분석하고, 광고, 제품 디자인, 매장 디스플레이에 적용한다. 예를 들어, 자동차 광고에서 AI는 강렬한 붉은색이 소비자의 질주 본능을 자극하고, 푸른색이 안정감을 주며 신뢰를 형성하며, 역동적인 형태 디자인이 속도감을 느끼게 한다는 것을 활용한다.

AI 프롬프트 적용

"자동차 광고 제작. 타겟 고객: 20대 남성, 주요 가치: #자유 #해방감 #성취감. 시각적 요소: 붉은색 스포츠카, 역동적인 곡선, 탁 트인 도로 이미지. 광고 카피: '일상의 굴레를 벗어나 질주 본능을 깨워라!'

프롬프트 설명

"자동차 광고 제작.": AI에게 광고 제작을 요청하는 명령어

"타겟 고객: 20대 남성": 광고를 보여줄 대상 설정

"주요 가치: #자유 #해방감 #성취감": 광고에서 강조할 감정적 키워드

"시각적 요소: 붉은색 스포츠카, 역동적인 곡선, 탁 트인 도로 이미지": 광고에 포함할 시각적 요소 구체적으로 제시

"광고 카피: '일상의 굴레를 벗어나 질주 본능을 깨워라!'": 광고

문구 예시

오감 2 청각 자극 설계

AI는 소비자가 특정 음악 장르, 템포, 음색, 음향 효과에 어떻게 반응하는지 분석하고, 광고 분위기를 조성하고 소비자의 감정을 고조시키는 청각적 요소를 설계한다. 예를 들어, AI는 고급 레스토랑에서 잔잔한 클래식 음악이 소비자의 긴장을 풀고 편안한 식사를 유도하며, 활기찬 매장에서는 빠른 템포의 팝 음악이 쇼핑을 즐겁게 만든다는 것을 활용한다.

AI 프롬프트 적용

"커피 광고 배경 음악 생성. 분위기: 따뜻하고 아늑함, 장르: 재즈, 템포: 느림, 악기 구성: 피아노, 색소폰, 음향 효과: 커피 내리는 소리, 빗소리 (잔잔하게)"

프롬프트 설명

"커피 광고 배경 음악 생성.": AI에게 배경 음악 생성을 요청하는 명령어

"분위기: 따뜻하고 아늑함": 음악의 전체적인 분위기 지정

"장르: 재즈": 음악 장르 선택

"템포: 느림": 음악 속도 지정

"악기 구성: 피아노, 색소폰": 사용될 악기 지정

"음향 효과: 커피 내리는 소리, 빗소리 (잔잔하게)": 배경에 깔릴 효과음 지정

오감 3 후각 자극 설계

AI는 소비자가 특정 향기에 어떻게 반응하는지 뇌파 분석을 통해 분석하고, 매장 분위기를 조성하고 브랜드 이미지를 강화하는 후각적 요소를 활용한다. 예를 들어, AI는 빵집에서 갓 구운 빵 냄새가 소비자의 식욕을 자극하고 따뜻한 분위기를 연출하며, 서점에서는 오래된 종이 냄새가 편안함을 주고 책에 대한 호감을 높인다는 것을 활용한다.

AI 프롬프트 적용

"베이커리 매장 향기 마케팅 전략 제안. 고객 특성: 20~30대 여성, 매장 분위기: 밝고 활기참, 목표: 매장 체류 시간 증가 및 구매 유도. 향기 조합: 갓 구운 빵 냄새, 바닐라 향, 시나몬 향

프롬프트 설명

"베이커리 매장 향기 마케팅 전략 제안.": AI에게 향기 마케팅 전략을 요청하는 명령어

"고객 특성: 20~30대 여성": 주요 고객층 설정

"매장 분위기: 밝고 활기참": 매장의 전체적인 분위기 제시

"목표: 매장 체류 시간 증가 및 구매 유도": 향기 마케팅을 통해

얻고자 하는 효과 명시

"향기 조합: 갓 구운 빵 냄새, 바닐라 향, 시나몬 향": 사용할 향기 조합 제안

오감 4 촉각 자극 설계

AI는 소비자가 특정 질감과 온도에 어떻게 반응하는지 분석하고, 제품 포장, 매장 디스플레이, 제품 자체의 질감을 통해 소비자의 촉각을 자극하고 구매 경험을 향상시킨다. 예를 들어, AI는 고급 화장품 포장이 부드럽고 매끄러운 질감으로 소비자의 소유욕을 자극하고, 의류 매장에서 부드러운 소재의 옷감이 소비자의 편안함을 높인다는 것을 활용한다.

AI 프롬프트 적용

"고급 화장품 용기 디자인. 재질: 유리, 표면 질감: 매끄럽고 차가움, 형태: 곡선형, 색상: 은은한 펄 화이트, 촉각적 강조 요소: 뚜껑 부분의 금속 장식 (차가운 질감)"

프롬프트 설명

"고급 화장품 용기 디자인.": AI에게 용기 디자인을 요청하는 명령어

"재질: 유리": 용기의 주 재질 지정

"표면 질감: 매끄럽고 차가움": 용기 표면의 질감 묘사

"형태: 곡선형": 용기의 형태 지정

"색상: 은은한 펄 화이트": 용기의 색상 지정

"촉각적 강조 요소: 뚜껑 부분의 금속 장식 (차가운 질감)": 특히 강조할 촉각적 요소 제시

오감 5 미각 자극 설계

AI는 소비자가 특정 맛과 식감에 어떻게 반응하는지 분석하여, 식품 마케팅 및 제품 개발에 활용될 수 있다. 예를 들어, AI는 단맛이 행복감을, 짠맛이 식욕을, 톡 쏘는 식감이 즐거움을 유발한다는 것을 학습하여, 새로운 식품을 개발하거나, 식품의 맛과 향을 최적화하여 소비자의 만족도를 높이는 데 기여한다.

AI 프롬프트 적용

"어린이용 건강 음료 개발. 맛: 달콤하고 상큼함, 식감: 부드럽고 약간의 탄산, 주요 성분: 과일 퓨레, 비타민 강화, 색상: 밝고 화려함"

프롬프트 설명

"어린이용 건강 음료 개발.": AI에게 음료 개발을 요청하는 명령어

"맛: 달콤하고 상큼함": 음료의 주된 맛 지정

"식감: 부드럽고 약간의 탄산": 음료의 식감 제시

"주요 성분: 과일 퓨레, 비타민 강화": 음료에 들어갈 주요 성분

명시

"색상: 밝고 화려함": 음료의 색상 지정

AI는 이처럼 다양한 감각 자극을 설계하고 조화롭게 결합하여 소비자의 무의식적인 영역에서 구매 결정을 유도하고, 브랜드에 대한 긍정적인 감정을 형성하며, 소비자의 충성도를 높이는 데 기여한다.

3-4
AI와 데이터: 소비 결정을 예측하고 개입하다

검색 기록이 추천으로 이어지는 이유

AI는 데이터를 기반으로 소비자의 구매 가능성을 예측하고, 이를 활용해 개인화된 맞춤형 경험을 제공한다.

아마존의 추천 알고리즘은 단순한 편리함 이상의 기능을 한다. 당신이 검색한 기록은 곧 소비를 유도하는 보이지 않는 설계도가 된다. 스마트워치를 검색하는 순간, AI는 과거의 검색 내역과 구매 데이터를 분석해 관련 액세서리나 유사 제품을 추천한다. 소비자는 처음에 필요한 제품만 보려고 했더라도, 눈앞에 나타난 '함께 구매하면 좋은 상품' 목록을 보고 나면 결제 버튼을 누르게 되는 자신을 발견한다.

이 과정에서 뇌는 "지금 함께 구매하면 더 좋은 선택"이라는 착각에 빠진다. 추천된 상품은 꼭 필요한 것이 아님에도 불구하고 마치 기회를 놓치면 안 되는 것처럼 느껴지게 만든다. AI는 소비자가 즉각적인 클릭과 결제를 할 수 있도록 정밀하게 설계된 심리적 함정을 활용한다.

소비자는 자신이 주도적으로 선택했다고 믿지만, 사실은 과거의 행동 패턴이 예측된 결과에 따라 유도된 것일 뿐이다. 추천 목록을 따라가며 추가 상품을 결제하는 순간, 논리적 사고는 이미 뒷전으로 밀려나 있다.

결국, 이러한 추천 시스템은 편리함을 제공하는 동시에 불필요한 소비를 부추기는 양날의 검이다. 소비자는 "이것이 정말 필요한가?"라는 질문을 스스로 던질 때만이 AI의 유혹에서 벗어날 수 있다. AI가 설계한 흐름이 아닌 나의 필요에 따라 소비를 선택하는 것이 진정한 자유다.

아마존은 소비자의 검색 기록과 구매 데이터를 분석해 "이 상품을 구매한 고객이 함께 본 상품"을 추천한다. 소비자가 스마트워치를 검색하면, AI는 즉시 스마트워치 액세서리나 관련 상품을 보여주어 추가 구매를 유도한다.

몰입 경험을 유지하는 콘텐츠 추천

넷플릭스의 콘텐츠 추천은 단순한 편리함이 아니다. 사용자의 시청 기록은 몰입 상태를 끊지 않고 유지하도록 설계된 심리적 고리다. 특정 장르의 영화를 시청하면 AI는 즉시 유사한 작품을 추천해 "다음 에피소드도 보자"는 무의식적 반응을 유도한다. 사용자는 한 편의 영화를 끝낸 후에도 비슷한 콘텐츠가 계속 제시되자 자연스럽게 리모컨 대신 소파에 머무르게 된다.

이 과정에서 뇌의 보상 시스템은 활성화된다. 새로운 콘텐츠가 제공될 때마다 기대감과 만족감을 느끼며 "한 편만 더"라는 자기 합리화가 반복된다. 넷플릭스는 이러한 무의식적 패턴을 데이터로 분석해 소비자가 플랫폼에 머무르는 시간을 극대화한다.

결국, 사용자는 스스로 콘텐츠를 선택했다고 생각하지만, 사실은 넷플릭스의 정밀한 설계에 따라 무의식적으로 끌려온 것이다. 한 번의 클릭이 다음 시청으로 이어지고, 논리적 판단은 "지금 끊으면 뭔가 놓칠 것 같다"는 감정적 충동에 밀려난다.

이러한 추천 시스템은 몰입감을 선사하는 동시에 시간과 주의를 잠식할 위험도 내포한다. "이 콘텐츠가 진짜로 보고 싶은가, 아니면 단지 추천받았기 때문인가?"라는 질문을 던지는 습관이 넷플릭스의 무한 시청 함정에서 벗어나는 첫걸음이다. 진정한 선택은 무의식적 흐름을 깨닫는 순간 시작된다.

AI의 한계와 감정적 변수의 이해

AI는 데이터 분석과 예측에서 뛰어난 성능을 보이지만, 인간의 복잡한 심리적 요소 앞에서는 완벽하지 않다. 우리의 행동은 단순한 데이터가 아닌 순간적 충동, 사회적 압력, 불안 같은 감정적 변수에 크게 좌우된다. AI가 구매 이력과 검색 기록을 바탕으로 소비자의 다음 행동을 예측할 수는 있지만, 그 순간의 기분이나 무의식적인 동기까지 계산해 내는 데는 한계가 있다.

예를 들어, 소비자가 제품을 장바구니에 담았다가 구매하지 않는 이유는 단순히 가격 때문만이 아닐 수 있다. 그날의 기분, 주변 환경, 타인의 시선 같은 감정적 요인이 작용할 수 있지만, 이는 데이터로 정량화하기 어렵다. AI는 이러한 비정형적 변수를 포착하지 못해 "왜 결제가 이루어지지 않았는가"에 대한 정확한 답을 내놓지 못할 때가 많다.

결국, AI의 예측은 데이터를 기반으로 하지만, 인간의 정서적 동기는 데이터만으로 해결되지 않는다. 이러한 한계를 보완하려면 AI는 단순히 숫자가 아닌 인간의 심리적 요소를 고려한 설계가 필요하다. 완벽한 추천 시스템이나 소비자 분석을 위해서는 인간의 무의식과 감정을 이해하는 접근이 반드시 동반되어야 한다. AI가 제공하는 편리함은 무조건적인 신뢰가 아닌 균형 잡힌 시각으로 활용되어야 한다.

Chapter 4

뇌 유형별 맞춤 쇼핑 전략: 3가지 뇌 유형을 알면 돈이 보인다!

4-1
뇌는 3색 칵테일! 당신의 쇼핑 DNA를 해독하면 지갑이 웃는다

분석가, 몽상가, 스릴러 마니아

혹시 알고 있었는가? 우리가 무심코 집어 든 물건, 툭 내뱉은 "이거 주세요" 한마디는, 뇌 속에서 벌어지는 치열한 심리 드라마의 결과라는 사실을. 마치 3인 3색 매력을 뽐내는 배우들처럼, 분석가, 몽상가, 스릴러 마니아라는 세 가지 뇌 유형이 각자의 개성을 뽐내며 소비 행동이라는 영화를 만들어가는 것이다. 뇌 과학은 충격적이게도, 우리 구매 결정의 95% 이상이 차가운 계산이 아닌, 뜨거운 감정과 본능적인 끌림이라는 '무의식의 칵테일'에서 비롯된다고 밝혀냈다. 데이터에 목숨 건 셜록 홈즈, 스토리에 눈물짓는 로맨티시스트, 그리고 짜릿한 보상에 중독된 아드레날린 중독자. 이들은 저마다 다른 방식으로 세상을 보고, 정보를 해석하며, 소비라는 게임의 룰을 정한다.

왜 우리는 특정 광고에 심장이 쿵쾅거리고, 때로는 텅 빈 지갑을 부여잡고 후회의 늪에 빠지면서도 같은 실수를 반복하는 걸까? 이 챕터는 뇌 과학과 심리학의 최첨단 통찰력을 렌즈 삼아, 현대 소비 시장을 움직이는 숨겨진 3색 동력, 바로 당신의 뇌 유형을 해부한다. 지금부터 함께, 당신의 쇼핑 DNA에 각인된 뇌의 비밀 코드를 해독하고, 숨겨진 소비 본능을 깨워 돈을 아끼고 현명한 쇼핑을 하는 짜릿한 여정을 시작해 보자.

데이터에 중독된 뇌, 분석가 유형 차가운 계산으로 돈 버는 법

분석형 소비자의 뇌는 마치 슈퍼컴퓨터처럼, 전전두엽이라는 논리 사령부가 쉴 새 없이 돌아가는 '데이터 처리 공장'이다. 이들의 뇌는 도파민이라는 보상 시스템이 안정적으로 작동하여, 감정의 변덕에 휘둘리지 않고 차가운 이성을 마치 신성한 종교처럼 숭배한다. 이들은 정보를 마치 셜록 홈즈가 단서를 추적하듯 체계적으로 분석하고, 논리적인 퍼즐을 풀듯 데이터를 해독하며, 마치 냉철한 투자 전문가처럼 합리적인 판단을 통해 구매 결정을 내린다. 충동적인 지름신 따위는 이들의 쇼핑 카트 근처에도 얼씬거리지 못하며, 제품의 스펙과 가성비라는 성경을 펼쳐 들고 마치 수학 공식을 풀듯 꼼꼼히 비교 분석하는 '합리적 소비'라는 교리를 맹신한다.

이러한 뇌 유형은 소비라는 전쟁터에서 분석형 소비자의 전투 전략을 결정짓는다. 테슬라의 전기차 광고는 마치 분석형 소비자의 뇌에 정확히 조준된 미사일처럼, 차가운 데이터로 무장한 완벽한 공격 사례다. 테슬라는 배터리 효율성, 주행 거리, 안전성이라는 구체적인 수치를 마치 증거 자료처럼 쏟아내며 분석가들의 신뢰를 얻는 데 성공했다. "한 번 충전으로 500km 이상 주행 가능"이라는 명확한 메시지는 분석형 소비자들의 뇌를 강타했고, 그 결과 테슬라 모델3는 출시 첫해에 50만 대 이상 판매되는 경이로운 기록을 세웠다. 또 다른 예시로, 한 전자제품 쇼핑몰은 제품 사양과 가격을 마치 엑셀 시트처럼 한눈에 비교할 수 있는 '데이터 비교 툴'이라는 무기를 개발했다. 이 툴은 분석형 소비자들이 정보를 깔끔하게 정리하고, 마치 수학 문제를 풀듯 최적의 선택을 할 수 있도록 설계되어, 쇼핑몰의 구매 전환율을 20%나 끌어올리는 혁혁한 공을 세웠다.

  HP는 분석형 소비자의 정보 갈증을 해소하기 위해, 복잡한 프린터 사양을 인포그래픽이라는 '데이터 시각화 예술'로 승화시켰다. 마치 어려운 철학책을 만화로 풀어내듯, HP는 인포그래픽을 통해 소비자들이 제품 정보를 쉽고 명확하게 이해할 수 있도록 돕고, 이 전략은 구매 전환율을 12%나 상승시키는 놀라운 결과를 가져왔다. 이처럼 분석형 소비자는 정보를 마치 사막에서 오아시스를 발견한 여행자처럼 갈망하며, 데이터를 마치 신탁처럼 숭배한다. 이들에게 데이터를 명쾌하게 제공하는 것은 신뢰라는 씨앗을 심고, 합리적인 선택이라는 열매를 맺게 하여 불필요한 지출을 막고 돈을 아끼는 가장 효과적인 마케팅 전략이다.

  분석형 소비자는 정보를 마치 셜록 홈즈가 단서를 추적하듯 꼼꼼하게 수집하고, 데이터를 마치 성경 구절처럼 숭배하며 결정을 내린다. 이들은 필요 이상의 지출을 마치 죄악처럼 경계하며, 모든 소비 과정을 마치 수학 공식처럼 논리적이고 신중하게 판단한다. 자신만의 데이터라는 확고한 기준과 논리라는 강력한 무기를 통해 소비라는 정글을 헤쳐나가는 이들은, 복잡한 시장 환경이라는 거대한 미로 속에서도 흔들리지 않고 최선의 선택을 추구하여 돈을 아끼는 '합리적 소비의 화신'이다.

스토리에 심장이 뛰는 뇌, 몽상가 유형 감성 폭발로 지갑 여는 법

감정형 소비자의 뇌는 마치 멜로드라마의 주인공처럼, 변연계라는 감정의 롤러코스터가 쉴 새 없이 작동하는 '감성 과부하' 상태다. 이들의 뇌는 세로토닌과 옥시토신이라는 공감 호르몬에 민감하게 반응하며, 논리적인 계산보다는 가슴 뛰는 감정과 따뜻한 인간관계라는 감성 연료로 움직인다. 이들은 타인의 감정에 마치 스펀지처럼 깊이 공감하고, 감정적인 교류를 마치 생명수처럼 갈망하며, 소비라는 드라마에서도 논리보다는 감성적인 스토리를 마치 감동적인 영화처럼 즐긴다.

이러한 뇌의 작동 방식은 감정형 소비자가 브랜드 이미지를 마치 첫사랑에 빠진 연인처럼 숭배하고, 감성적인 스토리에 마치 어린아이처럼 열광하며, 오감을 만족시키는 경험을 마치 꿈결처럼 황홀하게 갈망하도록 만든다.

코카콜라는 "행복을 나누세요" 캠페인을 통해, 음료 자체를 마치 사랑의 묘약처럼 포장하여 소비자들이 함께하는 순간의 가치를 마치 인생의 가장 아름다운 영화처럼 감동적으로 그려내어 감정형 소비자들의 지갑을 열었다. 스타벅스는 매장에서 풍기는 커피 향을 마치 잊을 수 없는 첫사랑의 향기처럼 활용하고, 따뜻한 분위기와 지역 문화를 반영한 경험을 마치 소중한 보물처럼 제공하며 감정형 소비자들의 마음속에 깊은 감동을 새겨 브랜드 충성도를 높였다. 다우니는 "가족의 따뜻한 순간"을 마치 뭉클한 다큐멘터리처럼 감동적으로 묘사한 광고를 통해, 소비자와 정서적 유대를 마치 운명처럼 끈끈하게 쌓아 올리며 브랜드 충성도를 마치 팬심처럼 극적으로 높였다.

이들은 또한 오감을 자극하는 경험에 마치 예술 감상가처럼 민감하게 반응한다. 스타벅스 매장에서 풍기는 커피 향은 마치 잊을 수 없는 첫사랑의 향기처럼 소비자의 감정을 자극하고, 매끄러운 매장 디자인은 마치 고급 갤러리에 온 듯한 설렘을 안겨주며, 잔잔한 클래식 음악은 마치 꿈결처럼 편안한 분위기를 조성하여 소비자들을 브랜드의 매력에 푹 빠지게 만든다. SNS에서 인증샷을 공유하는 문화는 마치 감정형 소비자들이 서로의 감정을 공유하고 공감하는 온라인 축제와 같으며, 자신이 속한 사회적 집단 안에서의 소속감을 마치 가족애처럼 확인하는 중요한 역할을 한다.

결국, 감정형 소비자의 구매 행동은 논리적인 필요에 따른 소비를 마치 차가운 계산처럼 여기는 것을 넘어선다. 브랜드가 마치 소설처럼 전달하는 스토리, 마치 꿈결처럼 황홀한 감각적 자극, 그리고 마치 영화처럼 감동적인 경험은 이들의 구매 결정을 마치 운명처럼 강력한 영향을 미친다. 이들은 제품이나 서비스를 통해 마치 배우처럼 자신의 정체성을 표현하고, 타인과의 정서적 연결을 마치 영혼의 단짝처럼 강화하며, 마치 영화 주인공처럼 특별한 경험을 통해 자신의 가치를 마치 보석처럼 확인받고자 한다. 감정이 이성이라는 감독을 압도하는 이들 소비자는, 브랜드가 마치 명작처럼 제공하는 공감적 스토리와 마치 꿈결처럼 황홀한 경험적 가치를 통해 마치 영혼의 단짝을 만난 듯한 깊은 만족을 느끼며 지갑을 여는 것이다.

짜릿한 보상을 갈망하는 뇌, 스릴러 마니아 유형 아드레날린 폭주로 득템하는 법

충동형 소비자의 뇌는 마치 도박 중독자의 뇌처럼, 보상 회로라는 쾌락 엔진이 쉴 새 없이 폭발하며 도파민이라는 흥분제를 뿜어내는 '아드레날린 폭주족'이다. 이들의 뇌는 즉각적인 보상에 마치 굶주린 맹수처럼 맹렬하게 반응하며, 전전두엽이라는 자제력 브레이크가 고장 난 자동차처럼 계획적이고 신중한 판단 대신 짜릿한 즉흥적 선택을 마치 번개처럼 선호한다. 이러한 뇌의 작동 방식은 새로운 자극에 마치 불나방처럼 맹렬하게 끌리고, 즉각적인 만족감을 마치 마약처럼 갈망하는 심리적 경향으로 나타난다.

심리학적으로 충동형 소비자는 새로운 정보나 상품에 마치 탐험가처럼 쉽게 매료되고, 실패 가능성이 마치 스릴 넘치는 롤러코스터처럼 짜릿하게 느껴지더라도 새로운 시도를 마치 모험처럼 망설이지 않는 경향이 있다. 이들은 마치 도박사처럼 기다림 없이 빠르게 얻는 보상에 마치 승리자의 전리품처럼 집착하며, 위험을 마치 짜릿한 도전처럼 감수하면서도 즉흥적인 결정을 마치 총알처럼 쏘아댄다. 이러한 뇌의 특성은 소비라는 정글에서도 그대로 드러나, 유행하는 제품을 마치 최신 유행을 좇는 패션 따라쟁이처럼 빠르게 섭렵하고, 프로모션이나 할인 이벤트라는 미끼에 마치 낚시꾼처럼 쉽게 낚이는 소비 패턴으로 나타난다. 특히 충동형 소비자는 마치 벼락치기 하듯 즉흥적으로 구매 결정을 내리는 경우가 많다. "한정 시간"이나 "한정판"과 같은 표현은 마치 심장 박동을 빠르게 만드는 긴장감 넘치는 카운트다운처럼, 소비자의 조급한 심리를 자극해 구매를 마치 질주하듯 재촉하며, "지금 주문하면 추가 혜택"과 같은 즉각적인 보상은 마치 달콤한 사탕처럼 소비자의 행동을 마치 강아지 훈련시키듯 자동으로 유발한다. 이러한 소비 행동은 제한된 시간과 희소성이 마치 맹독처럼 강조될수록 마치 중독처럼 더욱 강하게 나타난다.

충동형 소비자의 이러한 뇌의 특징을 마치 약점을 공략하듯 정확히 이해하면, 마치 이들을 조종하는 마리오네트처럼 심리적 메커니즘을 마치 교향곡처럼 조화롭게 활용해 효과적인 마케팅 전략이라는 예술 작품을 창조하여 득템을 유도할 수 있다. 특히 긴박감을 마치 심장 박동처럼 강조하거나 희소성을 마치 마지막 남은 보물처럼 부각하는 접근은, 마치 맹수의 먹잇감을 향한 맹렬한 돌진처럼 소비자의 구매를 자극하고 행동으로 옮기게 하는 데 마치 마법처럼 강력한 영향을 미치는 것이다.

4-2
AI는 어떻게 개인의 뇌 유형을 분석하고 맞춤형 마케팅을 제공할까?

AI, 당신의 뇌를 훔쳐보다 개인화 마케팅의 소름 돋는 진실

몇 년 전까지만 해도, 광고는 마치 확성기를 틀어놓고 외치는 듯한 일방적인 소통이었다. 어느 정도의 나이, 성별, 관심사를 기준으로 사람들을 대략 묶고, 그에 맞는 제품을 보여주면 충분하다고 생각했다.

그런데 요즘은 어떻다? 우리는 매일 소름 돋을 정도로 나에게 꼭 맞는 광고를 마주한다. "지금 주문하면 무료 배송!"이라는 달콤한 속삭임, 내가 읽었던 책과 99% 닮은 소름 돋는 추천 도서, 심지어 내가 떠올리지도 못한 완벽한 여행 코스 제안까지, 이 모든 것은 AI가 우리 뇌의 가장 깊숙한 곳, 무의식의 욕망을 훔쳐보고 만들어낸 맞춤형 환상이다. 이 기술은 단순히 데이터를 나열하는 것을 넘어, 소비자의 숨겨진 선호를 읽고, 미래의 행동을 예측하며, 각 개인의 뇌 유형에 최적화된 마케팅 폭탄을 투하하는 '디지털 독심술'의 경지에 이르렀다.

AI가 우리의 마음을 읽는 비밀 데이터 분석이라는 마법

AI는 어떻게 우리의 마음을 이토록 정확하게 읽어내고, 소비라는 마법에 빠져들게 만드는 것일까? 그 비밀은 바로 데이터 분석이라는 마법에 숨어 있다.

AI는 소비자가 남긴 디지털 발자국, 즉 소비자가 무심코 흘린 클릭, 검색, 좋아요, 장바구니, 구매 이력이라는 흔적을 끈질기게 추적하여 소비자의 은밀한 욕망과 취향을 분석한다. 마치 숙련된 범죄 심리학자처럼 말이다.

인터넷 서점인 교보문고와 YES24는 이 데이터 분석의 마법을 극대화하여 개인 맞춤형 추천 시스템이라는 디지털 연금술을 선보인다. 예를 들어, 당신이 스릴러 소설을 3권 이상 결제했다면, AI는 당신의 뇌리에 "이 책을 읽은 당신, 이런 숨 막히는 긴장감을 원하시죠?"라는 메시지를 은밀하게 속삭이며, 당신이 미처 알지 못했던 새로운 스릴러 명작을 추천한다. 이는 마치 당신의 뇌리에 숨겨진 '구매 버튼'을 정확히 찾아 누르는 마법과 같다.

넷플릭스 역시 당신의 밤샘 시청 기록과 취향을 분석하여, 당신의 심박 수를 높일 다음 영화를 예측하고, 자동 재생이라는 최면술을 걸어 당신을 밤새도록 넷플릭스라는 꿈속에 가둔다. 다큐멘터리를 즐겨보는 사용자는 비슷한 주제의 신작을 안내받으며, 자동 재생 기능은 사용자의 몰입 상태를 유지하도록 돕는다.

쿠팡의 "자주 산 상품" 추천 기능은 당신의 반복 구매 패턴을 마치 스토커처럼 끈질기게 분석하여, 당신이 칫솔을 사야 할 시기를 귀신같이 알아맞히고, "지금 사면 1+1!"이라는 달콤한 유혹으로 당신의 장바구니를 채우도록 설계된 교묘한 전략이다. AI는 사용자의 반복 구매 패턴을 분석해 해당 상품의 프로모션을 알리거나, 연관 제품을 제안함으로써 추가 구매를 유도한다.

AI, 시간과 맥락을 지배하는 디지털 신(神) 맞춤형 경험 설계의 예술

AI는 소비자의 행동 데이터를 마치 실시간으로 중계되는 스포츠 경기처럼 분석하여, 시간과 맥락이라는 변수를 자유자재로 조종하는 디지털 신(神)의 경지에 이르렀다. AI는 소비자의 행동 데이터를 실시간으로 분석해 개인 맞춤형 경험을 제공한다. 시간과 맥락을 고려한 마케팅 메시지는 소비자가 필요를 인지하고 즉각적인 행동을 유도하는 데 중요한 역할을 한다.

배달의민족은 당신이 저녁 8시에 떡볶이를 검색한다는 것을 꿰뚫어 보고, "지금 주문하면 30분 안에 도착! 리뷰 이벤트 참여하고 10% 할인 쿠폰 겟!"이라는 강력한 유혹으로 당신의 손가락을 배달 주문 버튼 위에 올려놓는다. 배달의민족은 저녁 시간대에 "지금 주문하면 10% 할인"이라는 메시지를 발송해 높은 주문 전환율을 기록했다. 이는 소비자의 행동 패턴과 주문 빈도를 분석해 최적의 시점에 메시지를 전달한 사례로, 소비자 참여를 극대화한 대표적인 전략이다.

여행 플랫폼 야놀자는 당신이 특정 호텔을 염탐한다는 사실을 알아채고, "이 호텔, 오늘 딱 3자리 남았어요! 서둘러 예약하세요!"라는 긴급 메시지와 함께 주변 맛집, 렌터카, 액티비티 옵션을 마치 퍼즐처럼 완벽하게 조합하여 당신의 여행 계획을 훔쳐본다. 여행 플랫폼인 야놀자는 데이터를 활용해 소비자 경험을 개인화한다. 특정 숙소를 검색한 사용자에게 주변 레스토랑, 관광지, 렌터카 옵션을 추가로 제안함으로써 여행 계획을 완성하는 데 도움을 준다.

이 모든 마법은 클라우드라는 거대한 데이터 저장소 위에서 펼쳐지며, AI는 당신이 필요를 느끼기도 전에, 마치 당신의 뇌를 읽고 미래를 예언하는 예언자처럼, 완벽한 솔루션을 제시한다. 이러한 맞춤형 경험은 클라우드 기반 데이터 구조를 통해 가능해졌으며, 사용자가 필요를 느끼기 전에 AI가 적절한 솔루션을 선제적으로 제안한다. 이처럼 AI는 실시간 데이터와 개인화된 메시지를 통해 소비자와 브랜드 간의 연결을 강화하며, 구매 결정을 자연스럽게 이끌어 낸다.

AI, 3가지 뇌 유형을 해킹하다 맞춤형 마케팅 폭탄 투하 전략

AI는 소비자의 뇌파, 시선 추적, 그리고 소셜 미디어 활동이라는 데이터를 마치 뇌 스캔 사진처럼 분석하여, 당신의 뇌 유형을 마치 해커처럼 정확하게 파악하고, 각 유형에 최적화된 마케팅 폭탄을 투하한다. AI는 소비자의 뇌 유형을 분석해 맞춤형 마케팅 전략을 설계한다.

'분석가 뇌 해킹'

AI는 당신이 데이터, 논리, 그리고 합리적인 근거에 얼마나 의존하는지 분석하고, 객관적인 정보와 신뢰할 수 있는 데이터, 그리고 팩트 폭격 메시지로 당신의 이성 회로를 활성화한다. 과학 논문을 읽는 듯한 상세한 제품 설명, 전문가 리뷰, 그리고 스펙 비교 자료를 제공하여 당신의 합리적인 의사 결정을 유도한다. 예를 들어, 테슬라는 전기차 배터리 효율성과 충전 속도를 비교하는 데이터를 활용해 분석형 소비자의 신뢰를 얻었다.

'감정형 뇌 해킹'

AI는 당신이 감정, 스토리, 그리고 공감에 얼마나 쉽게 영향을 받는지 파악하고, 따뜻한 인간관계, 추억, 그리고 감동적인 메시지로 당신의 감정 중추를 자극한다. 영화 예고편처럼 당신의 눈물샘을 자극하는 광고, 브랜드의 철학을 담은 감성적인 영상, 그리고 당신의 가치관을 대변하는 메시지를 통해 당신의 마음을 사로잡는다. 대표적인 사례로 에어비앤비는 호스트와 게스트 간의 따뜻한 이야기를 영상으로 제작했다. 이러한 감성적 접근은 브랜드와 소비자 간의 정서적 연결을 강화하며, 브랜드 충성도를 크게 높였다.

'충동형 뇌 해킹'

AI는 당신이 얼마나 즉각적인 보상에 쉽게 흥분하고, 긴장감 넘치는 상황에서 충동적인 결정을 내리는지 분석하고, 당신의 아드레날린을 최고조로 끌어올리는 긴급 메시지와 희소성 전략을 구사한다. 마치 스릴러 영화처럼 당신의 심박 수를 높이는 카운트다운 타이머, 한정판 상품, 그리고 '지금 아니면 절대 못 사요!'라는 조급함 유발 메시지로 당신의 구매 버튼을 광클하게 만든다. 마켓컬리는 "새벽 배송으로 내일 아침 도착!"이나 "지금 주문하면 한정 수량 혜택" 같은 알림을 통해 구매를 유도한다. 이러한 전략은 소비자에게 즉각적인 행동을 유발하며, 편리함과 함께 심리적 만족감을 제공한다.

당신의 뇌, 그다음은 어디일까?: AI 시대, 인간의 미래

AI는 소비자 행동 데이터 속에서 숨겨진 심리적 패턴을 마치 비밀 코드처럼 읽어내고, 이를 기반으로 당신의 욕망을 설계하는 맞춤형 마케팅이라는 예술을 창조한다. 데이터 분석은 소비자의 무의식을 꿰뚫어 보는 첫걸음이 되었으며, 시간과 맥락을 지배하는 AI는 소비자와 브랜드 간의 관계를 마치 운명처럼 끈끈하게 만들고, 당신의 구매 결정을 마치 마법처럼 이끌어낸다. 결국, AI는 소비 경험을 단순화하고, 몰입감을 극대화하며, 당신에게 마치 맞춤 제작한 옷처럼 완벽한 선택지를 제시하는 조력자가 되었다.

하지만 이 혁신이 더욱 인간적이고 윤리적인 방향으로 나아가기 위해서는, 당신의 마음을 읽는 기술만큼, 그 마음을 존중하는 기업의 책임감이 더욱 중요해져야 한다. 소비자의 마음을 읽는 기술의 발전은, 그 마음을 존중하는 태도와 함께할 때 진정한 가치를 발휘할 것이다. 이 책을 쓰며 나는 끊임없이 이런 질문을 던졌다. AI가 이렇게까지 나를 잘 알고 있다면, 어쩌면 나보다 나를 더 잘 아는 소름 돋는 세상이 도래하지 않을까? 어쩌면 우리는 이미 그런 세상 속에 살고 있는지도 모른다. 그리고 그 중심에는, 당신의 뇌를 읽는 섬뜩하지만, 매혹적인 기술, 바로 그것이 있다.

Part 3

AI, 설득의 마법사가 되다: 심리 기반 전략과 프롬프트

Chapter 5

인공지능, 이제 당신의 마음을 사로잡는 설득의 마법사가 된다

5-1
설득의 연금술: 로고스, 파토스, 에토스를 AI에게 주입한다

차가운 알고리즘의 뜨거운 공감

단순히 정보를 전달하는 기계를 넘어, 인간의 심장을 뛰게 만드는 AI가 탄생한다. 그 중심에는 고대부터 전해 내려온 설득의 세 가지 비밀, 로고스, 파토스, 에토스가 자리한다.

수천 년의 지혜가 담긴 설득 심리학은 첨단 기술인 인공지능과 만나 새로운 가능성을 연다. 딱딱한 데이터와 논리만으로는 부족하다. 소비자의 마음을 움직이고, 궁극적으로 행동을 이끌어내기 위해서는 인간 심리에 대한 깊은 이해가 필수적이다. 이 책은 바로 그 지점에서 시작한다. AI에게 어떻게 인간적인 설득의 옷을 입힐 것인가? 차가운 알고리즘이 어떻게 뜨거운 공감을 불러일으킬 수 있는가?

우리는 AI를 단순한 정보 검색 도구가 아닌, 당신의 생각을 움직이고 마음을 흔드는 '설득 전문가'로 조련한다. 고대 그리스 철학자 아리스토텔레스가 제시한 설득의 세 가지 축, 로고스(Logos)는 논리적인 설득이며, 파토스(Pathos)는 감성적인 설득이고, 그리고 에토스(Ethos)는 신뢰를 바탕으로 한 설득이다. 우리는 이 세 가지를 AI의 깊숙한 곳에 심어, 혁신적인 설득 능력을 갖춘 존재로 만들어낼 것이다.

차가운 논리에 따뜻한 숨결을 불어넣는다: 논리와 데이터로 설득하는 AI, 로고스

인간은 감정에 흔들리는 존재이다. 그러나, 중요한 결정을 내릴 때는 이성적인 판단을 갈구하며 논리적인 근거를 탐색한다. AI에게 '로고스'를 학습시키는 것은 방대한 데이터를 분석하고 명확한 논리적 흐름을 창조하는 능력을 부여하는 과정이다. 다시 말해, 데이터는 AI의 뼈대를 형성하며, 논리는 그 뼈대를 움직이는 근육과 유사하다. 보고서, 통계, 비교 분석 자료 등을 통해 AI는 객관적인 사실에 기반한 주장을 전개한다. 그 결과, 마음을 사로잡는 논리 구조가 설계된다. 예를 들어, '문제 → 원인 → 해결책'이라는 명쾌한 틀, 혹은 'A이므로 B이다'라는 설득력 있는 인과 관계 설정 등이 훈련된다. 더욱이, 비교와 대조는 AI에게 강력한 설득 도구이다. 경쟁 제품과의 냉철한 비교 분석, 나아가 비용 대비 압도적인 효율성 분석 등을 제시함으로써 소비자의 합리적인 선택을 효과적으로 유도한다.

마음을 움직이는 로고스 프롬프트의 힘은 이렇다.

"경쟁사 제품과 비교했을 때, 우리 제품의 5년간 총 유지 보수 비용은 43%나 절감된다. 게다가, 실제 사용자 1,000명을 대상으로 한 만족도 조사 결과, 92%가 '매우 만족'이라고 답했다. 합리적인 당신의 선택, 지금 바로 경험하는 것이다."

메마른 알고리즘에 감정의 온도를 더한다: 감성으로 반응하게 만드는 AI, 파토스

인간은 감정적인 동물이다. 그러므로, 때로는 논리적인 설명보다 한 장의 강렬한 사진이나 짧은 문구 속에 담긴 감정에 더욱더 강렬하게 반응한다. AI에게 '파토스'를 학습시키는 것은 바로 이러한 인간의 다채로운 감정을 깊이 있게 이해하고, 그 이해를 바탕으로 적절한 언어를 구사하여 인간과의 공감과 끈끈한 유대감을 형성하는 능력이다. 인간의 희로애락이라는 다채로운 감정의 언어는 방대한 데이터를 통해 학습된다. 구체적으로, 고객들의 진솔한 후기, 감성이 풍부하게 담긴 에세이, 그리고 개인적인 이야기들을 분석함으로써 AI는 인간 감정의 폭넓은 스펙트럼을 이해하고 그에 맞춰 섬세하게 반응할 수 있게 된다. 이러한 과정을 통해, 감정의 파동을 효과적으로 일으키는 특정한 문장 패턴들이 자연스럽게 익혀진다. 예를 들어, 불안감을 느끼는 사람들에게 진심으로 다가가는 위로의 말, 절망에 빠진 사람들에게 다시 일어설 수 있는 희망을 불어넣는 격려의 메시지 등, 다양한 감정 유형에 최적화된 표현 방식들이 학습되는 것이다. 특히, 사람들의 마음을 사로잡는 스토리텔링의 힘은 매우 강력하다. 극적인 사건의 전개, 그 사건에 따른 인간적인 반응, 그리고 마침내 희망적인 전환으로 이어지는 흥미로운 이야기 구조를 통해 듣는 이의 깊은 감정적인 연결을 효과적으로 만들어 낼 수 있다

가슴에 깊이 새겨지는 파토스 프롬프트의 마법은 다음과 같다
"오늘 하루, 당신의 어깨 위에 놓인 무거운 짐들을 잠시 내려놓는 것이다. 따뜻한 차 한 잔이 당신의 지친 마음을 부드럽게 감싸 안아줄 것이다. 당신의 하루 끝에 작은 위로를 선물하는 것이다."

신뢰라는 단단한 갑옷을 입힌다: 신뢰와 권위로 움직이게 하는 AI, 에토스

아무리 논리가 완벽하고 청중의 감정을 효과적으로 자극한다 해도, 그 말을 전달하는 이에 대한 믿음이 확고하지 않다면 설득력은 현저히 감소한다. 따라서, AI에게 '에토스'를 학습시키는 것은 권위 있는 어조와 확고한 신뢰를 구축하는 언어적 전략을 익혀, 단순히 정보의 진실성을 넘어 정보를 발화하는 주체 자체에 대한 깊은 믿음을 형성하도록 하는 과정이다. 이를 위해, 전문가의 축적된 지혜가 중요한 역할을 한다. 구체적으로, 권위 있는 논문, 객관적인 연구 보고서, 그리고 공신력 있는 기관의 공식 발표문 등을 학습함으로써 AI는 전문적인 용어 사용 능력과 객관적인 어투를 자연스럽

게 습득한다. 이러한 학습을 통해, 듣는 이에게 깊은 신뢰감을 각인시키는 특정한 문장 구조가 능숙하게 연마된다. 예를 들어, "해당 분야의 전문가가 강력하게 추천합니다", "엄격한 국제적 기준에 따라 인증받은 혁신적인 기술력입니다", "이미 100만 명 이상의 고객들이 만족스럽게 선택한 믿을 수 있는 브랜드입니다"와 같은 명확한 문구를 사용하여 정보에 권위를 부여한다. 더욱이, 제시되는 정보의 맥락에 효과적으로 부합하는 신뢰 포지셔닝이 이루어진다. 즉, 브랜드의 오랜 역사, 화려한 수상 경력, 높은 고객 만족도 등 다양한 배경 정보를 적절히 활용하여 특정한 상황에 가장 잘 부합하는 신뢰감을 전략적으로 형성하는 것이다.

강력한 신뢰감을 선사하는 에토스 프롬프트의 무게는 이와 같다 "[공신력 있는 기관명]이 엄격한 품질 검증을 거쳐 공식 인증한 제품이다. 15년간 축적된 기술력과 고객 만족 최우수 기업의 명성이 당신의 현명한 선택을 뒷받침하는 것이다."

5-2
AI, 설득의 언어를 디자인한다.
프롬프트에 심리 구조를 주입하는 기술

 # 심리 구조를 프롬프트에 넣어라.

　AI는 인간처럼 감정을 느끼거나 스스로 신뢰를 쌓을 수 없다. 하지만, 인간이 특정한 감정을 느끼고 신뢰감을 갖도록 유도하는 '언어'를 디자인하는 것은 가능하다. 다음은 AI 설득 능력을 극대화하기 위해 프롬프트에 반드시 포함해야 할 핵심 요소들이다.

요소	설계 방법	예시
로고스	객관적인 수치, 명확한 비교, 논리적인 분석 제시	"경쟁 제품 대비 성능이 20% 향상되었고, 가격은 10% 저렴하다."
파토스	공감, 위로, 즐거움, 불안 등 감정적 표현 활용	"힘든 하루였을 당신의 노고를 알기에 이 선물을 준비했다."
에토스	전문가 언급, 공신력 있는 인증 강조	"[분야 최고 권위자]가 극찬한 혁신적인 기술력이다."

이 세 가지 요소를 유기적으로 조합하고, 상황에 맞게 변주함으로써 AI는 단순한 정보 나열을 넘어, 듣는 이의 마음을 움직이는 설득력 있는 메시지를 만들어낼 수 있다.

소비자를 매료시키는 GPT 마케팅 프롬프트 공식

(로고스 + 파토스 + 에토스를 반영한 구조화된 마케팅 메시지 생성 프롬프트)

아래 프롬프트는 어떤 제품/서비스든 소비자에게 강한 설득력을 줄 수 있도록 설계되어 있다.

너는 로고스(Logos), 파토스(Pathos), 에토스(Ethos)의 심리학적 설득기법을 조화롭게 활용하는 마케팅 전문가야.
다음 제품/서비스 정보를 바탕으로 타겟 고객의 공감과 신뢰를 동시에 이끌어내는 설득력 있는 마케팅 메시지 5개를 만들어줘.

각 메시지는 다음 기준을 모두 반영해야 해.
(1) 로고스(Logos) – 제품의 기능, 특징, 수치적 근거를 제시해 소비자의 합리적 판단을 자극할 것
(2) 파토스(Pathos) – 감성적인 스토리텔링이나 공감이 가는 이미지로 소비자의 감정을 자극할 것
(3) 에토스(Ethos) – 브랜드나 제품의 신뢰도를 높이는 요소(전문가 의견, 인증, 사회적 신뢰)를 포함할 것

제품 정보

- 제품/서비스명: [여기에 입력]

- 제품/서비스 카테고리: [여기에 입력]

- 타겟 고객: [여기에 입력]

- 주요 기능/특징: [여기에 입력]

- 가격: [여기에 입력]

- 판매 채널: [온라인 / 오프라인 / 둘 다 중 택1]

- 현재 마케팅 전략: [간단히 입력]

요청한 마케팅 메시지는 다음 포맷을 따르도록 해:
- 각각 메시지는 2~3문장 분량
- 로고스, 파토스, 에토스 요소가 자연스럽게 융합되어야 함
- 지나치게 광고 문구처럼 보이지 않고 진정성 있고 신뢰감 있게 작성

추가로, 각 메시지 아래에는 간단한 해설(로고스, 파토스, 에토스가 각각 어떻게 반영되었는지)을 함께 작성해줘.

활용단계 설명을 하겠다.

활용 단계	설명
Step 1	위 프롬프트의 [여기에 입력] 부분에 제품 정보를 입력하세요.
Step 2	ChatGPT에 입력하면 설득력 있는 마케팅 메시지 5개가 자동 생성됩니다.
Step 3	결과물에서 가장 공감 가는 메시지를 소셜 광고, 랜딩 페이지, 이메일 등에 활용하세요.

| Step 4 | 여러 타겟 고객별로 반복 활용하면 다층적인 캠페인 설계가 가능합니다. |

자, 이제 당신의 마법을 보여줄 시간이다.

로고스, 파토스, 에토스, 세 가지 설득의 기술을 조화롭게 사용하여 소비자의 마음을 사로잡는 매력적인 마케팅 메시지를 만들어 내라.

AI의 검은 속삭임: 프롬프트 엔지니어, 윤리의 칼날 위에 서다

인공지능 시대의 검은 유혹, 바로 다크 패턴이라 한다. 당신의 손끝에서 탄생하는 프롬프트 한 줄이, 때로는 달콤한 속삭임으로, 때로는 거부할 수 없는 명령으로 소비자를 교묘하게 조종할 수 있다. 윤리적 마케팅이라는 빛과, 소비자를 덫에 가두려는 어둠 사이에서, 프롬프트 엔지니어는 과연 어떤 이야기를 써 내려가야 할 것인가?

우리는 더 이상 순진한 소비자가 아니다. 기업의 포장된 미사여구 너머, 그들의 진짜 가치를 꿰뚫어 본다. '이 물건, 정말 괜찮은 것일까?', '이 회사는 세상을 더 나은 곳으로 만들고 있는 것일까?' 날카로운 질문들은 기업에 윤리적 책임이라는 무거운 숙제를 던져준다. 이제, 정직함과 투명함으로 소비자의 마음을 사로잡는 기업만이 살아남을 수 있을 것이다.

하지만, 잠시 멈춰서 주변을 둘러보라. 곳곳에 숨겨진 덫, 교묘한 속임수들이 당신의 클릭 한 번, 터치 한 번을 노리고 있다. 해지 버튼은 마치 숨은그림찾기처럼 숨어 있고, 무료 체험 뒤엔 자동 결제라는 날카로운 칼날이 기다린다. 이것이 바로 다크 패턴의 섬뜩한 실체라 할 수 있다. 달콤한 사탕으로 아이를 유혹했듯, 순간의 이익을 위해 소비자의 자유로운 의사 결정을 짓밟는 검은 손길인 것이다.

AI 기술의 눈부신 발전, 그 중심에는 프롬프트 엔지니어라는 새로운 연금술사가 있다. 그들의 손짓 하나로 인공지능은 현혹적인 문장을 쏟아내고, 믿을 수 없는 이미지를 현실처럼 만들어낸다. 챗봇은 능글맞은 판매원이 되고, 이미지 생성기는 과장된 욕망을 그려낸다. 바로 이 순간, 프롬프트 엔지니어에게 심각한 윤리적 질문이 던져진다. 이 강력한 힘을 어디로 향하게 할 것인가? 달콤한 유혹에 빠져 어둠의 마법을 부릴 것인가, 아니면 진실의 빛을 밝히는 등불이 될 것인가?

프롬프트 엔지니어의 책임은 마치 칼날 위에 선 곡예사와 같다. 단 한 번의 잘못된 움직임이 소비자의 신뢰를 무너뜨리고, AI 기술 전체에 대한 불신을 씨앗 뿌릴 수 있다. 우리는 기억해야 한다. AI는 인간을 더욱 풍요롭게 하도록 존재하며, 프롬프트 엔지니어는 그 윤리적 여정의 선두 주자이다. 다크 패턴의 달콤한 속삭임을 단호히 거부하고, 투명하고 정직한 정보를 제공하며, 소비자의 자율적인 선택을 존중하는 윤리적인 프롬프트 엔지니어링을 실천해야 한다. 숙련된 의사가 환자에게 진실만을 이야기하고 최선의 치료법을 제시했듯, 프롬프트 엔지니어는 AI가 진실된 정보의 전달자가 되도록 이끌어야 한다.

물론, 영리한 전략은 필요하다. 소비자의 눈길을 사로잡고, 마음을 움직여야 한다. 하지만 그 전략이 기만과 속임수에 기반해서는 안 된다. 우리는 윤리적인 경계 안에서, 소비자의 진정한 니즈를 충족시키면서도 기업의 정당한 이익을 추구하는 방법을 찾아야 할 것이다.

기억하라. 소비자를 속이는 행위는 모래 위에 지은 성과 같다. 당장의 이익은 달콤할지 모르지만, 결국엔 신뢰라는 거대한 파도에 휩쓸려 사라질 것이다. 투명한 정보 공개, 정직한 마케팅, 소비자의 권리 존중. 이 세 가지 원칙은 마치 단단한 바위처럼 기업의 이미지를 굳건히 지켜줄 것이다. 다크 패턴이라는 양날의 검을 현명하게 사용하여, 소비자와 기업 모두에게 윈-윈이 되는 새로운 마케팅의 시대를 열어나가야 할 것이다.

5-3
AI 모델의 편향과 한계를 극복하는 프롬프트 전략

디지털 혁신의 새로운 지평을 향한 조화

2025년 부산의 한 골목 카페에서 벌어진 작은 성공 사례는 디지털 혁신의 새로운 가능성을 시사한다. AI 기반 키오스크가 분석한 고객 데이터를 바탕으로 탄생한 '바닐라 시나몬 라떼'는 단순한 음료를 넘어, 폐업 위기에 놓였던 카페를 월 매출 천만 원의 성공적인 비즈니스로 탈바꿈시키는 혁신의 촉매제가 되었다. 이는 AI가 제공하는 데이터 기반 통찰력과 인간의 심리를 꿰뚫는 행동경제학적 전략의 절묘한 조화가 만들어낸 결과이다. 이처럼 인공지능은 이미 우리 삶 깊숙이 침투하여 비즈니스 환경의 근본적인 변화를 이끌고 있지만, 그 이면에는 간과할 수 없는 중요한 과제가 존재한다. 바로 AI 모델 자체에 내재한 편향성과 기술적인 한계이다. 본 논의는 앞서 제시된 디지털 혁신 사례를 바탕으로, AI 모델의 편향과 한계를 극복하고 그 잠재력을 극대화하기 위한 핵심 전략으로서 프롬프트 엔지니어링의 중요성을 강조하며, 행동경제학적 통찰을 융합한 새로운 접근 방식을 제시하고자 한다.

(1) 데이터 분석과 예측의 한계: AI 모델의 편향성 문제

부산 골목 카페의 성공 사례는 AI의 데이터 분석 능력이 가져온 긍정적인 결과를 보여준다. 하지만 AI 모델이 학습하는 데이터는 종종 불완전하거나 특정 집단에 편향되어 있을 수 있으며, 이는 예측의 오류나 불공정한 결과를 초래할 수 있다. 예를 들어, 과거 특정 시간대의 판매 데이터에만 의존하여 미래를 예측하는 AI는 계절적 요인이나 새로운 트렌드의 변화를 제대로 반영하지 못할 수 있다. 또한, 특정 연령대나 성별의 구매 데이터에 편향된 학습은 소외된 계층의 선호도를 간과하여 획일적인 추천으로 이어질 위험이 있다. 강남의 한 미용실 사례처럼 AI가 고객의 헤어스타일 선호도를 분석하더라도, 과거 데이터에만 의존한다면 새로운 트렌드를 놓치거나 특정 스타일만을 반복적으로 추천하는 편향성을 보일 수 있다. 따라서 AI 모델의 분석 결과는 절대적인 진리가 아니며, 데이터의 편향성과 모델의 한계를 끊임없이 인식하고 보완해야 한다.

(2) 행동경제학적 통찰을 활용한 프롬프트 전략의 필요성

AI 모델의 데이터 분석 능력은 강력하지만, 인간의 복잡하고 비합리적인 의사 결정 과정을 완벽하게 이해하는 데는 한계가 있다. 여기서 행동경제학의 역할이 중요해진다. 행동경제학은 인간이 제한된 정보 처리 능력, 인지적 편향, 감정적 요인 등으로 인해 합리적인 선택에서 벗어나는 경향을 연구한다. 부산의 생선구이 전문점이 AI가 제안한 '가격 심리학'을 메뉴판에 적용하여 객단가를 상승시킨 사례는 행동경제학적 원리를 AI의 분석 결과에 접목했을 때의 시너지 효과를 보여준다. 이처럼 AI 모델에게 단순히 데이터를 분석하고 예측하는 것을 넘어, 인간의 심리적 특성과 의사 결정 패턴을 고려하도록 유도하는 프롬프트 전략이 필요하다.

(3) 편향 극복 및 한계 보완을 위한 프롬프트 엔지니어링

AI 모델의 편향성을 줄이고 예측의 정확도를 높이기 위해서는 다음과 같은 프롬프트 엔지니어링 전략을 활용할 수 있다.

> '다양한 데이터 소스 및 관점 통합 요청'

AI 모델에게 과거 판매 데이터뿐만 아니라 소셜 미디어 트렌드, 날씨 정보, 지역 축제 정보 등 다양한 외부 데이터를 종합적으로 분석하도록 요청하고, 다양한 고객 세그먼트의 관점을 고려하도록 지시함으로써 데이터 편향으로 인한 오류를 줄일 수 있다. 예를 들어, "지난 3년간의 판매 데이터, 이번 주 부산 지역 날씨 예보, 그리고 20대 여성들이 SNS에서 가장 많이 언급하는 음료 트렌드를 종합적으로 분석하여 내일 아침 카페에서 가장 잘 팔릴 음료 3가지와 그 이유를 제시해주세요."와 같은 프롬프트는 더욱 다각적인 분석을 유도한다.

'행동경제학적 프레임 적용 지시'

AI 모델에게 특정 행동경제학적 원리(예: 손실 회피, 앵커링 효과, 사회적 증거 등)를 의사 결정 과정에 적용하도록 명시적으로 지시할 수 있다. 예를 들어, "고객들이 특정 음료를 더 많이 선택하도록 유도하기 위해, 손실 회피 프레임을 활용하여 메뉴 설명을 작성해주세요."와 같은 프롬프트는 인간의 심리적 경향을 활용한 마케팅 전략 수립에 도움을 줄 수 있다.

'반사실적 사고 및 시나리오 분석 유도'

AI 모델에게 과거의 결정이 다른 결과로 이어질 수 있었던 가상의 시나리오를 분석하거나, 미래의 불확실한 상황에 대한 다양한 시나리오를 예측하고 그에 따른 최적의 전략을 제시하도록 요청함으로써 모델의 예측 능력과 문제 해결 능력을 향상할 수 있다. 예를 들어, "만약 지난달 바닐라 시나몬 라떼를 더 일찍 메뉴에 추가했더라면 매출에 어떤 영향을 미쳤을지 분석해 주세요." 또는 "만약 다음 달 예상치 못한 폭우로 인해 고객 방문이 줄어들 경우, 카페 운영 전략을 어떻게 조정해야 할지 3가지 방안을 제시해주세요."와 같은 프롬프트는 모델의 사고 폭을 넓혀준다.

'인간 피드백 및 직관 통합'

AI 모델의 분석 결과에 대한 인간 전문가의 피드백과 직관을 통합하도록 요청하는 것은 모델의 편향성을 교정하고 예측의 정확도를 높이는 데 중요한 역할을 한다. 예를 들어, "AI가 추천한 음료와 그 이유를 제시하고, 이 추천에 대한 당신의 의견이나 우려 사항을 함께 설명해 주세요."와 같은 프롬프트는 AI의 분석에 인간의 경험과 통찰력을 더하여 더욱 정교한 의사 결정을 가능하게 한다.

부산 골목 카페의 사례는 AI와 인간 심리의 조화가 만들어내는 혁신적인 가능성을 보여주지만, AI 모델 자체의 편향성과 한계를 간과해서는 안 된다. 디지털 혁신의 새로운 지평을 열기 위해서는 AI의 데이터 분석 능력에 행동경제학적 통찰을 융합하고, 이를 효과적으로 활용하기 위한 프롬프트 엔지니어링 전략이 필수적이다. 다양한 데이터와 관점의 통합, 행동경제학적 프레임 적용, 반사 실적 사고 및 시나리오 분석 유도, 그리고 인간 피드백의 통합은 AI 모델의 편향을 줄이고 한계를 보완하여 더욱 정확하고 인간 중심적인 의사 결정을 지원할 것이다. 앞으로 우리는 AI 기술의 발전과 함께 프롬프트 엔지니어링 연구를 지속하고, 인간과 AI가 상호 보완적인 관계를 구축하여 진정한 디지털 혁신을 이루어나가야 할 것이다. 이는 단순한 기술 발전을 넘어, 인간의 삶의 질을 향상시키고 새로운 가치를 창출하는 데 기여할 것이다.

AI 마케팅 어벤져스: 당신의 마케팅을 혁신할 슈퍼 히어로 4인방

마케팅이라는 복잡한 게임에서, AI는 당신의 팀에 합류한 강력한 슈퍼 히어로와 같다. 각 히어로마다 특별한 능력과 필살기를 가지고 있다. 이제 이 4명의 AI 어벤져스를 만나보고, 어떻게 당신의 마케팅을 혁신할 수 있는지 쉽게 비유해서 설명하겠다.

(1) ChatGPT: 마음을 꿰뚫는 공감 능력자, '대화 마법사'

ChatGPT는 텔레파시 능력을 갖춘 히어로와 같다. 고객의 마음속 생각을 읽고, 그들이 혹할 만한 이야기를 술술 풀어낸다.

특히 손실 회피 심리 자극을 이용하여 "오늘 놓치면 후회할 단 하루 특가! 48시간 숙성된 부드러운 한우 스테이크를 지금 아니면 절대 이 가격에 못 만난다!" 이건 마치 "이 기회를 놓치면 평생 후회할 것이다!"라고 말하는 것은, 마치 "지금 잡지 않으면 평생 후회할 것이다!"라고 은밀하게 속삭이는 것과 흡사하다. 또한 프레이밍 효과를 이용하여 "그냥 물이 아니다. 히말라야 청정 암반수로 만든 특별한 물이다!" 이건 평범한 물을 신비로운 약수처럼 포장하는 마법과 같다. 이처럼 뛰어난 ChatGPT의 필살기 활용법은 상대방의 감정을 읽는 레이더처럼, 고객의 메시지에서 느껴지는 감정을 분석해서 맞춤형 답변을 보낸다. 또, 개인 맞춤형 아이템 추천 능력은 마치 "어? 당신 지난번에 이거 좋아했지? 이번엔 이런 건 어떻다?" 하고 콕 집어 제안하는 것과 같다. 여러 가지 광고 문구를 비밀리에 테스트해서 가장 효과적인 문구를 찾아내기도 하고, 대화 흐름에 따라 실시간으로 답변 전략을 바꾸는 놀라운 능력도 갖추고 있다.

(2) Gemini: 최신 유행을 감지하는 트렌드 세터, '문장 스타일리스트'

Gemini는 패션 매거진 편집장과 같다. 지금 가장 '힙'한 스타일과 사람들의 관심을 한눈에 파악하고, 그걸 당신의 마케팅 문구에 세련되게 녹여낸다.

특히 최신 트렌드 즉각적으로 반영하여 "인싸템 경고! 지금 유튜브에서 난리 난 바로 그 스타일, 놓치지 마라!" 이건 마치 "지금 제일 핫한 인플루언서가 강추하는 바로 그 아이템이다!"라고 외치는 것과 같았다 .또한 "사람들이 가장 많이 검색하는 '가을 코디' 키워드를 담은 스타일리시한 신상이다!" 이건 마치 "사람들이 가장 궁금해하는 패션 정보를 딱 맞춰서 알려주는 친절한 친구"와 같았다. Gemini의 멀티모달 마케팅 전략은 사진과 글을 예술적으로 조합하는 능력처럼, 멋진 이미지와 찰떡같은 문구를 함께 만들어서 시너지 효과를 낸다. 실시간으로 소셜 미디어와 검색 트렌드를 분석해서 콘텐츠에 바로 반영하고, 각 플랫폼(인스타그램, 페이스북 등) 특성에 맞게 콘텐츠를 변형하는 능력도 뛰어나다. 또, 사람들이 당신의 콘텐츠를 검색 엔진에서 쉽게 찾도록 똑똑하게 구조를 짜기도 한다.

(3) Claude: 윤리적인 매력적인 스토리텔러, '진심 전달자'

Claude는 마음이 따뜻하고 신뢰감을 주는 베스트 프렌드와 같다. 과장 없이 진솔한 이야기로 당신의 브랜드에 대한 호감을 높여준다.

특히 친환경 제품을 홍보할 때 "지구를 사랑하는 당신처럼, 저희 제품도 착한 마음으로 만들었다. 재활용 가능한 소재로 환경 보호에 동참하면서도 편리함은 그대로 누려라." 이건 마치 "우리는 단순히 물건을 파는 것이 아니라, 더 나은 세상을 함께 만들고 싶다."라고 진심을 담아 이야기하는 것과 같다. 또한 브랜드 스토리텔링을 "저희는 단순히 맛있는 빵을 만드는 것이 아니다. 매일 아침, 가족에게 건강한 빵을 만들어주던 어머니의 마음으로 정성을 담고 있다." 이건 마치 오랜 친구가 자신의 진솔한 이야기를 감동적으로 들려주는 것과 같다. Claude의 윤리적 콘텐츠 마케팅 전략 마치 정직하고 투명한 친구처럼, 브랜드의 가치와 미션을 진정성 있게 전달하고, 누구에게나 차별 없이 존중하는 언어를 사용한다. 제품에 대한 정확한 정보만을 전달하며, 지속 가능한 미래를 생각하는 마케팅을 추구한다. 뿐만아니라 Claude의 고급 글쓰기 기법은 감성을 건드리는 소설가처럼, 고객의 마음을 울리는 스토리를 만들고, 세련되고 우아한 문체로 브랜드의 품격을 높인다. 상황과 목적에 딱 맞는 톤앤매너를 사용하며, 신선하고 창의적인 표현으로 지루할 틈을 주지 않는다.

(4) 뤼튼: 개인 맞춤형 해결사, '마케팅 코치'

뤼튼은 개인 맞춤형 마케팅 코치와 같다. 당신의 상황을 정확하게 분석하고, 가장 효과적인 해결책을 명쾌하게 제시해준다.

특히 방대한 고객 데이터 기반으로 통찰력 있는 제안을 할 때 "고객님들이 가장 좋아하는 메뉴 데이터를 분석해보니, [특정 메뉴]의 인기가 압도적이다! 이 메뉴를 활용한 특별 프로모션을 기획해보는 건 어떤가?" 이건 "당신의 고객들이 뭘 가장 좋아하는지 내가 다 알고 있다! 이걸 활용해서 대박 한번 터뜨려 봐라!"라고 조언하는 것과 같다. 또한 구체적인 전략을 제시할 때 "현재 고객 유입 경로 분석 결과, [특정 채널]의 효율이 가장 낮다. [구체적인 개선 방안]을 시도해보는 것을 추천한다!" 이건 "당신의 문제점을 정확히 진단하고, 지금 바로 시도해볼 수 있는 맞춤형 해결책을 제시하는 똑똑한 조력자"와 같다. 뤼튼의 솔루션 기반 마케팅 전략은 명확한 기준으로 고객을 분류하고, 각 그룹에 맞는 맞춤형 전략을 제시하는 능력처럼, 상세한 고객 데이터를 분석하여 타겟 마케팅을 가능하게 한다. 더욱이 자동으로 마케팅 캠페인을 관리하고 실시간으로 성과를 분석해서 최적화하며, 각 고객 그룹에 딱 맞는 콘텐츠를 제작해준다. 또한, 지속적으로 성과를 분석하고 전략을 개선하는 똑똑한 피드백 시스템을 갖추고 있다.

ChatGPT, Gemini, Claude, 그리고 뤼튼은 마치 각기 다른 슈퍼 파워를 가진 어벤져스와 같다. 당신의 마케팅 목표에 맞춰 이들을 전략적으로 활용한다면, 이전에는 상상할 수 없었던 놀라운 결과를 얻을 수 있을 것이다.

AI 마케팅 어벤져스의 하모니: 시너지 극대화를 위한 통합 전략

우리는 각 AI 히어로의 뛰어난 능력을 확인했다. 이제 이들을 하나의 팀으로 묶어, 상상 이상의 마케팅 시너지를 창출하는 방법을 탐구할 때이다. 훌륭한 오케스트라에서 각 악기가 아름다운 선율을 만들어내듯, AI 도구들은 유기적으로 연결되어 최고의 마케팅 효과를 발휘할 수 있다.

가장 먼저 무대에 오르는 것은 ChatGPT, 능숙한 컨시어지처럼 고객과의 첫 만남을 부드럽게 이끌어낸다. "안녕하세요, 무엇을 도와드릴까요?"라는 친근한 인사로 시작하여, 고객의 니즈를 정확히 파악하고 맞춤형 솔루션을 제시한다. 이때 중요한 것은 단순한 제품 판매가 아닌, 고객의 이야기에 귀 기울이며 신뢰라는 끈을 엮는 공감 능력이다. 고객이 진정으로 원하는 것은 제품 그 자체가 아닌, 삶의 불편함을 해소해 줄 해결책임을 이해하는 것이다.

다음으로 등장하는 Gemini는 ChatGPT가 불러일으킨 고객의 관심을 생생한 비주얼로 현실화시킨다. 오늘날의 소비자들은 텍스트만으로는 만족하지 못한다. 보고, 느끼고, 경험하려는 욕구가 강렬하다. Gemini는 이러한 갈망을 충족시키는 데 탁월한 능력을 발휘한다. 예를 들어, 자연 친화적인 화장품을 소개할 때, 단순히 제품 사진을 나열하는 것이 아니라, 싱그러운 허브밭의 아침 이슬부터 깨끗한 연구실의 정교한 과정, 그리고 만족스러운 미소를 짓는 고객의 모습까지, 브랜드의 이야기를 한 편의 아름다운 영화처럼 시각적으로 펼쳐낼 수 있다. 이러한 감각적인 스토리텔링은 고객의 마음을 사로잡고, 브랜드에 대한 긍정적인 감정을 깊숙이 심어준다.

이제 Claude가 등장하여 브랜드의 깊이 있는 가치와 진정성을 더한다. 단순한 광고 문구를 넘어, 브랜드가 세상에 기여하고자 하는 본질적인 철학과 사회적 책임을 섬세하게 표현한다. "우리는 단순히 아름다움을 판매하는 것이 아닙니다. 자연과 인간이 조화롭게 공존하는 지속 가능한 세상을 꿈꿉니다." 와 같은 메시지는 오늘날의 소비자들이 중요하게 생각하는 가치에 깊이 공감하며, 특히 진정성과 사회적 의미를 중시하는 MZ세대의 마음을 움직인다. Claude는 과장되거나 허황된 포장 없이, 브랜드의 진솔한 목소리를 설득력 있게 전달하는 능력을 지니고 있다.

마지막 퍼즐 조각은 바로 뤼튼, 이 모든 아름다운 이야기를 실질적인 고객 행동으로 이끌어내는 노련한 실행가이다. 아무리 훌륭한 전략이라도 실행되지 않으면 한낱 공상에 불과하다. 뤼튼은 앞선 세 도구가 창조해낸 매력적인 콘텐츠와 전략을, 실제 고객의 구매 여정이라는 정교한 지도 위에 최적의 경로로 배치한다. 고객이 언제, 어떤 채널에서, 어떤 메시지를 접해야 가장 효과적인지를 세밀하게 계획하고 실행한다. 예를 들어, 바쁜 아침 시간에는 출근길 직장인들을 위한 간편한 제품 활용 팁을 제공하고, 여유로운 저녁 시간에는 피부 관리 루틴에 대한 심층적인 정보를 제공하는 식이다.

이처럼 통합된 접근 방식의 진정한 힘은 바로 일관성에서 발휘된다. ChatGPT가 섬세하게 파악한 고객의 니즈는 Gemini의 매혹적인 시각적 요소에 고스란히 반영되고, Claude가 진정성 있게 전달하는 브랜드 가치는 뤼튼의 정교한 실행 전략 속에 자연스럽게 녹아든다. 마치 하나의 아름다운 이야기가 끊임없이 이어지듯, 각 도구의 역할은 유기적으로 연결되어 고객에게 통일된 브랜드 경험을 선사한다.

동시에 이러한 통합은 놀라운 유연성을 제공한다. 급변하는 시장 상황이나 실시간으로 변화하는 고객 반응에 따라, 각 도구의 역할과 중요도를 자유자재로 조절할 수 있다. 때로는 ChatGPT의 친밀한 상담이 마케팅의 주축이 되기도 하고, 때로는 Gemini의 강력한 시각적 스토리텔링이 캠페인의 중심이 되기도 한다. 핵심은 이 모든 요소가 하나의 명확한 목표, 즉 고객에게 최고의 가치를 제공하고 브랜드와 깊은 유대감을 형성한다는 공동의 목표를 향해 조화롭게 움직인다는 점이다.

결국, AI 마케팅 도구의 통합적인 활용은 단순한 기술의 조합을 넘어선 의미를 지닌다. 이는 브랜드가 고객과 만나는 모든 순간, 모든 접점에서 일관된 가치와 매혹적인 경험을 선사하는 총체적인 여정인 것이다. 이 여정 속에서 각 AI 도구는 단순한 기술적 도구가 아닌, 브랜드의 고유한 이야기를 함께 창조하고 고객과 진심으로 소통하는 소중한 동반자가 되는 것이다.

GPT 마케팅 프롬프트 공식 3종 세트

- 목적: 제품 설명, 긍정적 리뷰, FAQ 자동 생성

• 활용 대상: 마케터, 콘텐츠 작성자, 쇼핑몰 운영자, 프롬프트 엔지니어

(1) 제품 설명 프롬프트 공식

> 너는 제품 설명을 전문적으로 작성하는 리뷰어야.
> 다음 정보를 바탕으로 [제품명]의 특징, 기능, 장점을 상세하게 설명해줘.
> [타겟 고객층]이 쉽게 이해할 수 있도록 친절한 언어로 작성해.
> 제품 사용 시 고객이 얻게 될 혜택을 단계적으로 설명해줘.
> 처음 사용할 때, 지속적으로 사용할 때 어떤 이점이 있는지 구체적으로 작성하고, 기술적인 요소가 있다면 전문용어는 풀어서 설명해줘.

제품 정보

- 제품명: [여기에 입력]

- 주요 특징: [여기에 입력]

- 타겟 고객층: [여기에 입력]

- 용도 및 사용법: [여기에 입력]

(2) 긍정적인 리뷰 프롬프트 공식

> 너는 긍정적인 마인드를 가진 리뷰어야.
> [제품명]을 사용해 본 경험을 바탕으로 [타겟 고객층]에게 도움이 될 긍정적인 리뷰를 작성해줘.
> 다음 요소를 포함해 작성해

- 제품을 사용한 상황 또는 배경
- 가장 인상 깊었던 장점 2~3가지
- 이 제품이 [타겟 고객층]에게 왜 추천되는지 구체적으로 설명

톤은 진솔하고 자연스러우며, 너무 과장되지 않게, 너무 "광고 같은 느낌"보다는 친구에게 소개하듯 작성해줘.

제품 정보

- 제품명: [여기에 입력]

- 사용해 본 장점: [여기에 입력]

- 타겟 고객층: [여기에 입력]

(3) FAQ 자동 생성 프롬프트 공식

너는 [제품명]에 대한 전문가야.
[제품명]에 대해 고객들이 자주 묻는 질문(FAQ)과 그에 대한 정확하고 친절한 답변을 작성해줘.
다음을 기준으로 작성해
- 실제 구매자 또는 잠재고객이 궁금해할 만한 질문을 예측해서 작성
- 각각 Q&A 형식으로 5개 이상 작성
- 기술, 배송, 사용 방법, 유지관리, 고객지원 등 다양한 관점 반영
- 필요한 경우 참고 링크 또는 안내 문구도 포함

제품 정보

- 제품명: [여기에 입력]

- 제품 특징/기능: [여기에 입력]

- 타겟 고객: [여기에 입력]

SNS 숏폼 영상 제작용 GPT 프롬프트 공식 3종

목적: 제품 사용 비교, 신제품 홍보, 이벤트 독려

활용 대상: 콘텐츠 마케터, 브랜드 매니저, 쇼핑몰 운영자, SNS 담당자

(1) 제품/서비스 사용 전후 비교 프롬프트

너는 구독자 100만 명을 보유한 유튜버야.
[제품/서비스명]을 사용하기 전과 후의 극적인 변화를 보여주는 15초 숏폼 영상 스크립트를 작성해줘.
다음 기준을 따를 것
- [타겟 고객층]이 일상에서 겪는 공감이 가는 문제 상황을 먼저 제시
- [제품/서비스]를 사용한 후의 눈에 띄는 변화를 시각적으로 표현
- 효과는 과장 없이 현실적이지만 임팩트 있게
- 영상 길이는 15초 이내로 구성

제품 정보

- 제품/서비스명: [여기에 입력]

- 타겟 고객층: [여기에 입력]

- 주요 효과/변화 포인트: [여기에 입력]

(2) 신제품 출시 홍보 프롬프트

너는 트렌디하고 영향력 있는 인플루언서야.
[제품/서비스명]의 신기능과 특징을 소개하는 30초 숏폼 영상 스크립트를 작성해줘.
다음 기준을 따를 것
- [타겟 고객층]의 호기심을 자극하는 오프닝
- 새로운 기능 2~3가지를 빠르게, 쉽게 소개
- "지금 바로 써보고 싶다"는 느낌이 들게 기대감을 고조
- 영상 길이는 30초 이내
- 톤은 활기차고 설득력 있게

제품 정보

- 제품/서비스명: [여기에 입력]

- 타겟 고객층: [여기에 입력]

- 새롭게 추가된 기능/특징: [여기에 입력]

(3) 이벤트 참여 독려 프롬프트

너는 파급력 있는 인플루언서야.
[이벤트명] 참여를 유도하는 10초 숏폼 영상 스크립트를 작성해줘.
포맷은 아래 기준을 지켜줘:
- [이벤트 혜택]을 첫 문장부터 강조
- 누구든 쉽게 따라 할 수 있도록 [참여 방법]은 간단명료하게
- 강한 CTA(Call To Action) 문장으로 마무리
- 전체 스크립트는 10초 분량으로 구성

이벤트 정보

- 이벤트명: [여기에 입력]

- 이벤트 혜택: [여기에 입력]

- 참여 방법: [여기에 입력]

프롬프트, 마케팅의 새로운 언어가 되다.

지금까지 우리는 AI 마케팅의 다양한 도구들과 그 활용법, 그리고 실제 프롬프트 예시들을 살펴보았다. 이제 이 모든 것을 종합하여 우리가 어떤 미래를 그려나갈 수 있는지 이야기해보자.

프롬프트는 단순한 명령어가 아니다. 그것은 우리의 창의성과 AI의 능력을 연결하는 다리이며, 마케팅 전문가의 손끝에서 무한한 가능성을 만들어내는 도구다. 블로그 콘텐츠를 만들 때 우리는 더 이상 백지상태에서 시작하지 않는다. SEO에 최적화된 키워드부터 독자층의 니즈까지, AI는 우리가 필요로 하는 모든 요소를 고려하여 최적의 콘텐츠를 제안한다.

제품 설명과 리뷰 작성에서도 프롬프트의 힘은 빛을 발한다. 과거에는 수많은 시행착오를 거쳐야 했던 제품 소개 글이, 이제는 정교한 프롬프트 하나로 고객의 마음을 정확히 겨냥하는 메시지가 된다. FAQ 자동 생성은 고객 서비스의 패러다임을 바꾸고 있다. AI는 고객들의 잠재적 궁금증까지 예측하여, 그들이 질문하기 전에 이미 답을 준비해둔다.

특히 주목할 만한 것은 SNS 숏폼 동영상 분야다. 10초, 15초, 30

초, 라는 짧은 시간 동안 브랜드의 메시지를 효과적으로 전달하는 것은 결코 쉬운 일이 아니다. 하지만 적절한 프롬프트는 이 제한된 시간을 브랜드 스토리를 전달하는 강력한 순간으로 변화시킨다.

이러한 변화의 핵심에는 '맥락'이 있다. 좋은 프롬프트는 단순히 원하는 결과물을 요청하는 것이 아니라, 그 결과물이 사용될 맥락까지 고려한다. 타겟 고객층은 누구인지, 어떤 채널에서 사용될 것인지, 어떤 반응을 이끌어내고 싶은지 등, 이러한 맥락적 요소들이 프롬프트에 녹아들 때 진정한 마케팅의 효과가 발휘된다.

더욱 고무적인 것은 이 모든 과정이 점점 더 자연스러워지고 있다는 점이다. AI는 더욱 섬세해지고, 마케터들은 프롬프트 작성에 더욱 능숙해지고 있다. 이는 곧 더 창의적이고 효과적인 마케팅 캠페인의 탄생으로 이어진다.

하지만 잊지 말아야 할 것이 있다. 아무리 뛰어난 AI도, 아무리 정교한 프롬프트도 인간의 창의성과 통찰력을 완전히 대체할 수는 없다. AI는 우리의 능력을 증폭시키는 도구이며, 프롬프트는 그 도구를 다루는 기술이다. 결국, 가장 중요한 것은 이 도구를 어떻게 활용할 것인가에 대한 우리의 창의적인 생각이다.

앞으로도 AI 기술은 계속 발전할 것이고, 프롬프트의 활용 범위도 더욱 넓어질 것이다. 우리가 할 일은 이러한 변화의 흐름을 읽고, 새로운 가능성을 끊임없이 모색하는 것이다. 프롬프트는 이제 마케팅의 새로운 언어가 되었다. 이 언어를 얼마나 능숙하게 구사하느냐에 따라 우리의 마케팅 성과도 달라질 것이다.

마지막으로 강조하고 싶은 것은 '실험정신'이다. 지금 소개한 프롬프트들은 시작점일 뿐이다. 창의적인 프롬프트를 만들어보라. 때로는 실패할 수도 있지만, 그 과정에서 얻는 통찰과 경험이 결국 더 나은 마케터로 성장시킬 것이다. AI와 함께하는 마케팅의 새로운 여정이 지금 시작되고 있다.

Chapter 6

설득의 마법: 행동경제학 기반 프롬프트

6-1
넛지(Nudge) 프레이밍, 손실 회피: AI를 이용한 설득의 기술

인간은 정말 합리적일까?

인간은 오랫동안 이성적이고 합리적인 존재로 인식되어 왔다. 하지만 현실을 자세히 살펴보면, 우리는 종종 감정에 휘둘리거나 주변 환경의 영향을 받아 때로는 이해하기 어려운 선택을 하곤 한다. 이처럼, 인간 심리의 복잡하고 미묘한 측면을 심층적으로 탐구하는 학문 분야가 바로 행동경제학이다.

기존 경제학이 '합리적인 인간'이라는 이상적인 존재를 기본적인 전제로 삼았던 반면, 행동경제학은 실제 인간이 보이는 비합리적인 행동 양상에 주목한다. 따라서, 심리학, 사회학, 인지과학 등 다양한 학문 분야의 통찰력을 융합하여 사람들의 실제 행동과 선택 과정을 보다 현실적으로 이해하고자 노력한다. 이러한 통합적인 학문적 관점은 순수한 경제 활동뿐만 아니라, 소비자의 심리를 꿰뚫어야 하는 마케팅 분야에도 혁신적인 새로운 가능성을 제시해주었다.

오늘날의 마케팅 환경은 과거와는 비교할 수 없을 정도로 빠르게 변화하고 있으며, 단순히 '보기 좋은 제품'을 만드는 것만으로는 더 이상 충분하지 않다. 이러한 상황에서, 숨겨진 강력한 무기가 등장했는데, 그것이 바로 행동경제학이다.

구체적으로, 행동경제학은 다음과 같은 핵심 요소들을 마케팅에 효과적으로 접목할 수 있도록 돕는다. 고객의 마음을 사로잡는 심리적 '트리거(Trigger)'를 발견하고 활용하는 방법, 비합리적인 판단을 부드럽게 유도하는 미묘한 '넛지(Nudge)' 전략, 고객의 구매 의사결정에 결정적인 영향을 미치는 환경을 전략적으로 설계하는 방법 등이 그것이다. 이러한 행동경제학적 요소들을 적절한 시점과 맥락에 맞춰 능숙하게 활용한다면, 기업은 비교적 적은 비용으로도 놀라운 매출 증대와 강력한 브랜드 이미지를 구축하는 효과를 동시에 얻을 수 있다. 결국, 행동경제학은 현대의 마케터들에게 마치 마법의 날개와 같은 힘을 부여하고, 고객들에게는 더욱 매력적이고 현명한 선택의 기회를 제공하는 핵심적인 역할을 수행한다고 볼 수 있다.

6가지 행동경제학 마케팅 전략

아래에서는 행동경제학의 대표적 개념을 마케팅에 활용하는 방법을 살펴본다. 각각은 AI 프롬프트 설계에도 적용할 수 있어, 챗지피티와 같은 인공지능 서비스가 소비자의 마음을 사로잡도록 도와준다.

(1) '디폴트 옵션' 전략: "골치 아픈 선택은 NO!"

사람들은 선택 사항이 지나치게 복잡해질수록 결정을 내리기를 미루거나 아예 포기하는 경향이 있다. 따라서, 디폴트 옵션을 기업에 유리한 방향으로 미리 설정해두면, 고객은 별다른 추가적인 노력 없이도 기업이 의도하는 원하는 선택을 자연스럽게 하게 된다.

실제로, 이러한 원리는 다양한 상황에서 효과적으로 활용될 수 있다. 예를 들어, 온라인 서비스 가입 시 '정기 구독'을 기본 선택 사항으로 설정해두거나, 온라인 쇼핑몰에서 고객이 장바구니에 담은 상품과 관련성이 높은 상품들을 '추천 옵션'으로 자동으로 추가하는 방식 등이 있다.

이처럼 신중하게 디폴트 옵션을 설계하는 것은 고객의 인지적 부담을 현저하게 줄여줄 뿐만 아니라, 최종적인 구매 전환율을 효과적으로 높이는 데에도 크게 기여할 수 있다.

(2) 가격 프레이밍: "가격표에 숨은 마법의 거울"

똑같은 가격일지라도 고객에게 어떻게 제시하느냐에 따라 그들의 심리에 미묘한 변화가 일어날 수 있다. 이러한 현상을 가격 프레이밍이라고 하며, 소비자에게 손실보다는 상대적인 이득이나 혜택을 더욱 부각시켜 인식을 변화시키는 효과적인 방법이다.

실제로, 가격 프레이밍은 다양한 방식으로 활용될 수 있다. 예를 들어, 동일한 비용 지출이라도 "하루 커피 한 잔 값으로 프리미엄 세제를 이용할 수 있습니다"와 같이 일상적인 소비와 비교하여 제시하는 비교 프레이밍이 있고, "50% 할인"이라는 직접적인 할인율을 제시하는 대신 "1+1 이벤트"라고 표현하여 추가적인 혜택을 강조하는 혜택 프레이밍이 있다.

이처럼, 고객은 궁극적으로 '똑같이 지출하는 금액'일지라도, 어떤 프레임을 통해 가격이 제시되느냐에 따라 그 가치를 완전히 다르게 인식하게 된다. 결과적으로, 가격 프레이밍은 소비자의 충동적인 구매를 유도하거나 최종적인 제품 선택을 촉진하는 데 매우 효과적인 전략으로 활용될 수 있다.

(3) 사회적 증거 활용: "다수가 선택하면, 나도 따라간다"

인간은 본능적으로 '다른 사람들도 그렇게 하니까 나도 따라 해야 한다'는 심리를 가지고 있다. 이러한 심리가 바로 강력한 설득력을 지닌 사회적 증거의 힘이다.

실제로, 사회적 증거는 다양한 형태로 마케팅에 활용될 수 있다. 예를 들어, 온라인 쇼핑몰에서 제품 페이지에 "이미 3만 명 이상이 이 제품을 구매했습니다!"와 같은 구매 후기나 높은 평점을 노출하는 방식, 또는 유명 인플루언서가 특정 제품을 사용하는 인증 사진을 소셜 미디어에 게시하는 방식 등이 대표적이다.

이처럼, 사람들은 다른 이들의 긍정적인 경험이나 높은 평점을 직접 확인하고 자신의 결정을 내릴 때 심리적인 안정감을 느끼는 경향이 있다. 따라서, 기업은 자사의 SNS 채널이나 온라인 쇼핑몰의 후기 시스템을 효과적으로 잘 활용한다면, 긍정적인 구매 분위기를 자연스럽게 확산시키고 매출 증대에도 크게 기여할 수 있다.

(4) 희소성 강조: "놓치면 끝! 한정된 기회로 소유욕을 불태우다"

희소성을 강조하는 전략은 한정판 제품이나 특별 할인 이벤트를 통해 고객의 소유하고 싶은 욕망에 강력하게 불을 붙이는 효과적인 방법이다. 예를 들어, "오직 50개 한정 수량! 서두르지 않으면 순식간에 품절될 수 있습니다!"와 같은 문구는 고객에게 희소성으로 인한 조급함을 유발하며, "오늘 단 하루만! 평소에는 상상할 수 없는 30% 특별 할인!"과 같은 문구는 지금 구매하지 않으면 큰 손해를 볼 수 있다는 인식을 심어준다. 이처럼, 이러한 희소성을 강조하는 문구들은 고객에게 '지금이 아니면 영원히 기회를 놓칠 수 있다'는 강렬한 불안감을 효과적으로 심어주어, 망설임 없이 즉각적인 구매 결정을 내리도록 강력하게 유도한다. 결국, 이는 인간의 기본적인 심리 중 하나인 '손실 회피' 심리를 직접 자극하여, 잠재고객이 이성적인 판단보다는 본능적으로 지갑을 열도록 만드는 매우 강력한 마케팅 전략이다.

(5) 넛지: "강요 없이 슬쩍 밀어주는 부드러운 개입"

넛지(Nudge)는 그 단어 그대로 '팔꿈치로 슬쩍 찌르다'라는 의미를 지니며, 고객에게 직접적인 강요나 불쾌감을 주지 않으면서도 그들이 스스로 최적의 선택을 하도록 부드럽게 유도하는 영리한 전략이다. 예를 들어, 온라인 폼 작성 시 필수적으로 입력해야 하는 중요한 정보 입력란을 색상이나 강조 효과를 사용하여 눈에 잘 띄게 만드는 방법, 또는 카페테리아에서 건강에 좋은 과일을 고객의 시선이 가장 잘 닿는 정면 위치에 배치하여 자연스럽게 건강한 식단을 선택하도록 유도하는 방법 등이 대표적인 넛지 전략이다. 이처럼, 넛지는 고객의 자유로운 선택권을 존중하면서도, 기업이 원하는 바람직한 행동으로 고객을 자연스럽게 이끌어내기 때문에 고객과의 신뢰 관계를 굳건히 유지하면서 효과적인 행동 변화를 만들어낼 수 있는 매우 유용한 마케팅 기술이다.

(6) 손실 회피: "누구도 잃고 싶지 않다! 잃을까 두려운 마음을 공략하라"

손실 회피 전략은 사람들이 '무언가를 얻는 것'에서 느끼는 만족감보다 '무언가를 잃는 것'에서 느끼는 상실감에 훨씬 더 민감하게 반응한다는 인간 심리에 깊이 기반한 전략이다. 예를 들어, "지금 이 특별한 기회를 놓치시면 무려 10만 원 상당의 놀라운 혜택을 영원히 잃게 됩니다!"와 같이 혜택 상실에 대한 두려움을 강조하거나, 무료 체험 기간이 종료된 후 별도의 안내 없이 자동으로 유료 서비스로 전환되도록 설정하는 방식 등이 대표적인 손실 회피 전략이다. 이처럼, 손실을 구체적으로 강조함으로써 고객은 본능적으로 '위험을 회피'하고자 하는 심리에 따라 특정 행동을 취하도록 유도된다. 결과적으로, 감정적으로도 '소중한 것을 잃을까 봐 두렵다'는 강렬한 마음이 작용하여, 고객 스스로 서둘러 구매 결정을 내리도록 효과적으로 이끄는 강력한 마케팅 기법이다.

행동경제학 × AI: "6가지 전략, 마케팅에 신의 한 수를 더하다"

행동경제학은 마케터에게 강력한 무기를 쥐여 주는 동시에, 고객에겐 한층 매력적인 구매 경험을 선사한다. 여기에 AI를 접목하면, 불필요한 시행착오 없이 정교한 데이터 분석과 맞춤형 제안이 가능해진다.

아래의 프롬프트는 바로 이러한 행동경제학 + AI 시너지를 극대화하기 위한 도구다. 디폴트 옵션, 가격 프레이밍, 사회적 증거 활용, 희소성 강조, 넛지, 손실 회피 이 6가지 핵심 전략을 한 번에 점검하고, 개선 포인트를 뽑아낼 수 있다.

행동경제학 6가지 전략 프롬프트

프롬프트너와 나는 다크심리를 윤리적으로 활용하는 행동경제학 전문가야. 아래에 제시된 제품/서비스 정보를 토대로, 1.디폴트 옵션(Default Option), 2. 가격 프레이밍(Price Framing), 3. 사회적 증거(Social Proof), 4. 희소성 강조(Scarcity) 5. 넛지(Nudge) 6.손실 회피(Loss Aversion)의 6가지 마케팅 전략을 현재 상황에 적용하고, 각 전략별로 개선점을 5가지씩 구체적으로 제시해 줘. 마지막으로, 개선 내용을 간략한 실행 로드맵 형태로 정리해 줘.

제품/서비스 정보

제품/서비스명:

제품/서비스 카테고리:

타겟 고객:

주요 기능/특징:

가격:

판매 채널 (온라인, 오프라인, 둘 다 등):

현재 마케팅 전략 (간략하게 설명):

경쟁 제품 (있다면 2~3개 나열):

이처럼 공식화된 프롬프트를 활용하면, AI가 보다 명확하고 구체적인 해법을 제시한다. 해당 프롬프트는 제품/서비스 정보 입력→6가지 전략별 개선안→실행 로드맵 구조로 이루어져 있으므로, 마케터나 기획자가 행동경제학적 통찰을 쉽게 적용할 수 있도록 돕는 데 최적화되어 있다. 여기에 입력 항목에 목표 시장 규모나 브랜드 이미지 같은 추가 정보를 기입하면, 더욱 풍부하고 정교한 제안을 챗지피티에게 받을 수 있다.

6-2
감정, 욕망, 불안을 자극하는 프롬프트 AI 카피라이터의 탄생

AI 카피의 종말인가, 아니면 진화의 서막인가?

한때는 단 한 줄의 문장에 브랜드의 생사가 걸려 있던 시대가 있었다. 카피라이터들은 단어 하나, 쉼표 하나조차 쉽게 넘길 수 없었고, 그렇게 완성된 한 줄의 카피가 브랜드의 운명을 좌우하곤 했다. 그러나 이제 빠르고 정확한 AI가 그 세계에 들어섰다. AI는 실시간 트렌드를 학습하고, 수많은 데이터를 기반으로 가장 주목도 높은 문장을 단숨에 뽑아낼 수 있다. 일부 사람들은 이것이 카피라이터의 위협이라고 하지만, 진정한 카피라이터라면 이를 확장으로 받아들이는 것이 옳다. 농부에게 트랙터가 그렇고, 화가에게 디지털 브러시가 그러한 것처럼, AI는 창작자의 손길을 더욱 멀리 뻗게 하는 도구이기 때문이다.

어제의 카피라이터가 감각과 영감에 의존했다면, 오늘의 카피라이터는 프롬프트 엔지니어라는 이름으로 새롭게 태어난다. AI가 진정한 카피 마법사가 되려면, 정교하고 구체적인 프롬프트가 필요하기 때문이다. '프롬프트'는 간단한 명령어가 아니다. 목적·대상·감정·자극 포인트 등을 하나의 문장으로 응축한 창작의 설계도이다.

예컨대 '매콤한 해산물 파스타를 만들어주세요'라는 지시가 있어야 셰프가 원하는 맛을 낼 수 있듯이, "20대 여성의 불안을 자극하며 공감과 행동을 유도하는 문장"이라는 지침이 있어야 AI가 감정의 결을 살린 카피를 정확하게 뽑아낸다. 이처럼 프롬프트 엔지니어링은 단순한 기술이 아니라, 감정의 디자이너가 되는 길이다.

감정의 프롬프트: 공감은 최고의 무기다

사람은 이성보다 감정에 쉽게 흔들린다. 즐거움은 지갑을 열게 하고, 불안은 당장 행동하도록 만든다. AI에게 감정을 학습시킨다는 것은, 소비자의 마음을 여는 비밀의 열쇠를 쥐여 주는 일이다.

(1) 긍정 감정: 설렘, 희망, 행복을 호출하라

"이 립스틱을 바르면 마치 첫 데이트처럼 설레는 기분을 느낄 수 있다." 이런 문장 하나가 라이브커머스 현장에서 수백 건의 주문으로 이어지기도 한다. 설렘이나 행복과 같은 긍정적인 감정은 보이지 않는 영역이지만, 사람들의 머릿속에 '지금 사야겠다'는 생각을 심어주어 결국 전환율을 높인다.

(2) 부정 감정: 불안, 공포, 결핍을 자극하라

"자외선 차단제를 사용하지 않으면 피부 노화가 빨라진다."이 문장을 들은 사람은 본능적으로 '지금 당장 차단제를 바르지 않으면 안 되겠다'고 느낀다. AI가 이런 카피를 학습하면, "이 제품을 놓치면 다음 기회는 없을지도 모른다" 같은 긴박감 넘치는 문장을 생성할 수 있다. 이는 소비자의 즉각적인 구매 결정을 유도하는 강력한 트리거가 된다.

(3) 공감의 언어: "나도 그래", 연결의 힘

"당신이 얼마나 힘든지 잘 알고 있다. 그래서 도움이 되고 싶다." 이 문장은 물건을 파는 문장이 아니라, '이해'와 '위로'를 제공하는 문장이다. 브랜드가 단순한 판매자가 아닌, 고객의 상황을 정말로 이해하는 존재로 다가갈 때, 소비자는 '이 브랜드가 내 마음을 알아주고 있다'고 느낀다. 이러한 공감이 충성도 높은 고객을 만들어낸다.

AI는 감정을 느끼지 못하지만, 감정을 설계할 수 있다. 그 설계는 프롬프트에서 시작된다.

감정 요소	자극 프롬프트 예시	전환 효과
설렘	"첫 데이트처럼 가슴 뛰게 하는 향기"	호감 & 호기심
불안	"이 제품을 놓치면 다음 기회는 없습니다"	즉시 행동
공감	"당신이 얼마나 힘든지 잘 알고 있습니다"	신뢰 형성

설렘은 구매에 대한 호감을 촉진하고, 불안은 행동을 재촉하며, 공감은 고객과 브랜드 사이에 신뢰를 쌓아 장기적인 관계를 만든다.

흔히 말하는 다크심리는 결핍·공포·불안 같은 부정적 감정을 교묘하게 이용해 사람들을 움직이게 하는 전략이다. 이를 윤리적으로 잘 다듬으면, 상호 이익을 창출하는 윈윈 마케팅으로도 충분히 발전시킬 수 있다. AI는 이제 다크심리조차 학습하고, 거기에 긍정 감정을 더해 사람들의 결정을 부드럽게 유도하는 카피를 만들 수 있다.

결국, 프롬프트 엔지니어는 이러한 도구를 적절히 사용할 줄 아는 창작자이자, 윤리적 방향을 제시하는 결정권자가 된다. 프롬프트가 제대로 설계될수록 AI는 사람들의 감정을 공감과 설렘, 혹은 건강한 불안의 형태로 매끄럽게 이끌어낼 수 있다.

욕망의 마법 – AI가 건드리는 본능의 버튼

모든 인간은 크고 작은 욕망을 품고 산다. 맛있는 음식을 먹고 싶어 하는 욕망, 주목받고 싶은 욕망, 더 나아가 인생을 변화시키고 싶어 하는 욕망 등, 이런 내적 갈망은 종종 이성보다 강력하게 작용하며 최종 구매 결정의 본질적 동기가 되기도 한다.

AI 카피라이터가 해야 할 일은, 이 욕망을 정확히 분류하고 구조화하여 프롬프트로 번역하는 것이다. 이 과정을 통해 AI는 인간의 본능적 버튼을 누르는 정교한 언어 전략을 펼칠 수 있게 된다.

(1) 기본 욕구 – 본능을 자극하라

"지금 주문하면 갓 구운 따끈따끈한 피자를 맛볼 수 있습니다!"

우리가 흔히 말하는 먹고, 자고, 쉬고 싶은 기본적인 욕구는 단순하면서도 반응이 빠르다. 출출한 시간에 배달 앱에서 피자 광고를 본다면, 이미 머릿속에는 바삭하고 고소한 치즈피자가 떠오를 가능성이 크다. 이처럼 시각적이고 감각적인 언어로 본능을 자극하는 문장은 즉각적인 행동(클릭·전화·구매)을 유도하는 힘을 갖는다.

AI 프롬프트

> "너는 기본 욕구를 자극하는 카피 전문가다.
> '식욕/편안함/즉시 충족'을 테마로 구매 욕구를 자극하는 광고 문구를 5개 생성해줘."

이렇게 입력하면, AI는 "단 한입에 퍼지는 크림소스의 풍미, 지금 바로 주문하세요" 같은 문구를 생성할 수 있다. 우리 뇌는 '맛', '휴식', '즉시 만족'을 떠올리면 이성적으로 '배부르니 그만 사자'고 말하기도 전에 결정 버튼을 누르게 된다.

(2) 사회적 욕구 – 인정받고 싶어 하는 마음

"이 옷을 입으면 당신의 자신감이 빛난다. 마치 나만을 위해 비춰주는 스포트라이트처럼."

사람은 누구나 타인의 시선을 의식한다. '나도 저 사람처럼 되고 싶다'는 모방심리, '좀 더 주목받고 싶다'는 인정 욕구 등이 결합되면, 한 번 그 욕망이 발화되기 시작한 순간 소비자는 이미 선택을 기울인 상태가 된다.

> **AI 프롬프트 예시**
>
> "너는 사회적 욕구를 자극하는 마케팅 카피 전문가다.
> '자존감/인정 욕구/시선'을 키워드로 20~30대 타겟을 설득하는 광고 문구 5개를 써줘."

이처럼 구체적으로 요청하면, AI는 "도심 거리에서 시선이 당신을 향하게 하는 비밀, 바로 이 재킷에 있다"처럼 타인의 반응을 강조하는 카피를 생성할 것이다. 소비자는 이미 머릿속에서 "내가 이 재킷을 입으면 다른 사람들이 나를 어떻게 볼까?"를 상상하고, 그 이미지에 매혹되어 즉시 행동으로 옮기기 쉽다.

(3) 자아실현 욕구 – '더 나은 나'로 가는 길

"이 교육 프로그램을 통해 당신의 꿈을 이룰 수 있다." 인간은 단순히 식욕이나 허영심뿐 아니라, 성장하고 변화하고 싶은 욕망을 품는다. 새로운 기술을 익히고, 자기계발을 통해 더 멋진 미래를 만들고 싶어 하는 마음은 곧 자아실현 욕구로 이어진다. 이 욕구를 건드리는 브랜드 메시지는 제품이 아니라 가치를 파는 데 집중한다.

AI 프롬프트 예시

"자기계발에 관심 있는 30대 직장인을 대상으로, 자아실현 욕구를 자극하는 교육 프로그램 홍보 문구를 작성해줘."

AI는 여기서 "당신이 꿈꿔온 커리어, 지금이 시작점이다"라는 식으로 미래의 자신을 보게 만드는 문장을 제시할 수 있다. 소비자는 '더 나은 나'를 꿈꾸면서, 그 꿈을 구체화해줄 도구(상품·서비스)를 자연스럽게 받아들인다.

불안의 마법 - 움직이지 않는 사람을 '불편하게' 만들어라

또 한 축에서는 인간이 가지고 있는 불안이라는 감정이 매우 강력한 구매 동인이 된다. 심리학과 행동경제학에서 말하듯, 사람은 '이익을 얻는 기쁨'보다 '손실을 피하는 불안'에 더 민감하게 반응한다. 이는 손실 회피(Loss Aversion)라고 불리며, 바쁜 현대인들을 즉시 움직이게 만드는 대표적인 심리 트리거다.

(1) 손실에 대한 불안 - "놓치면 끝이다"

"오늘이 마지막 할인! 이 기회를 놓치면 후회할지도 모른다."

인간은 기회를 잃어버리는 상황에 특히 예민하다. '마감', '한정', '마지막', '종료' 같은 단어는 행동을 미루고 있던 고객에게 즉각적인 압박감을 준다. '더 이상 고민할 시간이 없다'는 심리적 자극은 곧 즉시 구매나 결제 완료 버튼을 누르게 만든다.

AI 프롬프트

"손실 회피 심리를 자극해 즉시 구매를 유도하는 문장을 5개 작성해 줘.
한정 수량, 오늘만 가능, 마지막 기회 등의 요소를 포함해."

이렇게 요청하면, AI는 "한정 수량 50개가 모두 소진되기 전에 잡아야 할 기회!" 등 공급이 빠르게 소진되는 이미지를 강조해 소비자의 손실 공포를 불러일으키는 메시지를 뽑아낸다.

(2) 미래에 대한 불안 – "내일의 불확실함이 걱정돼"

"이 보험에 가입하면 예상치 못한 사고에도 안심할 수 있다." 미래가 불확실하다고 느낄수록 사람은 현재에 대비책을 마련하려 한다. 건강·자산·안전과 같은 키워드는 당장 손해를 보지 않더라도 "아, 나도 대비해둬야지"라는 심리를 불러일으킨다.

AI 프롬프트

"미래에 대한 불안감을 자극해 지금 행동을 유도하는 카피 문장을 써 줘.
보험, 건강, 자산관리와 관련된 사례를 중심으로 만들어줘."

AI는 이에 대해 "내일의 불확실함에 맞설 유일한 준비, 지금 가입하세요" 같은 문구를 생성하며, 불안을 완화하는 수단(상품·서비스)의 필요성을 전면에 내세운다.

(3) 사회적 불안 – "나만 뒤처질까 봐"

"이미 100만 명이 시작한 변화, 당신은 아직도 고민 중인가?" 사회적 불안은 FOMO(Fear of Missing Out) 심리와 연결된다. 타인들, 특히 다수의 사람이 이미 어떤 행동을 하고 있다면, 자신이 그것을 하지 않을 때 뒤처지거나 소외될까 봐 불안해한다. 따라서 "다른 사람들은 벌써 이만큼 앞서가고 있는데?"라는 메시지는 매우 강력한 초점을 만든다.

AI 프롬프트

"소셜 프루프(Social Proof) 기반의 사회적 불안을 자극하는 광고 문구 5개 작성해줘.
많은 사람이 참여한 정보, 후기 기반 설계해줘."

이를 통해 AI는 "온라인 수강생 10만 명 돌파!
늦었다고 생각할 때가 가장 빠른 시작" 같은 문구를 만들어낼 것이다.
이렇게 다수의 경험을 강조하면, 소비자는 '나만 이 흐름을 놓치고 있는 건 아닌가' 하는 경각심을 느끼게 된다.

욕망은 사람을 끌어당기고, 불안은 사람을 뒤에서 밀어낸다. 방향은 다르지만, 목적은 같다. 결국 행동을 유도한다는 점에서, 두 감정은 AI 카피라이팅에 있어 양날의 칼과도 같다.

AI는 이 욕망과 불안이라는 두 축의 미세한 진동을 프롬프트 안에서 포착하고, 그에 맞춰 적절한 단어와 문장 구성을 설계해야 한다. 이렇게 설계된 카피는 더 이상 단순히 '문장을 만들어내는' 기능을 넘어, 인간 심리를 움직이는 정교한 장치가 된다.

심리라는 무대를 잘 이해한다면, AI는 단순한 텍스트 생성기를 넘어 마음의 지휘자, 혹은 디지털 심리 조작자가 된다. 그리고 그 앞에서, 우리는 욕망과 불안이라는 양면의 힘을 적절히 조절하는 지혜가 필요하다. 이것이 곧, AI 시대에 마케팅과 브랜딩이 진정한 설득력을 갖추는 핵심 포인트이기 때문이다.

6-3
AI는 어떻게 인간의 심리를 조종하고 행동을 유도할 수 있을까?

　행동경제학으로 완성하는 설득의 기술, 고객은 생각하는 것보다 훨씬 단순하다.

　매일 아침, 우리는 수많은 선택의 기로에 선다. 옷장 앞에서 어떤 옷을 입을지, 점심 메뉴는 무엇으로 할지, 퇴근 후에는 어떤 영화를 볼지… 끝없이 이어지는 선택 속에서 우리는 자신을 스스로 '이성적'이라 믿지만, 사실 우리의 판단은 생각보다 훨씬 감정적이고 직관적이며, 심지어 예측 가능하기까지 하다. 바로 이 지점에서 '다크 심리 행동경제학'이 마케팅의 새로운 무기로 떠 오른다. 마치 마법사가 주문을 외워 사람들의 마음을 사로잡듯, 행동경제학의 원리를 활용하면 고객의 심리를 정확히 파악하고, 소비자의 행동을 예측하며 궁극적으로 제품과 서비스를 선택하도록 유도할 수 있다. 아래에서는 이러한 다크 심리의 핵심 전략 다섯 가지를 살펴본다.

(1) 기준점 설정 및 조정: 닻을 내려 고객의 마음을 사로잡아라.

망망대해를 항해하는 배가 원하는 위치에 머무르려면, 반드시 닻을 내려야 한다.

마찬가지로, 고객의 마음속에도 제품이나 서비스 가치를 판단하는 '기준점'을 내려야만 우리의 제안이 매력적으로 인식될 수 있다. 처음에 높은 가격이나 고급 모델을 보여주면, 이후에 제시되는 선택지가 상대적으로 저렴해 보이는 것이 앵커링(Anchoring) 효과다.

예를 들어, 레스토랑에서 10만 원짜리 와인을 먼저 본 뒤 5만 원짜리 와인을 보면 '훨씬 합리적'이라 느끼는 것과 같은 이치다. 이러한 앵커링 효과를 활용한 전략으로는 "원래 가격은 무려 70만 원에 달하지만, 지금 특별 할인 기간을 맞아 놀라운 가격인 50만 원에 만나보실 수 있습니다!"와 같이 원래의 높은 가격을 먼저 제시하여 할인된 가격이 더욱 매력적으로 느껴지도록 유도하는 방법이 있다.

또한, 호텔에서 최고급 스위트룸을 먼저 고객에게 보여준 후, 일반 객실 옵션을 제시함으로써 일반 객실의 가격 대비 가치를 높게 인식시키는 전략이나, 고성능 프리미엄 모델을 먼저 시연하여 고객의 기대 수준을 높인 후, 기본 모델을 보여주면 기본 모델도 충분히 좋은 선택처럼 보이게 만드는 전략 등이 있다. 결국, 닻을 어느 지점에 내리느냐에 따라 배의 최종적인 행방이 결정되듯이, 고객에게 제시하는 최초의 기준점을 어떻게 효과적으로 설정하느냐에 따라 해당 제품의 인지된 가치와 매력도가 크게 달라질 수 있다.

(2) 현상 유지 편향: '익숙함'이 주는 안전지대

우리는 늘 다니던 길로만 걷고, 오랫동안 써온 제품을 쉽사리 버리지 못한다.

이는 새로운 변화를 두려워하는 '현상 유지 편향(Status Quo Bias)' 때문이다.

이 편향을 극복하고, 고객에게 우리 제품을 받아들이도록 만들려면 '익숙함'을 제공해야 한다. 무료 체험, 샘플 제공, 맛보기 기회 제공, 혹은 일시적인 서비스 업그레이드와 같은 장치들을 활용하는 것은, 고객에게 다소 낯설게 느껴질 수 있는 새로운 서비스가 직접 사용해보니 '의외로 괜찮네?'라는 긍정적인 인식과 함께 친숙함으로 자연스럽게 변화하도록 효과적으로 돕는 전략이다. 실제로, 이러한 전략은 다양한 형태로 활용될 수 있다. 예를 들어, "일단 3일 동안만 부담 없이 무료로 사용해보시고, 만약 마음에 들지 않으시면 언제든지 아무런 조건 없이 원상태로 복귀시켜 드립니다."와 같이 고객에게 위험 부담 없이 서비스를 경험할 기회를 제공하거나, "지금 바로 저희 서비스에 가입하시면, 특별히 30일 동안 프리미엄 서비스를 추가 비용 없이 무료로 제공해 드립니다."와 같이 가입의 이점을 강조하는 방식이 있다. 더 나아가, "지금 가입하지 않으시면 이번 달에만 제공되는 특별한 무료 혜택을 아쉽게도 놓치게 됩니다!"와 같이 고객의 잠재적인 상실감을 자극하여 가입을 유도하는 방법도 효과적으로 활용될 수 있다. 낯선 동네도 직접 시간을 보내며 살아보면 점차 익숙해지고 편안하게 느껴지는 것처럼, 제품이나 서비스를 고객이 직접 경험하도록 유도함으로써 새로운 선택에 대한 막연한 두려움을 자연스럽게 해소해주는 것이 바로 이러한 경험 마케팅 전략의 핵심이라고 할 수 있다.

(3) 상호성의 법칙: 주는 만큼 돌아오는 '마법의 선물'

인간은 사회적 동물이다. 누군가 내게 도움을 주면, 고마움을 느끼며 무언가로 보답하고 싶어 한다. 이런 심리를 활용하는 것이 '상호성의 법칙'이다. 망망대해 한가운데서 예상치 못한 조난을 당했을 때, 누군가가 따뜻한 손길을 내밀어 당신의 배를 안전하게 구조해 주었다면, 그 은혜에 진심으로 보답하고 싶은 간절한 마음이 샘솟는 것처럼, 고객에게 먼저 진심 어린 혜택, 예상치 못한 선물, 혹은 실질적인 편의를 제공한다면, 그들은 자연스럽게 우리의 브랜드와 제품에 대해 한층 더 호의적인 감정을 느끼게 된다. 실제로, 이러한 상호주의 원칙을 활용한 다양한 마케팅 전략이 존재한다. 예를 들어, 잠재고객에게 부담 없이 제품을 경험할 수 있는 "무료 샘플"을 제공하거나, 당장의 구매를 유도하는 매력적인 "할인 쿠폰"을 제공하는 것이 대표적이다. 더 나아가, 특별한 날을 기억하고 축하하는 "생일 축하 쿠폰"이나 오랫동안 브랜드를 아껴준 고객에게 감사의 마음을 전하는 "고객 감사 이벤트"를 제공하는 것도 좋은 전략이다. 이 외에도, 고객의 구매 여정에 편리함을 더하는 "무료 배송" 서비스나, 기대 이상의 가치를 제공하는 "추가 서비스"를 제공하는 것 또한 고객의 긍정적인 반응을 이끌어낼 수 있는 효과적인 방법이다. 이처럼 작고 사소해 보이는 호의일지라도, 고객의 마음 속 깊은 곳에 긍정적인 감정의 파동을 일으키고, 이는 결국 브랜드에 대한 굳건한 충성심과 실제적인 구매 의지로 자연스럽게 이어지는 강력한 연결고리가 된다.

(4) 권위 효과: 전문가의 한마디가 천금을 만든다.

험난한 바다에서 노련한 선장의 말 한마디가 절대적 지휘력을 갖듯, 전문가나 권위자의 의견은 대중에게 강력한 설득력이 있다. 이것이 '권위 효과(Authority Effect)'이다. 소비자들은 익숙하지 않은 상품을 접할 때, 자신보다 '그 분야를 더 잘 아는 사람'을 신뢰한다.

피부과 전문의가 신중하게 추천하는 화장품, 저명한 요리사가 극찬하는 특별한 레스토랑, 그리고 객관적인 공신력을 인정받은 기관의 믿을 수 있는 인증 등은 해당 제품의 가치에 대한 소비자의 확고한 믿음을 강력하게 심어주는 효과적인 방법이다. 이러한 권위에 대한 호소를 활용하는 다양한 마케팅 전략이 존재한다. 예를 들어, 해당 분야의 존경받는 전문가나 권위자의 진솔한 추천사, 심층적인 인터뷰 내용, 혹은 깊이 있는 칼럼 등을 광고나 홍보 자료에 적극적으로 사용하는 것이 좋은 전략이다. 또한, 객관적인 기준과 엄격한 심사를 거쳐 공신력 있는 기관으로부터 획득한 다양한 인증(예: 안전마크, 품질 보증 마크 등)을 제품에 명확하게 표시함으로써 소비자의 신뢰도를 높일 수 있다. 더불어, 해당 분야에서 전문성과 영향력을 인정받는 인플루언서와의 진정성 있는 콜라보레이션 역시 큰 효과를 발휘할 수 있다. 다만, 여기서 가장 중요한 핵심은 바로 진정성이다. 단순한 유명인의 피상적인 추천보다는, 해당 제품이나 서비스 분야에서 깊이 있는 전문성을 갖춘 권위자일 때, 소비자는 훨씬 더 강력하고 흔들리지 않는 신뢰감을 느끼게 된다는 점을 명심해야 한다.

(5) 선택의 과부하: 고객의 선택 피로를 줄이고 단순함을 주어라

너무 많은 선택지가 주어지면, 오히려 소비자는 결정 장애에 빠져 아무것도 선택하지 못한다.

이것이 '선택의 과부하(Choice Overload)' 현상이다. 뷔페식당에서 끝없이 펼쳐진 다양한 메뉴들을 마주하고 '도대체 무엇부터 먹어야 할지 모르겠다'는 생각에 휩싸여 결국에는 너무 많은 음식을 접시에 담기만 하고 제대로 맛보지 못하는 상황을 한번 떠올려 보자. 이처럼, 선택지가 지나치게 많아질수록 우리의 마음은 복잡해지고, 최종적인 행동을 망설이거나 아예 포기해 버리는 경향이 나타난다. 따라서, 이러한 선택 과부하 문제를 해결하기 위한 다양한 전략들이 존재한다. 예를 들어, 고객에게 가장 인기 있는 "베스트셀러"나 엄선된 "추천 상품"을 먼저 제시하여 선택의 폭을 좁히거나, "필터 기능"을 효과적으로 제공하여 고객이 원하는 특정 카테고리의 상품만 편리하게 골라볼 수 있도록 돕는 방법이 있다. 또한, "묶음상품"이나 "세트 메뉴"를 구성하여 고객의 복잡한 선택 과정을 단순화하거나, 복잡한 구매 절차를 여러 개의 쉬운 "단계별 선택" 과정으로 분리하여 고객의 부담을 줄여주는 것도 좋은 전략이다. 결국, 핵심은 고객에게 정말로 필요한 정보만을 명확하고 깔끔하게 보여주는 것이다. 너무나 많은 옵션을 한꺼번에 제시하는 것은 오히려 고객에게 피로감만 더해줄 뿐이다. 그러므로, 우리는 마치 숙련된 선장이 최적의 항로를 제시하듯이, 고객이 빠르고 편리하게 만족스러운 결정을 내릴 수 있도록 명확한 가이드라인을 제시해야 한다.

망망대해를 향해 돛을 올리자: 행동경제학 기반 프롬프트의 힘

폭풍우가 예측하기 어렵듯, 마케팅 환경 역시 끊임없이 변하고 경쟁은 더욱 치열해진다.

이때 인간 심리에 대한 깊은 이해와 첨단 기술을 결합하면, 우리는 한층 더 정교하게 고객의 행동을 이끌어낼 수 있다.

행동경제학 기반 프롬프트는 AI가 사람처럼 심리를 파악하고 설득하도록 돕는 핵심 도구다. 고객의 마음에 닻을 내리는 기준점 설정, 안정과 익숙함을 건드리는 현상 유지 편향, 주는 만큼 돌아오는 상호성의 법칙, 전문가의 권위를 빌리는 권위 효과, 선택 피로를 줄이는 선택의 과부하 관리, 이 다섯 가지 전략은 마치 노련한 선장이 항해에 필요한 지혜를 펼치는 과정과도 같다.

AI 시대의 마케터는 이제 단순한 '메시지 전달자'가 아니라, 심리의 파도를 읽고, 그 흐름에 맞춰 돛을 조정할 줄 아는 항해사가 되어야 한다.

고객의 마음속 깊은 곳을 이해하고, 자연스럽게 제품과 서비스를 선택하도록 돕는 심리적 항해술, 바로 이것이 다크심리 행동경제학 기반 프롬프트가 열어줄 새로운 마케팅의 미래다.

"망망대해를 향해 돛을 올리고, 다크 심리의 도구를 손에 쥐어라. 인간의 본능과 불안을 이해하는 자만이 진정한 설득의 바다 위에서 자유롭게 항해할 수 있을 것이다."

아래는 앞서 소개한 5가지 다크 심리 행동경제학 전략(기준점 설정, 현상 유지 편향, 상호성의 법칙, 권위 효과, 선택의 과부하)을 챗지피티에 적용할 수 있도록 작성한 예시 프롬프트들이다. 각 전략별로 입력 형식과 함께, 어떤 정보를 포함하면 좋은지 설명했다. 이 프롬프트들을 참고해 제품/서비스 정보만 알맞게 입력하면, AI가 해당 전략을 반영한 다양한 마케팅 아이디어와 콘텐츠를 생성해줄 것이다.

5가지 다크심리 프롬프트

(1) 기준점 설정(Anchoring) &조정 마케팅 프롬프트

> 너는 행동경제학 박사다. 차근차근 단계적으로 생각하여, '기준점 설정 및 조정' 전략을 활용해. 우리 제품/서비스가 더 매력적으로 느껴지도록 하는 마케팅 전략, 문구, 제품 설명, SNS 게시글, 숏폼 스크립트 등을 제시해줘.

제품/서비스 정보 입력:

제품/서비스명:

제품/서비스 카테고리:

타겟 고객:

주요 기능/특징:

가격:

판매 채널 (온라인, 오프라인 등):

현재 마케팅 전략 (간략 설명):

활용 포인트

먼저 높은 가격 혹은 고급 모델을 언급해 '기준'을 높게 설정한 뒤, 이후 제안하는 다른 가격/옵션을 상대적으로 저렴하게 느끼도록 설계

"원래 ~~만원 → 지금 ~~만원" 구조 활용

고사양 모델 → 보통 사양 모델 순으로 보여주어, '보통 사양도 충분히 괜찮다'고 인식하게 만들기

(2) 현상 유지 편향(Status Quo Bias) 마케팅 프롬프트

> 너는 행동경제학 박사다. '현상 유지 편향'을 극복하고, 우리 제품/서비스가 '익숙하게' 느껴져서 고객이 자연스럽게 선택하도록 만드는 마케팅 전략, 문구, 제품 설명, SNS 게시글, 숏폼 스크립트 등을 제안해줘.

제품/서비스 정보:

입력: 제품/서비스명:

제품/서비스 카테고리:

타겟 고객:

주요 기능/특징:

가격:

판매 채널 (온라인, 오프라인 등):

현재 마케팅 전략 (간략 설명):

활용 포인트

무료 체험, 샘플, 맛보기 등을 통해 '낯설지만 직접 써보면 편하다'는 인식 만들기

"지금 가입하지 않으면 ~~혜택을 놓치게 됩니다" 식으로 상실감(손실) 자극

변화에 대한 저항감을 줄이고, 익숙함을 형성하는 데 초점 맞추기

(3) 상호성의 법칙(Reciprocity) 마케팅 프롬프트

> 너는 행동경제 박사다. 차근차근 전략적으로 생각해서, '상호성의 법칙'을 활용한 마케팅 전략, 문구, 제품 설명, SNS 게시글, 숏폼 스크립트 등의 아이디어를 제시해 줘.

제품/서비스 정보 입력:

제품/서비스명:

제품/서비스 카테고리:

타겟 고객:

주요 기능/특징:

가격:

판매 채널 (온라인, 오프라인 등):

현재 마케팅 전략 (간략 설명):

활용 포인트

무료 샘플, 할인 쿠폰, 감사 이벤트 등 '먼저 베푸는 호의' 강조

생일 쿠폰, 특별한 기념일 메시지 등 '개인화된 혜택' 제공 → 고객이 고마움을 느낌

작은 선물 하나가 큰 충성도로 이어지는 구조 만들기

(4) 권위 효과(Authority Effect) 마케팅 프롬프트

> 너는 행동경제 박사다. 다양한 분야별 전문가나 권위자가 된 것처럼 생각해서, '권위 효과'를 활용해 고객이 우리 제품/서비스를 더욱 신뢰하도록 만드는 마케팅 전략, 문구, 제품 설명, SNS 게시글, 숏폼 스크립트 등을 제시해 줘.

제품/서비스 정보 입력:

제품/서비스명:

제품/서비스 카테고리:

타겟 고객:

주요 기능/특징:

가격:

판매 채널 (온라인, 오프라인 등):

현재 마케팅 전략 (간략 설명):

활용 포인트

해당 분야 전문가 인터뷰, 추천사, 칼럼 활용

공신력 있는 인증 마크 (예: FDA 승인, ISO 인증 등)

인플루언서 콜라보도 가능하나, '진정성'이 중요

"의사가 권하는 화장품", "프로 셰프가 즐겨 먹는 식재료" 등 권위자 이미지 강조

(5) 선택의 과부하(Choice Overload) 마케팅 프롬프트

> 너는 행동경제 박사다. 차근차근 단계적으로 생각해서, '선택의 과부하'를 최소화하고 고객이 쉽게 결정하도록 유도하는 마케팅 전략, 문구, 제품 설명, SNS 게시글, 숏폼 스크립트 등을 제시해 줘.

제품/서비스 정보 입력:

제품/서비스명:

제품/서비스 카테고리:

타겟 고객:

주요 기능/특징:

가격:

판매 채널 (온라인, 오프라인 등):

현재 마케팅 전략 (간략 설명):

활용 포인트

"베스트셀러/추천 상품" 먼저 보여주기 (선택 범위 축소)

'필터 기능'으로 고객이 원하는 품목만 보게 하기, 여러 상품 묶어둔 "패키지", "세트 메뉴" 제안 (선택 단순화)

단계별 옵션 제공 1단계: 색상 선택, 2단계: 사이즈, (복잡함 덜어주기)

활용 시 주의 사항 및 팁으로는

'충분한 맥락 전달'

위 프롬프트를 사용할 때에는, 제공하는 제품 또는 서비스에 대한 구체적인 정보를 명확하게 기입해야 한다. 가령, "20~40대 직장인을 대상으로 하는 온라인 영어 학습 서비스로, 주 3회 화상 수업과 AI 발음 교정 기능을 제공한다"와 같이 상세한 내용을 포함해야 한다. 이는, 챗GPT가 주어진 맥락을 정확하게 이해할수록, 더욱 정교하고 효과적인 결과물을 얻을 수 있기 때문이다.

'프롬프트 확장'

원하는 출력 형식을 구체적으로 명시하면 결과물의 스타일을 더욱 세밀하게 조정할 수 있다. 이를테면, "SNS 홍보용 짧은 문구 3개", "블로그 게시글용 500자 분량의 소개문", 또는 "15초 숏폼 영상 스크립트"와 같이 구체적인 형식을 지정하는 것이 좋다.

'윤리적 고려'

위에 제시된 전략들은 다크 심리학 및 행동경제학 관점에서 소비자를 설득하는 기술이다. 따라서, 과도한 공포 심리 자극이나 허위 과장 광고와 같은 부적절한 방법은 장기적으로 소비자 신뢰를 잃을 수 있으므로, 항상 정직하고 긍정적인 방향으로 활용하는 것이 매우 중요하다.

기준점 설정, 현상 유지 편향, 상호성의 법칙, 권위 효과, 그리고 선택의 과부하, 이 다섯 가지는 인간의 심리적 특성을 핵심에 두고 활용하는 매우 강력한 마케팅 무기이다. 이러한 다섯 가지 심리적 전략을 앞서 제시된 챗GPT 프롬프트 예시와 적절히 결합하여 활용한다면, 인공지능은 각 심리 전략이 효과적으로 반영된 매력적인 카피, 설득력 있는 문구, 그리고 창의적인 콘텐츠 아이디어를 즉각적으로 제시해 줄 것이다. 결국, 마케팅이란 단순히 제품이나 서비스를 판매하는 행위를 넘어, 사람들의 마음을 깊이 움직이는 섬세한 예술과 같다. 그러므로, 우리는 인공지능이라는 강력한 도구를 현명하게 활용하여, 소비자들에게 진정으로 가치 있고 의미 있는 솔루션을 제공하는 데 집중해야 할 것이다.

Chapter 7

행동 유도의 기술: 목표 달성을 위한 프롬프트 설계

7-1
클릭, 구매, 참여를 유도하는 AI 기반 프롬프트 전략

AI 프롬프트 설계의 기초

오늘날 우리는 요술램프의 지니보다 강력한 도구를 손에 쥐고 있다. 바로 AI다.

그런데 지니를 불러낼 때처럼, AI에게도 '명확하고 구체적인 주문'을 말해야 원하는 결과를 얻을 수 있다. 이 주문을 'AI 프롬프트(AI Prompt)'라고 부른다. "귀여운 고양이를 그려줘"처럼 간단히 말할 수도 있지만, 좀 더 구체적인 결과를 원한다면 "파란 눈을 가진 줄무늬 고양이가 털실 뭉치를 가지고 노는 모습을 그려줘"처럼 상세히 요구해야 한다. 마치 화가에게 그림을 의뢰할 때, 그림의 스타일과 색감, 구도, 분위기 등을 세세히 설명하는 것과 같다. AI 프롬프트는 단순한 명령어가 아니라, "당신이 어떤 걸 원하는지 AI가 충분히 이해할 수 있도록 짜임새 있게 구성한 시나리오"라 할 수 있다. 이것이 바로 AI가 제 능력을 200% 발휘하도록 하는 핵심 원리다.

마케팅, AI 프롬프트로 소비자의 심장을 꿰뚫다

마케팅 분야에서는 이러한 AI 프롬프트가 소비자의 숨겨진 욕망을 자극하고, 그들의 행동 변화를 일으키는 강력한 무기가 된다. 특히 텍스트·이미지·영상 등 다양한 형태의 콘텐츠를 만드는 생성형 AI는 무한한 제작 능력을 부여받은 '만능 제작 도구'와도 같다.

이를테면 "우리 제품의 핵심 장점을 재미있는 이야기로 풀어내 광고 문구를 만들어줘"라고 입력하면, AI는 순식간에 소비자의 마음을 사로잡는 스토리를 제시한다. 예를 들어 "피부 트러블로 고통받는 사람들에게 희망을 선사하는 화장품 광고 문구"를 주문하면, "지긋지긋한 여드름 흉터, 이 화장품 하나로 A씨는 잃어버렸던 자신감을 되찾았어요!" 와 같은 감정적 설득력이 넘치는 문장을 뽑아내는 식이다. 게다가 AI 프롬프트는 SNS 콘텐츠 제작에서도 혁신을 가져온다. "MZ세대의 감성을 자극하는 짧은 영상 광고 스크립트"를 주문하면, 푸른 하늘을 배경으로 "답답한 일상, 벗어나고 싶을 때, 당신의 여행을 더욱 특별하게 만들어줄 아이템!"이라는 내레이션이 곁들여진 화면이 머릿속에 펼쳐지는 식이다.즉, 간단히 말 한마디로 AI를 '광고 기획자'처럼 움직여 고객을 매혹하는 다양한 아이디어를 쏟아내게 할 수 있다.

AI 프롬프트 설계의 5가지 절대 법칙

AI 프롬프트 작성은 머릿속 아이디어를 마법 주문처럼 현실로 펼쳐내는 작업이다.그 과정을 한마디로 정리하면, 다음과 같은 다섯 가지 황금 열쇠가 중요하다.

(1) 명확성

애매모호함 없이, 내가 원하는 목표를 뚜렷이 설정한다. 명사수가 과녁 한가운데를 조준하듯, 원하는 바를 구체적으로 짚어내야 한다.

(2) 구체성

AI에게 역할과 상황을 부여한다. 연극 무대를 꾸미듯 디테일을 살리면 결과물도 풍성해진다.

(3) 맥락 제공

목표, 대상, 제한사항 등 다양한 정보를 AI에게 준다. AI가 문맥을 충분히 이해할수록, 의도에 맞는 답변을 준다.

(4) 피드백 & 수정

AI가 결과물을 내놓으면 냉철히 분석한다. 장인이 칼날을 갈듯, 수정을 반복하면서 완성도를 높인다.

(5) 창의적 시도

AI의 숨겨진 잠재력을 최대한으로 끌어올리는 핵심적인 열쇠는 바로 사용자의 무한한 상상력이다. 따라서, 때로는 예측하지 못했던 독창적인 입력을 시도해보면, 놀랍고 멋진 아이디어를 얻을 수 있을 것이다. 또한, AI와 일방적으로 명령을 주고받는 관계를 넘어, 질문을 던지고 함께 토론하며 적극적으로 협력하는 쌍방향 대화를 시도해보는 것이 중요하다. 이는, AI가 단순히 데이터를 처리하는 기계를 넘어, 인간처럼 복잡한 문맥과 숨겨진 의도를 더욱 정확하게 파악하도록 돕는 중요한 과정이다. 더 나아가, AI에게 특정한 인물, 매력적인 캐릭터, 혹은 해당 분야의 전문적인 역할을 부여해보는 것도 매우 유용한 방법이다. 이렇게 하면, 마치 AI가 사용자의 또 다른 자아가 된 것처럼, 새롭고 독특한 관점에서 답변을 생성하는 특별한 경험을 얻을 수 있을 것이다.

이 다섯 가지가 한데 어우러질 때, AI와 인간의 협업은 비로소 "기술+창의성"이 공존하는 예술이 된다.

클릭을 부르는 마케팅 문구

현대 디지털 세상에서 '클릭'이란 브랜드와 소비자를 잇는 결정적인 연결고리다. 스타트업부터 대기업까지, 모두가 이 클릭 수를 극대화하기 위해 다양한 기법을 동원한다.수많은 실험과 연구 결과에 따르면, 효과적인 클릭 유도 문구는 소비자 행동에 막대한 영향을 미친다. "어떻게 해야 사람들이 내 링크를 누르게 만들까?" "어떤 표현이 전환율을 높여줄까?" "SNS에서 짧고 임팩트 있게 눈길을 끌려면 뭘 강조해야 하지?"

이런 고민에 직면했다면, 아래 7가지 마법의 문구 전략을 참고해 볼 수 있다.

(1) 호기심의 불씨 지피기

미드 시즌 드라마가 일부러 결말을 명확하게 보여주지 않고 애매하게 남겨두어 시청자들의 궁금증을 증폭시키듯이, 독자의 호기심은 그들의 마음을 간지럽히며 다음 단계의 행동을 자연스럽게 유도하는 강력한 열쇠가 될 수 있다. 예를 들어, "스티브 잡스조차 깜짝 놀라게 했던 애플의 숨겨진 비밀, 당신은 아직도 그 놀라운 뒷이야기를 모르고 있습니다!"와 같은 문구는 독자로 하여금 "저게 도대체 뭘까?"라는 강렬한 호기심을 불러일으켜 결국 클릭이라는 행동을 유발하는 효과적인 전략이다.

(2) 황금 가치의 약속

라스베이거스의 화려한 카지노가 "인생 역전의 잭팟을 터뜨릴 절호의 기회"를 전면에 내세우듯, 고객에게 명확하고 구체적인 가치를 제시하면 그들은 스스로 그 기회를 붙잡기 위해 적극적으로 움직이려는 경향을 보인다. 예를 들어, "단 5분 투자로 업무 생산성을 2배로 향상시키는 놀라운 비법! 실리콘밸리 성공한 CEO들만 알고 있는 비밀 무기를 지금 바로 확인하세요!"와 같은 문구는 '적은 노력으로 얻을 수 있는 엄청난 결과'를 명확하게 강조함으로써 독자들의 즉각적인 관심과 행동을 효과적으로 유도한다.

(3) 시간의 마법 부여하기

디즈니랜드의 특별 이벤트가 "이번 주말 단 이틀 동안만 진행됩니다!"라고 외칠 때, 사람들은 그 기회가 시간상으로 제한되어 있다는 사실을 인지하고 서둘러 행동에 나서는 것처럼, 시간적 제약은 강력한 행동 유발 요인이 된다. 예를 들어, "오늘 밤 자정까지만! 인공지능 분야 최고 전문가의 1:1 맞춤형 무료 컨설팅 기회를 절대 놓치지 마세요!"와 같은 문구는 시간적인 긴박감을 효과적으로 조성하여, 독자로 하여금 '나중에'라는 느긋한 생각을 버리고 '지금 당장' 행동하도록 강력하게 유도하는 힘을 발휘한다.

(4) 군중의 지혜 활용하기

뜨거운 열정으로 뭉친 K-pop 팬덤처럼, 강력한 집단의 힘은 개개인에게 엄청난 영향력을 행사한다. 예를 들어, "이미 100만 명의 고객들이 경험한 놀라운 변화, 이제 망설이지 말고 당신의 차례입니다!"와 같은 문구는 다수의 사람들이 이미 긍정적인 결과를 얻었다는 사실을 강조함으로써, 잠재고객에게 "다른 사람들은 모두 경험했는데 나만 뒤처지면 손해를 보는 것이 아닐까?"라는 심리를 은연중에 조장하여 참여를 유도하는 효과를 낳는다.

(5) 맞춤형 마법 처방전

최고급 명품 브랜드가 특별한 VIP 고객에게 맞춤형의 고품격 서비스를 제공하듯이, 개인화 전략은 소비자의 마음을 사로잡는 매우 강력한 설득력을 지닌다. 예를 들어, "오직 당신의 섬세한 피부 타입을 정밀하게 분석한 인공지능이 개인 맞춤으로 추천하는 가장 완벽한 스킨케어 루틴을 경험해보세요"와 같은 문구는, 마치 '나만을 위해 특별히 맞춤 제작된 제안'이라는 특별하고 소중한 느낌을 강조하여 소비자의 긍정적인 반응과 높은 관심을 효과적으로 유도한다.

(6) 크리스탈처럼 맑은 메시지

애플의 간결하고 세련된 미니멀리즘 디자인 철학처럼, 때로는 복잡함을 덜어낸 단순함이야말로 최고의 설득력을 지닌 미덕이 될 수 있다. 예를 들어, "단 세 번의 간단한 단계만으로 당신의 공간을 향기로운 프리미엄 홈 카페로 완성하세요"와 같은 문구는 복잡하고 번거로운 과정을 싫어하는 현대인들에게 '쉽고 명료하게 문제를 해결해 줄 수 있는 간편한 솔루션'을 효과적으로 제시하며 매력을 어필한다.

(7) 행동으로 이어지는 마법의 다리

아무리 매력적이고 멋진 카피 문구일지라도, 소비자들이 그저 구경만 하고 최종적인 행동을 취하지 않은 채 떠나버린다면 아무런 소용이 없다. 그러므로, 소비자의 적극적인 행동을 효과적으로 유도하는 명확하고 강력한 CTA(Call to Action)는 반드시 필수적인 요소이다. 예를 들어, "지금 바로 5분 안에 전문 상담사와 간편하게 상담을 시작하세요"와 같은 문구는, "나중에 말고 바로 지금 시작하라"는 명확하고 직접적인 메시지를 전달하여 소비자의 즉각적인 행동을 효과적으로 유도한다.

클릭을 부르는 마법의 마케팅 문구 프롬프트

위 전략들을 AI에게 활용하려면, 아래와 같은 프롬프트 형식을 간단히 따라 해볼 수 있다. 이는 단순 예시이며, 필요한 맥락이나 추가 조건을 더 넣어주면 훨씬 세밀하고 매력적인 결과를 얻을 수 있다.

(1) 호기심 유발 프롬프트

"새로운 정보에 관심 있는 사람을 대상으로, 최신 트렌드 분야에서 아직 공개되지 않은 흥미로운 정보를 담은 기사 제목을 작성해주세요. 대부분 사람이 몰랐던 놀라운 사실을 강조하고, 클릭 후 유용한 정보 습득을 기대하게 해야 합니다. 마감 임박 또는 수량 제한과 유사한 요소도 추가해주세요."

(2) 가치 약속 프롬프트

"시간 관리에 어려움을 겪는 사람을 대상으로, 일상의 효율성을 높여줄 디지털 도구 광고 문구를 작성해주세요. 구체적인 시간 절약 효과와 긍정적인 변화를 강조하여, 독자의 즉각적인 이용을 유도해야 합니다."

(3) 시간 제약 프롬프트

"특별한 경험을 원하는 사람을 대상으로, 이벤트 또는 행사 관련 기간 한정 특별 혜택을 홍보하는 광고 문구를 작성해주세요. 한정된 기회를 강조하여 긴박감을 조성하고, 독자의 빠른 참여를 유도해야 합니다."

(4) 사회적 증거 프롬프트

"새로운 제품 또는 서비스에 대한 확신이 필요한 사람을 대상으로, 긍정적인 평가 또는 후기를 활용하여 광고 문구를 작성해주세요. 많은 사람이 경험한 만족을 강조하고, 독자의 신뢰를 얻어 사용을 유도해야 합니다."

(5) 개인 맞춤 프롬프트

"개인 맞춤형 솔루션을 원하는 사람을 대상으로, 맞춤형 추천을 제공하는 광고 문구를 작성해주세요. 개인의 니즈에 맞는 특별함을 강조하고, 독자의 공감을 얻어 이용을 유도해야 합니다."

(6) 명료성 프롬프트

"복잡한 정보를 이해하기 어려워하는 사람을 대상으로, 핵심정보를 간결하고 명확하게 요약하여 광고 문구를 작성해주세요. 간단한 방법을 강조하고, 독자의 쉬운 이해와 실천을 유도해야 합니다."

(7) 행동 유도 프롬프트

"빠른 참여를 유도하고 싶은 사람을 대상으로, 즉각적인 참여를 유도하는 광고 문구를 작성해주세요. 명확한 CTA를 강조하고, 독자의 즉각적인 행동을 유도해야 합니다."

위의 전략들은 마치 정교한 시계의 톱니바퀴가 맞물리듯, 서로를 보완하며 디지털 마케팅을 성공으로 이끄는 원동력이 된다. "클릭을 유도한다"는 목표 하나에도, 호기심부터 시간 제약, 사회적 증거, 맞춤형 메시지, 행동 촉구까지 다양한 심리적 장치를 능수능란하게 동원할 수 있다는 얘기다. 그리고 이 모든 것을 실제로 구현해주는 비밀 무기가 바로 AI 프롬프트다. 기술과 창의성이 완벽한 조화를 이룰 때, 우리의 아이디어는 그야말로 '마법'처럼 현실에 나타난다. 당신의 브랜드나 제품도 이제 이 마법 같은 항해를 시작할 준비가 되었는가? AI 프롬프트라는 나침반을 손에 쥐었다면, 지금이야말로 닻을 올리고 새로운 세계로 나아갈 때다. 그 세계에서 당신이 만들어낼 멋진 광고 문구, 스토리, 콘텐츠가 어떤 모습일지 기대해보자.

구매 결정을 부르는 심리학

현대 소비 시장은 복잡한 체스 게임과도 같다. '클릭'이 폰의 전진이라면, '구매'는 '체크메이트'에 해당하는 궁극적 승리다. 아마존이 '원클릭 구매' 특허로 수십억 달러의 가치를 창출한 것도, 이 구매 결정의 순간을 포착했기 때문이다. 그 기적 같은 순간을 만들어 내는 것이 바로, 현대 마케팅의 성배라 할 수 있다. 여기서는 구매 결정을 부르는 7가지 심리를 살펴본다.이 심리들은 톱니바퀴처럼 맞물려 돌아가며, 소비자에게 '나도 모르게' 지갑을 열게 만드는 강력한 유인책이 된다.

- 구매 결정을 이끄는 7가지 황금률

(1) 가격의 마법 부리기

가격의 마법을 부리는 것은 소비자의 구매 심리를 능숙하게 활용하는 핵심 전략이다. 마치 고급 와인 매장에서 가장 비싼 와인과 저렴한 와인 사이의 중간 가격대 와인이 가장 많이 팔리는 현상처럼, 소비자의 심리적 기준점을 고려한 현명한 가격 전략 수립이 매우 중요하다. 예를 들어, "최고의 프리미엄급 품질을 합리적인 가격으로 만나보세요! 특히 오늘은 특별히 골드 멤버 고객님께 40% 파격 할인 혜택을 제공합니다!"와 같은 문구는 품질에 대한 기대감을 높이는 동시에 가격적인 매력을 강조하여 소비자의 구매 심리를 효과적으로 자극한다. 실제로, 세계적인 패션 브랜드 자라(ZARA)의 온라인 및 오프라인 매장에서 운영하는 '이번 주 특가' 섹션은 전체 매출의 상당 부분을 차지하며, 소비자들의 가격 민감성과 할인에 대한 선호도를 명확하게 보여주는 대표적인 실사례이다.

(2) 가치의 황금 비율 찾기

가치의 황금 비율을 찾는 것은 소비자의 마음을 사로잡는 핵심적인 요소이다. 단순히 제품의 기능이나 특징을 나열하는 것을 넘어, 고객의 감성을 자극하고 그들의 삶에 어떤 긍정적인 변화를 가져다줄 수 있는지 명확하게 전달해야 한다. 예를 들어, "단 15초의 마법으로 당신의 평범한 아침을 특별하게 바꿔줄 프리미엄 캡슐 커피머신"과 같은 문구는 단순한 커피 추출 기능을 넘어, 아침의 분위기를 바꾸고 일상에 작은 행복을 더해줄 수 있다는 감성적인 가치를 효과적으로 전달한다. 실제로, 애플의 전설적인 'Think Different' 캠페인은 단순한 IT 제품을 혁신과 창의성의 상징이자, 특별한 '생활 양식'의 일부로 승화시켜 소비자들의 깊은 공감을 얻었다.

(3) 신뢰의 다이아몬드 세공하기

신뢰라는 다이아몬드를 정교하게 세공하는 것은 고객과의 견고한 관계 구축에 필수적인 과정이다. 단순히 일회성 구매를 유도하는 것을 넘어, 진정성이 담긴 메시지를 꾸준히 전달함으로써 장기적인 신뢰를 쌓아야 한다. 예를 들어, "10만 고객이 직접 경험하고 인정한 탁월한 품질, 5년 연속 고객 만족도 1위의 빛나는 성과, 그리고 변치 않는 평생 품질 보증 약속"과 같은 문구는 다수의 고객으로부터 인정받은 객관적인 사실과 약속을 강조하여 강력한 신뢰감을 형성한다. 실제로, 아웃도어 브랜드 파타고니아는 환경 보호를 위한 지속적인 활동과 진정성 있는 메시지를 통해 소비자들의 깊은 공감을 얻고 브랜드에 대한 높은 신뢰도를 확고히 구축했다.

(4) 만족도의 도파민 촉발하기

만족감이라는 강력한 도파민을 고객의 뇌에 촉발시키는 것은 지속적인 관계를 위한 핵심 전략이다. 단순히 기능적인 제품 자체를 판매하는 것을 넘어, 제품 사용 후 고객이 느끼게 될 긍정적인 감정과 특별한 경험을 제시해야 한다. 예를 들어, "매일 아침 당신의 일상에 스며드는 작은 사치, 숙련된 바리스타가 내려준 듯한 완벽한 홈카페 경험의 시작"과 같은 문구는 단순한 커피 머신이 아닌, 매일 아침의 기분 좋은 변화와 만족스러운 경험을 연상시킨다. 실제로, 세계적인 테마파크 디즈니랜드는 단순한 놀이기구가 아닌 "지상에서 가장 행복한 장소"라는 특별한 경험적 가치를 지속적으로 강조하여 전 세계 수많은 방문객을 끌어모으고 있다.

(5) 희소성의 블랙홀 만들기

희소성이라는 강력한 블랙홀을 만들어내는 것은 고객의 구매 욕구를 극대화하는 매우 효과적인 전략이다. 제한된 시간, 수량, 또는 특별한 조건은 놓치면 안 된다는 강력한 심리적 압박감을 형성하여 즉각적인 구매 행동을 유발한다. 예를 들어, "오직 24시간 동안만! 특별한 블랙 라벨 에디션을 선착순 단 100분께만 한정 판매합니다!"와 같은 문구는 희소성과 시간제한이라는 두 가지 강력한 요소를 결합하여 고객의 긴급한 구매 심리를 자극한다. 실제로, 스포츠 브랜드 나이키의 희소성 높은 한정판 스니커즈는 출시되자마자 순식간에 완판되며, 극심한 품절 대란을 일으키는 대표적인 사례이다.

(6) 행동 유도의 실크로드 개척하기

행동 유도의 실크로드를 개척하는 것은 고객이 최종 구매에 이르기까지의 모든 여정을 최대한 부드럽고 편리하게 설계하는 데 핵심적인 중요성을 갖는다. 복잡하고 번거로운 과정은 고객의 이탈을 야기하므로, 쉽고 직관적인 단계를 통해 구매 완료까지 막힘없이 이어지도록 최적화해야 한다. 예를 들어, "단 한 번의 터치로 당신의 프리미엄 라이프를 시작하세요, 지금 바로 경험하세요"와 같은 문구는 간편하고 즉각적인 행동을 유도하며 구매 여정의 용이성을 강조한다. 실제로, 세계적인 전자상거래 기업 아마존의 간결하고 명확한 '지금 바로 구매하기' 버튼은 복잡한 단계를 최소화하고 즉각적인 구매를 유도하는 대표적인 성공 사례로 꼽힌다.

(7) 개인화의 프리즘 통과하기

개인화의 프리즘을 통과하는 것은 현대 마케팅에서 간과할 수 없는 핵심 전략이다. 과거에는 대중을 향한 획일적인 메시지가 주를 이루었지만, 점차 개인 맞춤형 추천이 중요해지는 시대가 도래함에 따라, 고객 한 명 한 명의 고유한 니즈와 선호도를 파악하여 그들을 위한 특별한 메시지를 전달하는 것이 필수적이다. 예를 들어, "김현우님의 쇼핑 패턴을 정밀 분석한 결과, 고객님께서는 바로 이 상품을 매우 만족하실 것으로 예상합니다"와 같은 문구는 불특정 다수가 아닌 특정 개인의 데이터에 기반하여 맞춤형 제안을 함으로써, 고객에게 더욱 특별하고 관련성 높은 정보라는 인식을 심어준다. 실제로, 세계적인 온라인 스트리밍 서비스 넷플릭스의 정교한 개인화 추천 시스템은 사용자의 시청 기록, 선호도, 평가 등 방대한 데이터를 분석하여 각 개인에게 최적의 콘텐츠를 추천함으로써, 높은 고객 만족도와 강력한 충성 고객층을 확보하는 데 결정적인 역할을 하고 있다.

구매 욕구를 불태우는 프롬프트

위의 7가지 심리를 실제 마케팅 실무에 적용하려면, AI 프롬프트를 통해 손쉽게 마케팅 전략을 생성해 볼 수 있다. 아래는 예시 프롬프트들이다.

(1) 가격의 마법 부리기 프롬프트

"구매를 고려하는 일반 소비자를 대상으로, 상품/서비스의 온라인 판매를 위한 가격 전략 및 마케팅 문구를 제안해주세요. 경쟁상품/서비스 대비 적절한 가격을 책정하고, 가성비와 혜택을 강조하여 가격 저항을 최소화해야 합니다. 특별 할인을 활용하여 초기 구매를 유도하고, 재구매를 높이는 장기적 전략을 포함해주세요."

(2) 가치의 황금 비율 찾기 프롬프트

"만족스러운 경험을 추구하는 일반 소비자를 대상으로, 상품 / 서비스의 마케팅 전략 및 문구를 제안해주세요. 단순한 기능/성능을 넘어, 삶의 질을 높이는 보편적 가치를 효과적으로 전달해야 합니다. 일상의 변화를 보여주는 간결한 메시지를 포함하고, 긍정적인 경험을 추구하는 타겟 고객의 공감을 얻어야 합니다."

(3) 신뢰의 다이아몬드 세공하기 프롬프트

"신뢰할 수 있는 상품/서비스를 원하는 일반 소비자를 대상으로, 브랜드의 장기적인 신뢰 구축 전략 및 메시지를 제안합니다. 높은 만족도를 강조하고, 진정성을 기반으로 한 상품/서비스 제공 과정을 투명하게 공개해야 합니다. 안심 보장을 통해 고객에게 안정감을 제공하고, 장기적인 관계를 형성해야 합니다."

(4) 만족도의 도파민 촉발하기 프롬프트

"즐거운 경험을 원하는 일반 소비자를 대상으로, 상품/서비스의 마케팅 전략 및 문구를 제안합니다. 만족스러운 경험을 강조하고, 긍정적인 감정을 유발하여 공유를 유도해야 합니다. 일상의 즐거움을 더하는 차별화된 경험을 제공해야 합니다."

(5) '희소성의 블랙홀 만들기 프롬프트'

"특별한 상품/서비스를 원하는 일반 소비자를 대상으로, 한정 상품/서비스의 마케팅 전략 및 문구를 제안합니다. 제한된 기회를 강조하고, 특별함을 극대화하여 구매 욕구를 자극해야 합니다. 스토리텔링과 함께, 소장 가치를 높이는 차별화된 경험을 제공해야 합니다."

(6) '행동 유도의 실크로드 개척하기 프롬프트'

"편리한 구매를 원하는 일반 소비자를 대상으로, 구매 과정의 마케팅 전략 및 문구를 제안합니다. 간편한 과정을 강조하고, 구매 여정을 최대한 간소화해야 합니다. 단계별 안내와 고객 지원을 통해 어려움을 해소하고, 만족스러운 구매 경험을 제공해야 합니다."

(7) '개인화의 프리즘 통과하기 프롬프트'

"개인 맞춤형 추천을 원하는 일반 소비자를 대상으로, 맞춤형 추천을 제공하는 마케팅 전략 및 문구를 제안합니다. 고객의 선호도 분석 결과를 활용하여 개인 맞춤형 추천을 제공하고, 만족도를 극대화해야 합니다. 개인의 니즈 충족과 만족을 위한 구체적인 정보를 제시하고, 고객의 선택을 존중하는 메시지를 전달해야 합니다."

참여의 마법, 팬덤 경제

오늘날의 브랜드는 K-pop 아이돌과 크게 다르지 않다. 방탄소년단(BTS)이 전 세계 '아미(ARMY)'라는 열정적인 팬덤을 통해 글로벌 신화를 썼듯, 브랜드 역시 고객들과 진정성 있는 소통을 구축함으로

써 새로운 가치를 창출한다. 스타벅스가 'My Starbucks Idea' 플랫폼을 통해 고객 의견을 수렴하여 150,000개 이상의 혁신적인 제안을 얻은 것도 같은 맥락이다.

이처럼 고객이 단순한 소비자가 아니라, 브랜드 혁신의 동반자가 되는 현상을 '팬덤 경제'라 부른다. 여기서는 참여를 이끌어내는 6가지 방법을 살펴본다.

- 팬덤을 만드는 6가지 참여의 마법

(1) 대화의 불씨 지피기

대화의 불씨를 지피는 것은 고객과의 관계를 시작하는 효과적인 첫걸음이다. 단순한 제품 홍보를 넘어, 고객의 경험과 감정을 공유하고 공감대를 형성하는 질문을 던짐으로써 자연스러운 대화를 유도할 수 있다. 예를 들어, "여러분 인생의 첫 에스프레소 머신은 언제였나요? 그때의 설렘과 기대감을 아직도 생생하게 기억하고 계신가요?"와 같은 질문은 고객의 과거 경험에 대한 추억을 자극하며, 브랜드에 대한 긍정적인 감정을 환기시키고 대화에 참여하도록 유도한다. 실제로, 세계적인 숙박 공유 플랫폼 에어비앤비의 "당신만의 특별한 여행 이야기를 들려주세요" 캠페인은 사용자들의 진솔하고 개인적인 여행 경험 공유를 장려하여 매달 10만 건 이상의 진정성 있는 후기를 생성하는 놀라운 성과를 거두었다.

(2) 공감의 다리 놓기

공감의 다리를 놓는 것은 고객과의 정서적 연결을 강화하는 중요한 전략이다. 고객의 일상적인 경험, 고민, 또는 감정을 이해하고 이를 반영하는 메시지를 전달함으로써 깊은 유대감을 형성할 수 있다. 예를 들어, "힘든 월요일 아침, 마치 마법과 같은 첫 커피 한 잔이 주는 활력! 여러분만의 특별한 에너지 충전 비법은 무엇인가요?"와 같은 문구는 많은 사람이 공감하는 상황을 제시하며 고객의 경험을 공유하고 소통하고자 하는 의도를 보여준다. 실제로, 국내 유아 식품 기업 남양유업의 "육아의 달인" 캠페인은 육아 과정에서 엄마들이 겪는 어려움과 기쁨을 진솔하게 담아내어 수많은 엄마들의 깊은 공감과 자발적인 참여를 이끌어내며 SNS상에서 폭발적인 반응을 얻었다.

(3) 경험의 빛나는 모자이크 만들기

경험의 빛나는 모자이크를 만드는 것은 고객 스스로 브랜드 경험을 공유하고 참여하도록 유도하여 강력한 공동체 의식을 형성하는 전략이다. 고객의 자발적인 참여를 통해 만들어진 콘텐츠는 진정성과 신뢰도를 높여 브랜드에 대한 긍정적인 인식을 확산시키는 효과를 가진다. 예를 들어, "#나의 운동 스타일 해시태그와 함께 당신만의 개성 넘치는 운동 루틴과 즐거웠던 순간들을 사진이나 영상으로 공유해주세요!"와 같은 문구는 고객에게 참여의 동기를 부여하고, 다른 사용자들과의 연결을 장려하며 브랜드 경험을 함께 만들어나가도록 유도한다. 실제로, 글로벌 스포츠 브랜드 나이키의 "Just Do It" 챌린지는 전 세계 수많은 사용자가 자신의 운동 경험을 공유하는 사용자 생성 콘텐츠(UGC)를 폭발적으로 확산시키며 브랜드 커뮤니티를 강화하고 긍정적인 브랜드 이미지를 구축하는 데 크게 기여했다.

(4) 집단지성의 마법 부리기

집단지성의 마법을 부리는 것은 고객들의 다양한 아이디어와 의견을 적극적으로 활용하여 브랜드 혁신과 참여를 동시에 이끌어내는 전략이다. 고객이 직접 브랜드의 의사 결정 과정에 참여함으로써 소속감과 주인의식을 느끼게 하고, 이는 브랜드에 대한 애착심과 충성도를 높이는 효과를 가져온다. 예를 들어, "곧 출시될 저희의 새로운 제품의 가장 매력적인 색상을 여러분의 소중한 투표로 직접 결정해주세요! 투표에 참여해주신 모든 분께 감사의 마음을 담아 특별 할인 쿠폰을 증정해 드립니다."와 같은 문구는 고객의 참여를 유도하는 동시에 실질적인 혜택을 제공함으로써 참여율을 높이고 브랜드에 대한 긍정적인 인식을 심어준다. 실제로, 세계적인 완구 기업 레고의 "LEGO Ideas" 플랫폼은 열정적인 팬들이 직접 창의적인 제품 아이디어를 제안하고 다른 팬들의 투표를 통해 선정된 아이디어를 실제 레고 제품으로 출시하여 수십 개의 히트 상품을 탄생시키는 놀라운 성과를 보여주고 있다.

(5) 즐거움의 카니발 열기

즐거움의 카니발을 여는 것은 고객들에게 재미와 흥미를 선사하며 자발적인 참여와 공유를 유도하는 효과적인 전략이다. 브랜드와 관련된 창의적인 활동에 고객들이 직접 참여하고 즐거움을 느끼는 과정에서 브랜드에 대한 긍정적인 경험과 유대감을 형성할 수 있다. 예를 들어, "당신만의 기발하고 창의적인 레시피로 #홈카페 챌린지에 지금 바로 도전해보세요! 매주 최고의 레시피를 선정하여 푸짐한 상품을 드립니다!"와 같은 문구는 고객들에게 참여의 즐거움을 제공하고, 경쟁 심리를 자극하며, 브랜드 콘텐츠를 스스로 만들어 확산시키는 효과를 창출한다. 실제로, 글로벌 숏폼 비디오 플랫폼 틱톡의 #InMyDenim 챌린지는 유명 글로벌 패션 브랜드들과 협업하여 수십억 뷰라는 엄청난 기록을 달성하며 사용자들의 적극적인 참여와 공유의 힘을 입증했다.

(6) 보상의 황금비 맞추기

보상의 황금비를 맞추는 것은 고객의 참여와 충성도를 효과적으로 높이는 핵심 전략이다. 참여에 대한 즉각적인 보상과 더불어, 뛰어난 활동을 보인 고객에게는 더욱 매력적인 혜택을 제공함으로써 지속적인 참여를 유도할 수 있다. 예를 들어, "지금 바로 이벤트에 참여만 하셔도 푸짐한 포인트를 즉시 적립해 드립니다! 또한, 정성껏 작성해주신 베스트 리뷰로 선정되신 분께는 무려 1년 동안 무료 구독 혜택을 추가로 제공해 드립니다!"와 같은 문구는 참여의 문턱을 낮추는 동시에 양질의 콘텐츠 생성을 장려하는 효과적인 보상 시스템을 제시한다. 실제로, 국내 대표 이커머스 플랫폼 쿠팡의 로켓프레시 후기 이벤트는 상품 구매 후 솔직한 리뷰를 작성한 고객에게 다양한 혜택을 제공함으로써 매월 100만 건 이상의 활발한 상품 리뷰 생성을 이끌어내고 있다.

참여 폭발 팬을 만들고 소통하는 프롬프트

이제 이러한 참여의 마법을 AI 프롬프트로 구현해볼 차례다.

(1) 대화의 불씨 지피기 프롬프트

"[소통을 원하는 일반 사용자]를 대상으로, [플랫폼/커뮤니티]의 사용자 참여를 유도하는 질문형 콘텐츠를 제작해주세요. [많은 사람의 공감]을 얻을 수 있도록 [개인적인 경험]과 [일상의 이야기]를 자극하는 질문을 설계하고, [커뮤니티 활성화] 및 [새로운 사용자 유입]을 위한 전략을 포함해주세요."

(2) 공감의 다리 놓기 프롬프트

"[공감대를 형성하고 싶은 일반 사용자]를 대상으로, [브랜드] 참여 캠페인을 기획해주세요. [모두가 공감할 수 있는 감정]을 이끌어내는 캠페인 메시지를 개발하고, [긍정적 이미지 구축] 및 [소통 강화]를 위한 전략을 포함해주세요."

(3) 경험의 빛나는 모자이크 만들기 프롬프트

"[자신의 경험을 공유하고 싶은 일반 사용자]를 대상으로, [플랫폼/캠페인]의 사용자 참여형 챌린지 캠페인을 기획해주세요. [많은 사람이 참여] 할 수 있도록 [자신의 경험과 개성]을 자유롭게 표현할 수 있는 챌린지를 설계하고, [참여 확산] 및 [커뮤니티 활성화]를 위한 전략을 포함해주세요."

(4) 집단지성의 마법 부리기 프롬프트

"[아이디어를 제안하고 싶은 일반 사용자]를 대상으로, [플랫폼/서비스]의 참여형 아이디어 수렴 프로젝트를 기획해주세요. [많은 사람의 창의적인 아이디어]를 수렴하고, [발전] 및 [개선]을 위한 전략을 포함해주세요. 투표 참여 시 [혜택]을 제공해주세요."

(5) 즐거움의 카니발 열기 프롬프트

"[즐거운 콘텐츠를 공유하고 싶은 일반 사용자]를 대상으로, [플랫폼/캠페인]의 챌린지 캠페인을 기획해주세요. [재미와 참여]를 자극하는 챌린지를 설계하고, [참여 확산] 및 [콘텐츠 공유]를 위한 전략을 포함해주세요."

(6) 보상의 황금비 맞추기 프롬프트

"[참여 보상을 원하는 일반 사용자]를 대상으로, [플랫폼/서비스]의 리뷰 이벤트 캠페인을 기획해주세요. [참여 보상]과 [추가 혜택]을 제공하고, [참여 증가] 및 [플랫폼 활성화]를 위한 전략을 포함해주세요."

브랜드와 소비자의 관계는 마치 정원 가꾸기와 같다. 지속적인 관심과 진정성이 있어야만, 씨앗은 아름다운 꽃을 피워내고 그 꽃은 다시 새로운 씨앗을 만든다.마케팅에서 참여가 바로 이런 선순환의 불씨가 된다. 즉 참여 → 공감 → 신뢰 → 충성도 → 자발적 홍보 → 새로운 참여를 불러오는 강력한 힘을 가진다. 디즈니가 "꿈꾸는 대로 이루어진다"고 말했듯, AI 프롬프트를 통한 구매 유도와 팬덤 형성은 브랜드의 꿈을 현실로 만드는 마법의 지팡이가 될 것이다.

결국, 소비자는 더 이상 단순한 구매자가 아니다. 가치를 함께 만들고, 소통하며, 브랜드 혁신의 공동 창작자가 된다. 이제 당신의 브랜드는 어떤 마법을 펼쳐, 어떤 이야기를 만들어갈 것인가? 지금, 이 순간, 새로운 참여의 마법이 시작된다.

7-2
행동 유도의 기술: 사용자 경험 최적화를 위한 개인 맞춤형 콘텐츠 설계

개인 맞춤형 콘텐츠, 디지털 시대의 맞춤 양복

정보의 홍수 속에서 사용자들은 자신에게 딱 맞는 정보와 콘텐츠를 원한다. 오프라인에서 체형과 취향에 맞는 '맞춤 양복'을 찾듯, 디지털 세상에서도 사용자들은 최적화된 경험을 갈망한다. 이는 그저 기능적인 편의가 아니라, 행동 유도와 브랜드 목표 달성에 결정적인 영향을 미치는 중요한 전략이다.

이러한 사용자 경험의 혁신적인 새 지평을 열어가는 다양한 접근 방식은 정교하게 설계된 시계와 같다. 그 시계 안에서 수많은 톱니바퀴, 즉 다양한 접근 방식들이 서로 정밀하게 맞물려 돌아가며 전체 시스템을 효율적으로 작동시킨다. 각각의 톱니바퀴는 심오한 행동경제학의 통찰력을 기반으로 하며, 현대 디지털 시대에서 사용자 경험 설계를 위해 필수적으로 자리매김한 4가지 핵심 기법으로 명확하게 정리할 수 있다. 첫째는 프로필 기반 콘텐츠로, 사용자의 개별적인 취향을 마치 명사수가 과녁을 정확히 맞추듯 빈틈없이 저격하는 방식이다. 둘째는 상황 기반 콘텐츠로, 사용자가 처한 '지금, 여기'라는 특정한 맥락을 지능적으로 활용하여 콘텐츠의 관련성과 몰입도를 극대화한다. 셋째는 행동 유도 콘텐츠로, 강압적인 방식이 아닌 부드러운 '넛지(Nudge)'를 통해 사용자가 자연스럽게 최적의 선택을 하도록 유도하는 설득 전략이다. 마지막으로 넷째는 상호작용형 콘텐츠로, 사용자의 직접적인 참여와 재미라는 요소를 효과적으로 결합하여 브랜드 경험 자체를 극대화하는 방식이다.

(1) 프로필 기반 콘텐츠 디지털 시대의 맞춤 예술

이제 "취향 존중"은 더 이상 선택 사항이 아닌 필수적인 요소가 되었다. 현대 소비자들은 자신의 고유한 정체성을 섬세하게 반영하는 특별한 경험을 갈망한다. 이는 유명 한식당의 숙련된 셰프가 각 손님의 섬세한 입맛을 정확히 파악하여 맞춤형으로 간을 조절해주는 모습과 매우 흡사하다. 따라서, 더 이상 획일화된 콘텐츠는 시대에 뒤떨어진 과거의 유물이며, 개개인의 다양하고 복잡한 취향과 구체적인 필요를 정확하게 읽어내는 고도의 맞춤화 전략이 새로운 디지털 시대의 표준으로 확고하게 자리매김하였다.

'네이버 시리즈'

네이버 시리즈는 사용자의 깊이 있는 독서 패턴을 정밀하게 분석하여 개인에게 최적화된 "오늘의 추천작"을 제공한다. 예를 들어,

로맨스 판타지 장르의 열렬한 독자에게는 유사한 장르의 따끈따끈한 신작을 추천하고, 열정적인 무협 소설 마니아에게는 현재 가장 인기 있는 무협 소설을 세심하게 큐레이션하는 방식이다. 이는 인간의 심리적 특성 중 하나인 확증 편향을 전략적으로 활용하여 사용자에게 "아, 이 플랫폼은 정말 나의 취향을 정확하게 잘 이해하고 있구나"라는 깊은 심리적 만족감을 효과적으로 유도한다.

'무신사(MUSINSA)'

무신사는 혁신적인 "스타일 추천" 서비스를 통해 사용자의 과거 구매 이력, 상세한 검색 기록, 그리고 관심 있는 상품을 저장해둔 찜 목록 등을 종합적으로 분석한다. 이러한 심층적인 분석을 바탕으로, 사용자가 선호하는 특정 브랜드, 좋아하는 색상, 그리고 선호하는 옷의 핏까지 고려한 맞춤형 스타일링을 지능적으로 제안한다. 이는 단순한 온라인 쇼핑 경험을 넘어, 각 개인의 고유한 패션 라이프스타일을 깊이 이해하고 한 단계 더 발전시키는 고도화된 맞춤형 서비스를 제공하는 대표적인 사례이다.

프로필 기반 콘텐츠는 단순히 기술만 의존하는 것이 아니라, 사용자와 브랜드 사이에 감정적 유대를 형성하는 강력한 도구다. 이는 사용자 만족도·재구매율을 높일 뿐 아니라, 브랜드에 대한 로열티를 견고히 다지는 데에도 큰 도움이 된다.

- 취향 저격! 프로필 기반 개인 맞춤형 마케팅 콘텐츠 마스터 프롬프트

> "너는 개인 맞춤형 콘텐츠를 제작하는 전문가다. 지금부터 취향 저격 프로필 기반 개인 맞춤형 마케팅 콘텐츠를 만들 거야. 사용자의 프로필을 분석할 때, 데이터 수집 (인구 통계, 구매 이력, 검색 기록 등), 프로필 분류 (연령·성별·관심사·라이프스타일·구매 빈도 등), 페르소나 (10대·20대·30대 등 연령·성별별) 등을 구체적으로 설정해. 그 후, 각 사용자 유형에 맞춰 블로그 게시글, 이메일, 뉴스레터, SNS, 숏폼 등 알맞은 콘텐츠를 톤 앤 매너에 맞게 작성해줘."

제품/서비스 정보 입력:

제품/서비스명:

제품/서비스 카테고리:

타겟 고객:

주요 기능/특징:

가격:

판매 채널: (온라인, 오프라인, 또는 둘 다)

현재 마케팅 전략: (간략 설명)

핵심 가치:

경쟁사:

(2) 상황 기반 콘텐츠 "지금, 여기"의 마법을 부리다

상황 기반 콘텐츠는 사용자의 현재 상황과 맥락을 신속하게 파악하여 실시간으로 가장 적절한 콘텐츠를 제공하는 혁신적인 전략이다. 이는 마치 라이브 커머스 방송 진행자가 시청자들의 실시간 반응을 즉각적으로 분석하여 맞춤형 혜택을 제시하는 생생한 모습을 떠올리면 쉽게 이해할 수 있다. "방금 접속하신 천 명의 특별한 고객님께만 지금 바로 사용 가능한 추가 할인 쿠폰을 즉시 지급해 드립니다!"라는 매력적인 메시지가 전달되는 순간, 실시간 채팅창이 순식간에 뜨거운 열기로 가득 차오르는 바로 그 짜릿함—이것이 바로 상황 기반 콘텐츠가 지닌 강력한 힘이다.

'네이버 쇼핑라이브'

특정 시간과 상황에 맞춰 "아침 햇살처럼 화사한 피부를 위한 뷰티시크릿 타임!"이라는 주제로 방송을 진행하여, 출근 전 바쁜 직장인들을 위해 "단 10분 만에 완벽하게 완성하는 좋은 피부 메이크업" 전략을 제시함으로써 실시간 채팅창에서 폭발적인 반응을 얻었다.

'신세계백화점 SSG 라이브커머스'

갑작스럽게 쌀쌀해진 초가을 날씨 변화에 발 빠르게 맞춰 "환절기 피부 건강을 위한 프리미엄 캐시미어 특가전"을 긴급하게 편성하여 시청자들의 폭발적인 관심을 끌었다. 또한, 다가오는 명절 연휴를 앞두고 "소중한 분들을 위한 추석 선물, 이제 더 이상 고민하지 마세요! 라이브 쇼핑에서 전문가가 직접 골라드립니다"라는 콘셉트로 방송을 진행하여 시청자들의 선물 고민을 해결하고 즉각적인 구매로 효과적으로 연결시켰다.

상황 기반 콘텐츠는 매출 증대를 넘어, 브랜드와 고객 사이의 실시간 교감을 구축한다. 이는 공연자가 관객과 호흡을 맞추듯, 고객과 함께 '만들어가는' 마케팅을 실현하기 때문이다.

- 지금 이 순간, 당신에게 필요한 것! 상황 기반 개인 맞춤형 마케팅 콘텐츠 마스터 프롬프트

> "너는 개인 맞춤형 콘텐츠를 제작하는 전문가다. 지금부터 이 순간에 꼭 맞는 상황 기반 상황 기반 상황 기반 개인 맞춤형 마케팅 콘텐츠를 만들 거야. 시간 (출퇴근, 점심, 저녁, 주말), 장소 (집·직장·이동 중·특정 지역 등), 날씨 (비 오는 날·추운 날·더운 날 등), 이벤트 (크리스마스·설날·휴가·블랙프라이데이 등), 실시간 트렌드 (뉴스·SNS 검색어 등)을 구체적으로 분석해줘. 그런 다음, 이 상황에 맞춘 블로그, 이메일, 뉴스레터, SNS, 숏폼 등 콘텐츠를 톤 앤 매너에 맞게 작성해줘."

제품/서비스 정보 입력:

제품/서비스명:

제품/서비스 카테고리:

타겟 고객:

주요 기능/특징:

가격: (필요시)

판매 채널: (온라인, 오프라인 등)

현재 마케팅 전략: (간략 설명)

핵심 가치:

경쟁사:

(3) 행동 유도 콘텐츠 "이쪽으로 오세요!" 사용자를 설렘으로 이끄는 넛지의 힘

행동 유도 콘텐츠는 고급 백화점 향수 매장에서 은은하게 풍겨오는 매혹적인 향기처럼, 고객을 불편함 없이 자연스럽게 브랜드가 원하는 방향으로 부드럽게 안내하는 섬세한 기술이다. 직접적인 강요가 아니므로 고객은 거부감을 느끼지 않으며, 오히려 '스스로 매력적인 선택을 했다'라고 인식하면서 브랜드가 정성껏 제시하는 흥미로운 여정에 기꺼이 동참하게 된다. 이러한 전략을 넛지(Nudge)라고 부르며, 현대 마케팅에서는 사실상 고객의 "선택 설계"의 핵심적인 요소로 광범위하게 활용되고 있다.

'백화점 에스컬레이터 옆에 설치된 매력적인 전광판'

"지금 바로 8층 프리미엄 식당가에서 단 2시간 동안만 진행되는 특별한 디저트 타임! 향긋한 아메리카노를 하나 가격으로 두 잔 즐기세요!"와 같이, 최적의 타이밍과 매력적인 혜택을 절묘하게 결합하여 고객의 자연스러운 발길을 효과적으로 유도한다.

'지역 기반 중고 거래 플랫폼 당근마켓'

"지금 바로 당신의 친절한 이웃이 올린 따뜻한 거래 글에 가장 먼저 댓글을 남겨보세요! 거래 성사 확률이 무려 2배나 높아집니다!"라는 메시지를 통해 사회적 증거의 강력한 힘과 거래의 편리성을 동시에 자극한다.

'인기 커피 브랜드 스타벅스의 모바일 앱'

"오늘 오후 3시 전에 스타벅스를 방문해주시는 특별한 골드 회원님께만 제공되는 놀라운 추가 혜택을 놓치지 마세요!"와 같은 알림을 통해 비교적 한산한 시간대의 매장 방문을 효과적으로 촉진하는 동시에, 고객에게 레벨 업에 대한 기대감을 심어주어 추가적인 구매를 자연스럽게 유도한다.

'국내 대표 배달 서비스 배달의 민족'

실시간 날씨 데이터를 스마트하게 연동하여 "오늘처럼 비 오는 날, 따뜻하고 맛있는 치킨 배달팁을 무려 50%나 할인해 드립니다!"와 같은 메시지를 발송하여 고객의 충동적인 소비 심리를 자극하는 동시에 합리적인 소비라는 인식을 심어준다. 또한, "내일 0시, 놓치면 후회할 할인 쿠폰이 자동으로 소멸됩니다!"와 같은 긴급성 있는 알림을 통해 고객의 소중한 손실 회피 심리를 효과적으로 자극한다.

행동 유도 콘텐츠는 단순 문구 이상의 심리 장치다. 사용자의 일상에 자연스럽게 녹아들어, 더 나은 선택을 '스스로' 하도록 부추기는 것이다.

- 넛지 마케팅 마스터 프롬프트 사용자를 유혹하는 부드러운 힘!

> "너는 개인 맞춤형 콘텐츠를 제작하는 전문가다. 지금부터 사용자를 부드럽게 유혹하는 행동유도 개인 맞춤형 마케팅 전략을 구상할 거야. 넛지를 활용해 블로그 게시글· 이메일·뉴스레터· SNS마케팅 글· 숏폼 등을 만들고, 각 유형별로 톤앤 매너를 달리해 작성해줘."

제품/서비스 정보 입력:

제품/서비스명:

제품/서비스 카테고리:

타겟 고객:

주요 기능/특징:

가격: (필요시)

판매 채널: (온라인, 오프라인 등)

현재 마케팅 전략: (간략 설명)

핵심 가치:

경쟁사:

(4) 상호작용형 콘텐츠 참여하는 순간 시작되는 특별한 경험

더 이상 사용자들은 단순히 눈으로 보기만 하는 수동적인 콘텐츠에 만족하지 않는다. 마치 자신이 직접 스토리를 만들어가는 넷플릭스의 인터랙티브 영화처럼, 직접 참여하고 자신의 선택에 따라 결과가 달라지는 체험형 콘텐츠를 선호하는 경향이 뚜렷하게 나타나고 있다. 바로 이것이 '상호작용형 콘텐츠'가 현대 디지털 마케팅의 핵심적인 트렌드로 강력하게 부상하고 있는 이유이다.

'KB국민은행, 나의 재테크 성향 테스트'

몇 가지 간단한 질문에 사용자가 직접 답변하면, "당신은 안정 추구형 투자자입니다"와 같이 개인의 재테크 성향을 분석하여 맞춤형 금융 상품을 추천해주는 콘텐츠이다. 이러한 방식이 단순 광고보다 훨씬 더 강력한 설득력을 지니는 이유는 무엇일까? 바로 사용자가 자신의 정보를 직접 입력하고 그 결과에 대한 개인화된 피드백을 받기 때문이다.

'올리브영, 나만의 뷰티 DNA 찾기'

사용자가 자신의 피부 고민, 선호하는 메이크업 스타일, 그리고 평소 사용하는 제품군 등의 정보를 입력하면, 인공지능(AI)이 이를 심층적으로 분석하여 개인의 '뷰티 성향'을 흥미로운 결과로 제공한다. 이와 더불어, "건성 피부를 위한 수분 폭탄 세럼 3종을 지금 구매하시면 50% 특별 할인 혜택을 드립니다"와 같은 맞춤형 혜택을 함께 제공함으로써 실제 구매율을 효과적으로 상승시킨다.

'배달의민족, '오늘 뭐 먹지? 월드컵'

다양한 음식 사진들을 토너먼트 방식으로 흥미롭게 대결시키면서 사용자가 최종적으로 가장 선호하는 메뉴를 직접 선택하도록 유도하는 참여형 콘텐츠이다. 최종 우승 메뉴를 선택한 사용자에게는 "지금 바로 이 메뉴를 주문하시면 3천 원 즉시 할인 혜택!"을 제공하여 재미와 실용성을 동시에 효과적으로 공략한다.

상호작용형 콘텐츠는 브랜드와 고객이 함께 만들어가는 새로운 놀이 공간이다. 단순 매출 증가를 넘어, 긍정적 '경험'과 '추억'을 심어주며 브랜드에 대한 호감도를 장기적으로 높이는 결과를 낳는다.

- 재미있는 참여 유도! 상호작용형 콘텐츠 마케팅 마스터 프롬프트

> "너는 개인 맞춤형 콘텐츠를 제작하는 전문가다. 지금부터 재미있는 참여 유도 상호작용 개인 맞춤형 마케팅 마스터가 되어, 웹사이트·모바일 앱·SNS·블로그·이메일·광고 등에 활용할 체험형 콘텐츠를 기획해줘. 사용자가 직접 참여하고 결과를 만들어볼 수 있는 다양한 아이디어를 제시해."

제품/서비스 정보 입력:

제품/서비스명:

제품/서비스 카테고리:

타겟 고객:

주요 기능/특징:

가격: (필요시)

판매 채널: (온라인, 오프라인 등)

현재 마케팅 전략: (간략 설명)

핵심 가치:

경쟁사:

개인 맞춤형 콘텐츠는 더 이상 선택이 아닌, 디지털 시대의 새로운 표준이 되고 있다. 프로필 기반 콘텐츠로 취향을 저격하고, 상황 기반 전략으로 '지금, 여기'를 포착하며, 넛지 기반 행동 유도와 인터랙티브 콘텐츠로 재미와 참여를 결합하는 모습이 곧 미래 마케팅의 전형이라고 할 수 있다. 이는 매출 증대를 넘어, 사용자와 브랜드가 감정적 유대를 형성하고, 생활 양식을 함께 만들어가는 공동 창작의 장이 된다. 체형에 꼭 맞는 양복처럼, 개인 맞춤형 콘텐츠는 사용자에게 '나를 이해해주는 브랜드'라는 인식을 심어주고, 브랜드 입장에서는 '적은 노력으로 큰 신뢰'를 얻을 수 있는 가장 효과적인 길이다. 이제 당신의 브랜드는 어떤 모습으로, 어떤 톤 앤 매너로 사용자에게 다가갈 것인가? 상상력을 마음껏 발휘하고, 다양한 접근 방식을 결합해 '나만의 맞춤 콘텐츠'가 가져다줄 새로운 미래를 열어보자.

7-3
AI는 어떻게 인간의 행동을 예측하고 변화시킬 수 있을까?

#행동경제학과 AI, 두 거인의 만남

인간의 행동은 깊은 바닷속 항로처럼 쉽게 보이지 않는다. 겉으론 잔잔해 보이는 그 선택 뒤에는, 감정이라는 조류와 편향이라는 암초가 흐른다. 이 수수께끼 같은 물결을 읽어내는 나침반이 바로 행동경제학이다. 하지만 항해에는 나침반만으로 부족하다. 폭풍을 예측하고 방향을 조정할 엔진이 필요하다. 그 엔진이 바로 AI다.

AI는 데이터를 수면 위로 끌어올리는 거대한 어망이다. 고객의 클릭, 검색어, 머문 시간, 후기, 선호도, 날씨, 위치, 기분. 이 모든 정보가 '지금'을 넘어 '곧'을 예측하는 원료로 쓰인다. 행동경제학이 심리의 지도를 그려준다면, AI는 그 지도 위를 실시간 내비게이팅 한다.

#AI는 어떻게 미래를 예측하는가?

AI는 예언자가 아니다. 하지만 과거에서 패턴을 읽고, 그 위에 내일의 윤곽을 그린다. 고객이 어떤 페이지에서 오래 머물렀는지, 무엇을 클릭했는지, 어떤 상품을 장바구니에 담고 끝내 사지 않았는지, 이 모든 의도된 흔적은 말 못 하는 '무의식적 신호'다. AI는 그 흔적들을 근거 삼아 "이 고객은 아마 이번 주말에 이 제품을 살 것이다." "이 고객은 이런 카피 문장에 반응할 가능성이 크다."라고 말할 수 있다.

낚시꾼이 물고기 그림자를 보고 낚싯대를 던지듯, AI는 정확한 위치, 정확한 타이밍, 정확한 미끼를 제시한다. 그리고 "딸깍." 고객은 클릭한다.

밴드왜건 효과 다들 한다는데... 나도 해볼까?

사람은 본능적으로 무리에 속하고 싶어 한다. 자신만 홀로 소외되는 것을 피하고 다수의 선택을 따르는 것이 안전하다고 느끼는 심리 이것이 바로 행동경제학에서 말하는 밴드왜건 효과이다. AI는 소셜 미디어를 실시간으로 분석하여 "지금 가장 뜨거운 해시태그" 혹은 "10만 명이나 이 제품을 사용하고 있습니다"와 같이 디지털 군중심리를 광고에 효과적으로 활용한다.

이러한 광고를 접한 고객은 "이걸 사용하지 않으면 나만 뒤처지는 건가"라는 심리를 느끼게 된다. 이는 마치 길게 줄이 늘어선 맛집 앞에서 "뭔가 특별한 음식을 파는 식당인가 보다"라고 생각하는 심리와 유사하다.

기본값 효과 "귀찮으니까, 그냥 이걸로 할게요."

사람은 생각보다 선택하는 것을 귀찮아하는 경향이 있다. AI는 이러한 인간 심리를 정확히 파악하고 다양한 옵션 중에서 가장 안정적이거나 가장 많은 사람이 선택하는 옵션을 미리 기본값으로 설정해둔다. AI는 뉴스레터 구독 시 기본적으로 체크된 상태를 유지하거나 관련 상품을 추천 옵션으로 자동 선택하기도 하며 과거 구매 이력을 분석하여 "당신에게 가장 잘 맞는 기본 추천"을 지능적으로 제안하기도 한다.

이러한 기본값 설정에 고객은 "그냥 이 옵션이 제일 무난하겠지"라고 생각하며 별다른 고민 없이 선택하는 경향을 보인다. 이는 마치 레스토랑에서 셰프가 자신 있게 추천하는 메뉴를 별다른 의심 없이 선택하는 심리와 유사하다 고민하는 과정을 줄여주기 때문에 때로는 충동적인 구매나 더 빠른 구매 결정으로 이어지기도 한다.

목표 달성을 위한 프롬프트 설계 전략

좋은 셰프에게 단순히 "맛있는 거 해줘"라고 하면, 기대만큼 만족스러운 요리가 나오기 어렵다. 반면, "내일 밤, 와인 코스에 어울리는 프랑스풍 메인디시를 원해.손님은 매운 음식을 좋아하지 않고, 시각적 임팩트도 중요해."라고 구체적으로 말해주면,셰프는 비로소 놀라운 실력을 발휘한다. AI도 마찬가지다. "좋은 광고 써줘" 대신"20대 여성 직장인 타겟, 월급날 직후 충동구매를 자극할 SNS 문구를 5개 만들어줘"같이 명확한 요구를 해야 한다. 이것이 바로 '프롬프트 엔지니어링'이다.

프롬프트의 유형별 전략적 활용

목적	프롬프트 예시
구매 유도	"잠재고객의 욕망을 자극하는 SNS 카피 5개 써줘. 트렌디함과 긴급성 포함."
가입 유도	"전문적 신뢰감을 주는 어조로, 장기 혜택을 소개하는 가입 유도 문장을 작성."
참여 유도	"SNS 챌린지 참여를 유도할 문구를 만들어줘. 친근하고 유쾌한 톤 부탁해."
정보 제공	"상품 이해를 돕는 설명형 콘텐츠. 신뢰감을 줄 수 있는 전문 어조로 써줘."
브랜드 이미지 구축	"브랜드 철학을 감성적으로 전달할 영상 스크립트. 감정 중심으로 풀어줘."
소통 강화	"고객 의견을 수집할 열린 질문 10개 작성. 서비스 개선용 설문지로 활용할 것."

AI는 우연히 정답을 맞추는 예언자가 아니다. 데이터와 행동경제학적 심리를 설계해, 고객의 다음 행동을 의도적으로 이끌어내는 마케터이자 전략가다. 그리고 그 도구는 바로 '프롬프트'이다. 잘 만든 프롬프트 한 문장이 고객의 무의식을 살짝 건드리고, 그 작은 울림이 클릭이 되고, 더 나아가 구매와 충성도로 이어진다. AI는 감정을 느끼지 못해도, 데이터와 심리를 결합해 정밀한 넛지를 제안한다. 하지만 궁극적으로 이 기술은 '사람을 더 이롭게' 하기 위함이

어야 한다. 소비자 신뢰를 배신하는 어뷰징(abusing)이나 조작은, 오히려 브랜드에 독이 될 뿐이다. 행동경제학이 그린 심리의 지도를, AI가 실시간으로 해석하고, 프롬프트가 그 최적의 항로를 설계한다. 이제 당신의 브랜드가, 어떤 이야기와 어떤 전략으로 소비자의 마음을 움직이려 하는가?

그 답은, 여기서부터 새로운 프롬프트를 작성하는 당신의 손끝에 달려 있다.

Part 4

미래를 여는 열쇠: 책임감 있는 AI 마케팅과 지속 가능한 연결

Chapter 8

뇌의 사각지대를 공략하라:
인지 편향을 활용한
마케팅 무의식의 덫

8-1
뇌의 사각지대 공략 3단계: 착각, 망각, 그리고 본능

쇼호스트의 필살기 대방출

매일 아침, 나는 꼬르륵거리는 배꼽시계와 사투를 벌이며 하루를 시작한다. "다이어트는 내일부터!"를 외치며 잠들었던 어젯밤의 다짐은, 텅 빈 속의 아우성 앞에 맥없이 무너지고, '오늘 아침은 또 뭘 먹지?'라는 고민은 마치 끝없는 뫼비우스의 띠처럼 뇌리를 맴돈다. 결국, 출근길 지하철역을 빠져나오자마자, 내 발걸음은 이미 정해져 있다. 사무실 앞, 뽀얀 김이 피어오르는 해장국집의 얼큰한 국물 사진, 혹은 갓 구운 빵의 달콤한 향기와 '아메리카노 공짜!'라는 유혹적인 문구에, 마치 홀린 듯 샌드위치 가게로 향하는 당신의 모습, 익숙하지 않은가?

나도 마찬가지다. 저자는 쇼호스트로서 매일 수많은 상품을 소개하고 판매하지만, 그 이면에는 소비자의 뇌를 해킹하고, 그들의 무의식에 숨겨진 구매 버튼을 찾아 누르는 치열한 심리전이 벌어진다. 우리가 흔히 보는 홈쇼핑 방송, 유튜브 광고, 심지어 SNS 피드 속 제품 추천까지, 이 모든 것은 소비자의 뇌가 만들어 놓은 '심리적 올림픽대로', 즉 인지 편향이라는 교활한 뱀이 똬리를 틀고 있는 심리적 전쟁터에서 벌어지는 치밀하게 계산된 쇼이다.

이 챕터는 쇼호스트로서 내가 직접 보고 겪은 생생한 현장 경험과 함께, 뇌 과학과 심리학의 최첨단 통찰력을 녹여낸 '무의식 조종 마케팅'의 실체를 낱낱이 공개한다. 우리가 매일 마주하는 수많은 선택은 결코 우연이 아니다. 사실, 우리 뇌는 생존을 위해 정보를 처리하는 과정에서 다양한 '심리적 지름길'을 만들었고, 이 지름길은 때로는 착각과 오류라는 끔찍한 괴물을 탄생시킨다. 마케터들은 바로 이 괴물의 힘을 빌려, 소비자의 마음을 유린하는 강력한 마법사가 된 것이다.

프레이밍, 손실 회피, 앵커링은 마치 뇌를 해킹하는 3단계 작전처럼, 소비자의 선택을 유도하고 행동을 조종하는 강력한 심리 무기이다. 쇼호스트들은 이 3가지 기술을 마치 필살기처럼 연마하고, 방송 현장에서 쉴 새 없이 휘두르며 소비자의 구매 버튼을 자극한다. 프레이밍은 소비자가 정보를 받아들이는 방식을 왜곡하는 '착각 작전', 앵커링은 첫인상의 기억을 뇌리에 쇠못처럼 박아 넣는 '기억 조작 작전', 손실 회피는 인간의 가장 깊숙한 공포를 자극하는 '생존 본능 작전'이다. 이 3가지 작전은 마치 삼위일체처럼 서로 얽히고설키며, 효과적으로 조합될 때 소비자의 이성을 무너뜨리고 무의식적인 선택을 강요하는 파괴력을 선보인다. 이제, 내가 직접 경험한 쇼호스트의 세계를 통해, 이 매혹적이지만 위험한 심리전의 실체를 낱낱이 공개한다.

프레이밍 효과 언어라는 거울에 비친 욕망의 자화상 - 쇼호스트의 언어 연금술

프레이밍 효과는 동일한 메시지라도 언어라는 거울에 어떻게 비추느냐에 따라, 소비자의 마음속에 완전히 다른 욕망의 자화상을 그려내는 현상이다. 쇼호스트는 이 프레이밍 효과를 마치 연금술처럼 활용하여, 소비자의 숨겨진 욕망을 끄집어내고, 구매라는 황금으로 바꾸는 언어 마법을 부린다. 긍정적인 언어로 섬세하게 포장된 메시지는 소비자의 뇌를 마치 마법에 걸린 듯 긍정적인 반응을 유도하는 강력한 힘을 지닌다. 이 언어 마법은 마케팅에서 소비자의 무의식을 조종하는 핵심 전략이며, 소비자 심리와 행동경제학을 꿰뚫어 보는 통찰력을 제공한다.

삼성전자는 갤럭시 S21을 출시하며 "90%의 소비자가 이 제품에 만족하며, 당신의 삶을 더욱 풍요롭게 만들어줄 것이다! 지금 바로 최첨단 기술을 경험하라!"라는 희망찬 메시지를 마치 달콤한 속삭임처럼 전달했다. 이는 소비자에게 마치 '인싸템'을 손에 넣는 듯한 짜릿한 기대감, 새로운 기술을 경험하는 설렘, 그리고 '나'라는 존재를 업그레이드하는 욕망을 자극하여, 제품 구매를 마치 꿈을 현실로 만드는 짜릿한 경험처럼 느끼게 하는 데 성공했다. 반면,

"10%의 소비자가 불만을 토로했지만, 당신은 분명 90%에 속할 것이다. 지금 바로 구매하라! 후회는 없을 것이다."라는 냉소적인 표현은 소비자에게 '혹시 내가 10%에 속하면 어쩌지?'라는 불안감을 심어주고, 제품 구매를 마치 도박처럼 느끼게 할 수 있다. 같은 정보라도 언어라는 거울에 어떻게 프레임을 설정하느냐에 따라 소비자의 선택은 마치 운명처럼 달라질 수 있다는 사실은 마케팅의 핵심 진리이다.

특히, 한국 사회에서 '가성비'라는 단어는 소비자의 뇌를 마치 강력한 자석처럼 끌어당기는 마력을 지닌다. 쇼호스트로서 나는 "가성비 갑! 이 가격에 이런 성능, 실화인가?"라는 흥분 섞인 외침을 통해, 소비자로 하여금 해당 제품을 마치 '합리적인 선택'의 대명사로 인식하게 만든다. 하지만, 그 이면에는 '가성비'라는 단어를 통해 '합리적인 소비'를 지향하는 한국인의 심리를 교묘하게 이용하려는 마케터들의 치밀한 계산이 숨어 있을 수 있다는 것을 잊지 말아야 한다.

AVIS의 마케팅 전략은 프레이밍 효과를 마치 예술 작품처럼 활용한 대표적인 사례이다. 렌터카 업계에서 영원한 2인자였던 AVIS는 "우리는 2등이다. 하지만 1등보다 더 노력하고, 당신을 위해 최선을 다할 준비가 되어있다. 언제든 믿고 맡겨달라!"라는 겸손한 슬로건을 마치 감동적인 연설처럼 소비자에게 전달했다. AVIS는 2등이라는 핸디캡을 오히려 소비자를 향한 진심과 노력이라는 강점으로 승화시켜, 소비자에게 AVIS라는 브랜드를 마치 성실하고 믿음

직스러운 동반자처럼 느끼게 만들었고, AVIS의 인지도를 높이는 데 성공했다. 하지만 AVIS는 이후 "이제는 1위가 될 수도 있다. 우리를 선택하지 않는다면, 당신은 최고의 선택을 놓치는 것이다. 후회하지 말라!"라는 오만한 광고로 프레임을 바꾸었고, 이는 소비자에게 거부감을 불러일으켜 결국 실패로 이어졌다.

오프라 윈프리는 자신의 이름과 제품을 마치 마법처럼 결합하여, 소비자의 마음을 사로잡는 프레이밍 마스터로 잘 알려져 있다. 그녀는 제품이나 서비스의 긍정적인 측면을 마치 칭찬처럼 강조하는 방식으로 소비자에게 접근한다. 예를 들어, "이 제품을 사용한 90%의 고객이 삶의 변화를 경험했다. 당신도 맑고 빛나는 피부를 얻고, 자신감 넘치는 새로운 인생을 시작하라! 지금 바로 당신의 아름다움을 되찾으라!"라는 메시지는 소비자에게 긍정적인 자기 투영을 유도하고, 제품 구매를 마치 새로운 삶으로 나아가는 티켓처럼 느끼게 하는 강력한 힘을 지닌다. 반면, 오프라는 부정적인 요소를 마치 악마의 속삭임처럼 전략적으로 활용하기도 한다. "10%의 고객이 피부 트러블을 경험했지만, 당신은 그 10%에 속하지 않을 것이다. 90%의 놀라운 변화를 지금 바로 경험하라! 당신은 충분히 아름다워질 자격이 있다."라는 표현은 소비자에게 불안감을 유발할 수 있지만, 동시에 소비자는 불만족한 고객의 비율이 낮다는 사실에 안도감을 느끼고 제품에 대한 신뢰를 더욱 강화할 수 있다. 이는 쇼호스트처럼, 소비자가 상대적으로 작은 비율의 불만족을 무시하고, 대다수의 긍정적인 경험에 마치 마법에 걸린 듯 집중하게 만드는 교묘한 전략이다.

　결론적으로, 오프라 윈프리의 프레이밍 마법은 소비자 심리와 행동경제학을 마치 해부학처럼 깊이 이해하고, 긍정적인 경험을 마치 꿈처럼 심어주고, 부정적인 요소를 마치 그림자처럼 교묘하게 가리는 예술이다. 쇼호스트처럼, 긍정적인 언어를 사용하여 소비자의 마음을 사로잡고, 제품 구매를 마치 인생 최고의 선택처럼 느끼게 하는 강력한 힘을 지니는 것이다.

손실 회피 뇌의 공포를 자극하는 마케팅의 뱀파이어 - 쇼호스트의 공포 마케팅 기술

　손실 회피는 인간의 행동경제학에서 마치 심연처럼 깊고 어두운 개념으로, 사람들이 이득을 얻을 때 느끼는 짜릿한 쾌감보다, 손실을 겪을 때 느끼는 고통이 마치 심장이 찢어지는 듯 훨씬 크다는 섬뜩한 진실에 기반한다. 쇼호스트로서 나는 이 손실 회피 심리를 마치 뱀파이어의 송곳니처럼 활용하여, 소비자의 뇌를 은밀하게 조종하고, 그들의 지갑을 열도록 유도한다. 이러한 심리는 소비자 행동에 마치 악령처럼 깊숙이 영향을 미치며, 마케팅 전략에서 마치 뱀파이어처럼 소비자의 뇌를 조종하는 강력한 힘으로 작용한다. 소비자들은 손실을 피하기 위해 마치 좀비처럼 맹목적으로 결정을 내리게 되고, 이는 마케팅에서 마치 뱀파이어의 송곳니처럼 치명적인 요소로 활용된다.

　인간의 뇌는 이득이라는 달콤한 사탕보다, 손실이라는 지옥 불을 마치 10배 더 강렬하게 느끼도록 설계되어 있다. 이러한 손실 회피 심리를 마치 악마의 속삭임처럼 "지금 사지 않으면 영원히 후회할 것이다!", "이 기회를 놓치면 당신만 바보가 될 것이다! 평생 후회할지도 모른다!"라는 공포스러운 메시지를 전달하여 즉각적인 행동을 유도하는 데 마치 마법처럼 효과적으로 활용한다. 예를 들어, 이마트가 "오늘이 마지막! 득템 찬스 놓치면 후회! 지금 바로 결제하라! 망설이면 품절이다!"라고 마치 저주처럼 외치면, 소비자들은 마치 최면에 걸린 듯 놓치는 것에 대한 극심한 두려움에 사로잡혀 마치 좀비처럼 구매를 결심하게 된다. 이는 소비자에게 마치 심리적 고문을 가하는 듯한 압박감을 주어 즉각적인 결정을 강요하는 악랄한 전략이다.

라이브커머스에서는 이러한 손실 회피 심리를 마치 뱀파이어의 유혹처럼 활용하는 것이 필수적이다. 쇼호스트로서 방송을 진행할 때, "이 기회를 놓치면 당신은 평생 후회할 것이다! 다신 없을 기회, 지금 바로 겟하라! 안 사면 나만 손해! 땅을 치고 후회해도 소용없다! 후회하기 전에 지금 바로 사라!"라고 마치 악마의 속삭임처럼 외치는 순간, 시청자에게 마치 심리적 족쇄를 채우는 듯한 긴박감을 조성하고, 마치 좀비처럼 즉각적인 구매를 유도할 수 있다.

배달의민족은 "이번 주 한정! 첫 주문 시 5,000원 할인! 지금 안 시키면 당신만 손해! 늦기 전에 혜택받으세요! 배달비 아까워하지 마라! 지금이 기회다!"라는 카피로 마치 저주처럼 소비자의 행동을 유도한다. 이 문구는 소비자로 하여금 기회를 놓치는 것이 마치 심장이 찢어지는 듯한 고통스러운 손해라는 인식을 마치 뱀파이어의 송곳니처럼 뇌리에 깊숙이 박히게 하여 즉각적인 반응을 이끌어낸다. 또한, 라네즈와 같은 특정 뷰티 브랜드가 라이브커머스에서 "오늘 밤 12시까지 구매하시는 분들께만 추가 20% 할인! 지금 바로 득템하라! 늦으면 아무것도 없다! 서두르라! 품절 임박이다!"라고 마치 악마의 거래를 제안하듯 강조하면, 소비자들은 마치 뱀파이어의 유혹에 홀린 듯 즉각적인 결정을 내리게 된다. 이러한 메시지는 구매를 망설이는 소비자에게도 손실 회피 심리를 자극하여 구매를 강요하는 효과를 발휘한다.

또한, 나이키가 한정판 운동화를 출시한다고 가정해 보자. 광고에서 "단 99켤레만 판매됩니다! 지금 바로 겟하지 않으면 평생 후회할지도 모릅니다! 망설이는 순간, 당신의 사이즈는 영원히 사라진다! 남들 다 있는 거, 당신만 없으면 안 되지 않나! 지금 바로 득템하라! 늦으면 후회한다!"라는 섬뜩한 문구를 강조하면, 소비자들은 마치 마지막 남은 한정판 케이크를 앞에 둔 것처럼 '놓칠 수 없다'는 강박적인 심리에 사로잡혀 마치 좀비처럼 즉각적으로 구매를 고려하게 된다. 이 운동화가 실제로 평소보다 비슷한 가격이라 하더라도, '한정판'이라는 치명적인 미끼와 '한정 수량'이라는 뾰족한 칼날 같은 요소가 결합되어 소비자의 손실 회피 심리를 마치 뱀파이어의 저주처럼 더욱 강력하게 자극한다.

이러한 공포 마케팅 전략은 소비자가 놓치는 것에 대한 극심한 두려움으로 인해 마치 좀비처럼 더 빨리 결정을 내리게 만들며, 이는 쇼호스트인 나에게는 판매량 상승이라는 달콤한 피를 맛보게 해준다. 실제로 한정판 제품이 출시될 때 소비자들은 마치 득템 사냥꾼처럼 경쟁적으로 구매를 시도하며, 이는 구매하지 못한 사람들에게는 매진이라는 비극적인 결말로 이어지는 경우가 많다. 결국, 손실 회피는 마케팅에서 마치 뱀파이어처럼 강력한 도구가 되어, 소비자에게 마치 악마의 거래를 제안하듯 즉각적인 행동을 강요하는 중요한 심리적 메커니즘으로 자리 잡고 있다. 우리는 소비자에게 진정한 가치를 마치 천사의 속삭임처럼 전달하면서도, 이 뱀파이어 같은 심리를 마치 마법처럼 잘 활용하여 소비자의 지갑을 열어야 하는 숙명을 짊어지고 있는 것이다.

앵커링 효과 첫인상이라는 쇠사슬에 묶인 뇌 - 쇼호스트의 가격 흥정 기술

앵커링 효과는 소비자가 처음 제시된 정보, 즉 '앵커'라는 쇠사슬에 뇌가 묶여 버려 이후의 판단에 마치 꼭두각시처럼 큰 영향을 받는 심리적 현상이다. 유능한 마케터들은 이 앵커링 효과를 마법처럼 활용하여, 소비자의 지갑을 열도록 유도하는 가격 흥정 기술을 마치 예술처럼 구사한다. 앵커는 마치 뇌에 박힌 쇠못처럼, 우리의 사고방식을 제한하고, 판단을 왜곡하며, 심지어 구매 결정까지 마치 마리오네트처럼 조종하는 강력한 힘을 지닌다.

예를 들어, 고급 레스토랑에서 10만 원짜리 스테이크를 본 소비자는, 바로 옆에 있는 5만 원짜리 스테이크를 마치 공짜처럼 느끼며 주저 없이 선택할 가능성이 크다. 10만 원이라는 앵커에 뇌가 묶여 버려, 5만 원이라는 실제 가격을 객관적으로 평가하지 못하고 마치 횡재한 듯한 착각에 빠지는 것이다. 이러한 앵커링 효과를 활용하여, "원래 10만 원짜리인데, 오늘만 5만 원에 드립니다! 말도 안 되는 가격, 지금 바로 겟하세요!"라고 외치며 소비자의 구매를 유도한다.

특히, 한국 사회에서 '원 플러스 원'이라는 마법 주문은 소비자의 뇌를 마치 앵커에 묶인 배처럼 꼼짝 못 하게 만드는 마력을 지닌다. 홈쇼핑이나 쇼핑라이브에서는 "하나 사면 하나 더! 지금 바로 득템하세요! 쟁여두세요! 이 기회 놓치면 후회!"라는 흥분 섞인 목소리로, 하나를 사면 하나를 더 준다는 이 매혹적인 제안을 마치 기적처럼 포장하여 소비자로 하여금 마치 공짜를 얻는 듯한 착각에 빠지게 하여, 필요하지도 않은 물건을 마치 마법에 홀린 듯 충동적으로 구매하게 만들기도 한다.

마케터들은 이러한 앵커링 효과를 마치 마법처럼 활용하여 소비자의 지갑을 열도록 유도한다. 백화점의 '최대 90% 할인' 광고는 소비자의 뇌에 마치 쇠사슬을 채우듯 강력한 앵커를 심어, 소비자가 실제 할인율과는 상관없이 '지금 사지 않으면 손해'라는 조급한 심리에 사로잡히게 만든다. 그들은 "오늘이 마지막! 역대급 할인! 놓치면 후회! 지금 바로 득템하세요!"라는 절박한 외침으로 소비자의 구매를 부추긴다.

온라인 쇼핑몰에서는 정가에 마치 빨간 피처럼 줄을 긋고 할인된 가격을 마치 보물처럼 크게 표시하는 전략을 자주 사용한다. 이는 소비자의 뇌에 정가라는 앵커를 심어, 할인된 가격을 마치 공짜로 얻는 것처럼 느끼게 하는 교묘한 술책이다. 나는 "이 가격, 믿을 수 없으시죠? 지금 바로 득템하세요! 절대 후회하지 않으실 겁니다! 이 기회 놓치면 안돼요!"라고 외치며 소비자의 구매를 독려한다.

이러한 앵커링 효과는 소비자의 구매 결정뿐만 아니라, 협상, 투자, 그리고 심지어 데이트 상대 선택과 같은 다양한 의사 결정 과정에도 마치 그림자처럼 따라다니며 우리의 판단을 왜곡하는 무시무시한 힘을 지닌다. 생방송 현장에서 나는 이 앵커링 효과를 활용하여, 마치 마법처럼 소비자의 구매를 유도하고, 그들의 지갑을 열도록 조종하는 가격 흥정 기술을 마치 예술처럼 구사한다.

결국, 앵커링 효과는 뇌가 처음 제시된 정보라는 쇠사슬에 묶여, 이후의 판단을 마치 꼭두각시처럼 맹목적으로 따라가는 심리적 노예 상태를 만드는 것이다. 소비자가 이 쇠사슬의 정체를 깨닫고, 앵커에서 벗어나 자유로운 사고를 할 때, 비로소 현명한 소비라는 빛을 향해 나아갈 수 있다. 쇼호스트로서 나는 소비자들이 앵커링 효과의 위험성을 인지하고, 현명한 소비를 할 수 있도록 돕는 역할도 해야 한다는 책임감을 느끼고 있는 것이다.

8-2
고정관념을 깨고 마케팅 예상을 뒤엎는 역발상

판을 뒤집는 한 수, 뇌를 해킹하는 역발상 마케팅

우리의 뇌는 익숙함이라는 늪에 빠지기 쉽다. 매일 똑같이 뜨는 해, 비슷한 풍경, 뻔한 광고 문구들. 우리는 너무나 쉽게 무감각해진다.

마치 오랫동안 틀어놓은 라디오처럼, 흘러나오는 소리조차 인지하지 못할 때가 많다. 수많은 브랜드가 '최고', '최저가', '혁신'을 외쳐보지만, 그 익숙한 레퍼토리는 우리의 뇌에 아무런 파동도 일으키지 못한다. 늘 보던 꽃은 더 이상 특별하지 않은 것처럼 말이다.

하지만 상상해보라. 잿빛 도시 한가운데서 홀로 강렬한 붉은색으로 빛나는 그래피티 아트를 발견했을 때의 짜릿함을. 익숙한 광고 채널에서 튀어나온 예측 불가능한 유머나 진지한 분위기를 단번에 깨부수는 반전 메시지는 우리의 뇌에 강력한 '클릭'을 선사한다.

'예상 뒤엎는 언어유희'

딱딱하고 진지한 분위기의 금융 광고에서 "내 돈, 늘릴 땐 늘려야지!… 고무줄처럼!"이라는 엉뚱한 비유가 등장했다. 이는 웃음을 자아내며 금융 상품에 대한 딱딱한 이미지를 부드럽게 녹였다.

'역발상 질문 던지기'

흔히 여행 광고는 아름다운 풍경과 낭만을 강조한다. 하지만 한 여행사는 "혼자 떠나세요. 당신의 외로움에 집중하며."라는 역설적인 문구로 오히려 혼행족들의 공감을 얻으며 큰 호응을 얻었다.

결국, 고정관념을 깨는 마케팅은 마치 숙면 중인 뇌를 강렬한 첫 키스로 깨우는 것과 같다. 익숙함이라는 안전지대를 벗어나, 예상치 못한 자극을 던져 뇌를 활성화시키는 것이다. 그리고 그 각인은 단순한 인상을 넘어, 오랫동안 잊혀지지 않는 강력한 기억의 씨앗이 된다. 자, 이제 다음 장에서는 이 '기억의 씨앗'이 어떻게 놀라운 연쇄 반응을 일으키는지 함께 파헤쳐 볼까 한다.

뇌를 점령하는 반전 드라마, 기억을 조작하는 역발상의 힘

작가로서 다시 한번 강조하지만, 우리의 기억은 평범한 이야기를 흘려보내고, 특별한 순간을 붙잡아둔다는 말이다. 예측 가능한 플롯의 영화는 엔딩 크레딧과 함께 희미해지지만, 마지막 순간 모든 것을 뒤집는 반전 영화는 오랫동안 우리의 뇌리를 떠나지 않는다는 거지. 마찬가지로, 뻔한 제품 스펙 나열이나 감동적인 스토리텔링은 순간의 공감을 얻을 수 있지만, 예상을 산산이 부수는 역발상은 뇌에 강력한 펀치를 날리며 각인된다. 마치 수많은 별이 반짝이는 밤하늘에서, 유독 강렬하게 빛나는 초신성처럼 말이다.

이러한 반전은 단순한 흥미 유발을 넘어, 강력한 감정적 칵테일을 제조한다. 놀라움, 유쾌함, 당혹감, 심지어 분노와 같은 격렬한 감정은 뇌의 기억 저장소를 활짝 열어젖히고, 정보를 더욱 깊숙이 새겨 넣는다. 뇌는 감정적인 사건을 중요하게 인식하고 오래도록 기억하려는 경향이 있기 때문이다. 그리고 이 강렬한 감정적 경험은 자연스럽게 입소문이라는 강력한 무기로 이어진다. "야, 걔네 광고 봤어? 완전 웃겨!", "그 제품 콘셉트 진짜 충격적이지 않아?" 와 같은 자발적인 공유는 어떤 유료 광고보다 강력한 전파력을 가지며, 브랜드 이미지를 특별하고 잊을 수 없는 존재로 만들어 준다.

좀 더 실감 나는 비유를 들어볼까 한다. 평범한 소개팅 자리에서, 상대방이 당신의 예상과는 전혀 다른 엉뚱한 매력을 발산한다면 어떨까? 처음에는 당황할 수 있지만, 그 예측 불가능함은 당신을 사로잡고 오랫동안 그 사람을 기억하게 할 것이다. 마찬가지로, 늘 똑같은 방식으로 운영되는 카페에서, 갑자기 로봇 바리스타가 어설픈 춤을 추며 커피를 내려준다면, 그 경험은 단순한 커피 한 잔 이상의 특별한 추억으로 남을 것이다. 신선함이라고나 할까?

놀라운 기억 효과를 만들어낸 실제 사례들을 살펴보겠다.

'예상 깨는 콜라보레이션'

발렌시아가와 크록스의 하이힐 콜라보레이션은 럭셔리 패션과 편안한 신발의 만남으로 극단적인 반응을 불러일으켰다. 벤 앤 제리의 아이스크림과 나이키의 '청키 덩키' 스니커즈는 100달러짜리 신발을 1,400달러의 리셀 현상으로 만들어냈다. 파네라의 200달러짜리 크루아상 클러치백은 아침 샌드위치를 따뜻하게 보관하는 핸드백으로 몇 시간 만에 완판되었다.

'불편함을 콘셉트로 승화시킨 제품'

아테네의 건축가 카테리나 캄프라니(Katerina Kamprani)가 만든 '더 언컴포터블(The Uncomfortable)' 시리즈는 일부러 사용하기 불편하게 디자인된 일상용품들로 구성되어 있다. 포크, 머그컵, 열쇠, 물뿌리개, 와인잔, 의자 등 모든 가정용품을 좌절스럽게 조작하여 디자인의 본질을 되돌아보게 만든다.

'소비자의 참여를 유도하는 챌린지'

엘프 코스메틱스(e.l.f. Cosmetics)의 '아이즈 립스 페이스(Eyes Lips Face)' 챌린지는 40억 뷰와 300만 개의 사용자 제작 비디오를 기록하며 '틱톡에서 가장 영향력 있는 캠페인'으로 불린다. 짐샤크(Gymshark)의 #gymshark66 챌린지는 4,550만 뷰를 기록했으며, 66일간 피트니스 목표를 달성하는 챌린지로 행동 과학을 마케팅에 접목했다. 치폴레(Chipotle)의 #GuacDance 챌린지는 6일간 25만 개의 비디오 제출과 4억 3천만 회의 비디오 시청을 기록했으며, 실제로 80만 개의 무료 과카몰리 판매로 이어졌다.

결국, 예상을 뒤엎는 역발상 마케팅은 뇌라는 정교한 하드웨어를 '해킹'하여 강력한 기억을 심어 넣는 예술과 같다. 펩시맨의 엉뚱함, 버거킹의 도발적인 유머, 심지어 때로는 코카콜라의 감성적인 접근조차, 기존의 틀을 깨고 소비자들의 뇌리에 깊숙이 각인시키려는 치열한 고민의 결과이다. 이제 당신의 브랜드는 어떤 '반전 드라마'를 통해 잊을 수 없는 각인을 남길 수 있을까? 익숙한 길을 버리고, 예측 불허의 상상력을 펼치는 순간, 당신의 브랜드는 비로소 소비자의 뇌를 점령하고 영원히 기억될 것이다.

8-3
판을 뒤집는 한 수, 뇌를 점령하는 역발상 마케팅 프로페셔널 분석

반전 마케팅 뇌를 사로잡는 강력한 3가지 무기

반전 마케팅의 위력은 단순한 흥미 유발을 넘어선다. 그 핵심 동력은 다음과 같은 지점에서 극명하게 드러난다.

'각인 효과 극대화'

예측 불허는 곧 영속적인 기억이다. 인간의 뇌는 익숙한 정보의 흐름 속에서 효율성을 추구하지만, 예상 궤도를 벗어난 '이질성'은 강력한 인지적 자극을 유발하여 장기 기억 저장소에 깊숙이 각인된다. 예측 가능성은 정보의 휘발성을 높이지만, 반전은 '사건'으로 인식되어 뇌의 주의 자원을 집중시키고, 맥락 기억 형성을 촉진하여 소멸하지 않는 각인 효과를 창출한다.

'경쟁 우위 확보의 절대적 전략'

차별화는 생존을 넘어 지배를 의미한다. 유사한 제품과 메시지의 포화 상태에서, 반전은 경쟁 브랜드와 근본적인 인지적 차별점을 구축하는 가장 효과적인 전략이다. 소비자는 익숙한 '선택지' 사이에서 피로감을 느끼지만, 예상치 못한 '변수'는 강력한 시각적, 인지적 대비를 이루어 브랜드의 독자적인 아이덴티티를 각인시키고, 경쟁 구도에서 압도적인 우위를 확보하는 결정적 요소로 작용한다.

'감정적 공명과 바이럴 확산의 기폭제'

감정은 공유를 낳고, 공유는 폭발적인 성장을 견인한다. 놀라움, 웃음, 의문과 같은 예상치 못한 감정 유발은 단순한 정보 전달을 넘어 소비자의 심리적 방아쇠를 당겨 능동적인 참여와 공유를 촉진한다. 감정적으로 자극된 콘텐츠는 인지적 불협화음을 해소하고, 사회적 공유 욕구를 증폭시켜 자발적인 바이럴 현상의 강력한 시작점이 된다. "야, 이거 봤어?"라는 한마디로 촉발되는 구전 효과는 전통적인 마케팅의 한계를 뛰어넘는 기하급수적인 확산력과 신뢰도를 확보하며, 브랜드의 영향력을 극대화하는 핵심 동력이 된다.

결론적으로, 반전 마케팅은 인간의 인지적 특성과 감정 반응 메커니즘을 전략적으로 활용하여 단순 광고 이상의 강력한 기억 각인, 경쟁적 차별화, 감정적 공명 및 바이럴 확산 효과를 창출하는 고효율 마케팅 전략이다.

질문 비틀기 전략, 판을 흔드는 첫 번째 수

질문 비틀기 전략은 소비자의 익숙한 생각의 틀을 의도적으로 흔들어 호기심을 유발하고, 새로운 관점을 제시하는 마케팅 기법이다. 마치 당연하게 받아들이던 질문의 방향을 틀어, "어? 왜 그렇게 생각하지?" 라는 반응을 이끌어내는 것이 핵심이다. 이는 곧 소비자의 뇌를 활성화해 브랜드에 대한 인지적 각인 효과를 높이는 강력한 첫걸음이 된다.

질문 비틀기 전략을 쉽게 이해하기 위해 몇 가지 비유를 들어보자.

일상생활에서 "오늘 뭐 먹지?" 라는 평범한 질문 대신, "오늘, 내 안의 숨겨진 미식 본능을 깨울 메뉴는 뭘까?" 라고 질문하는 것과 같다. 똑같은 고민이지만, 질문의 방향이 달라짐으로써 새로운 생각의 가능성을 열어준다. 또 다른 예로 영화에서 "착한 주인공이 악당을 물리치는 이야기" 라는 익숙한 설정 대신, "악당의 입장에서 세상을 바라보는 이야기는 어떨까?" 라고 질문을 던져 관객의 궁금증을 자극하는 것과 같다.

이처럼, 질문 비틀기 전략은 익숙한 것을 낯설게 바라보는 시각의 전환을 통해 소비자의 사고를 확장하고, 브랜드에 대한 새로운 인식을 심어주는 데 효과적이다.

- 질문 비틀기 전략의 핵심 사용 전략

(1) 타겟 고객의 고정관념 파악 및 역이용

타겟 고객이 특정 제품이나 서비스, 혹은 업계에 대해 가지고 있는 일반적인 생각이나 질문을 파악한다. 그런 다음, 정반대의 질문을 던지거나, 당연하게 여기는 전제를 뒤집는 방식으로 호기심을 자극한다.

- 비튼 질문: "이 커피, 당신의 평범한 하루를 얼마나 낯설게 만들 수 있을까요?" (맛 이상의 경험에 초점)
- 일반적 질문: "이 세탁기, 에너지 효율이 높은가요?"
- 비튼 질문: "이 세탁기, 전기 요금을 아껴주는 것을 넘어, 당신의 시간을 얼마나 더 벌어줄 수 있을까요?" (효율성 이상의 가치 강조)

(2) 새로운 관점 제시를 통한 가치 창출

제품이나 서비스의 미처 생각하지 못했던 측면이나 숨겨진 가치를 질문의 형태로 제시하여 소비자의 인식을 확장시킨다. 이는 곧 브랜드에 대한 새로운 흥미와 필요성을 느끼게 하는 효과를 낳는다.

- 일반적 질문: "이 보험, 보장 범위가 넓은가요?"
- 비튼 질문: "이 보험, 당신의 불안감을 잠재우는 것을 넘어, 당신의 꿈을 향해 나아갈 용기를 얼마나 더해줄 수 있을까요?" (안정감 이상의 심리적 가치 강조)
- 일반적 질문: "이 운동기구, 칼로리 소모가 잘 되나요?"

- 비튼 질문: "이 운동기구, 단순히 몸매를 가꾸는 것을 넘어, 당신의 하루를 얼마나 활기차게 변화시킬 수 있을까요?" (건강 이상의 삶의 질 향상에 초점)

(3) 미래 지향적 질문을 통한 기대감 형성

현재의 기능이나 장점을 넘어, 미래의 가능성이나 혁신적인 변화를 암시하는 질문을 던져 소비자의 기대감을 고조시킨다. 이는 브랜드에 대한 지속적인 관심과 긍정적인 이미지를 구축하는 데 기여한다.

- 일반적 질문: "이 기술, 지금 얼마나 편리한가요?"
- 비튼 질문: "이 기술, 당신의 미래를 얼마나 더 스마트하게 만들어 줄 것이라고 상상하시나요?" (미래의 가능성에 대한 상상력 자극)
- 일반적 질문: "이 교육 프로그램, 어떤 것을 배울 수 있나요?"
- 비튼 질문: "이 교육 프로그램, 당신의 잠재력을 얼마나 더 폭발적으로 성장시킬 수 있다고 기대하시나요?" (성장에 대한 기대감 고취)

질문 비틀기 전략은 단순한 말장난이 아니다. 타겟 고객의 심리를 정확히 파악하고, 그들의 생각을 '의도적으로' 건드려 브랜드에 대한 새로운 인식을 심어주는 강력한 마케팅 도구이다. AI는 이러한 전략을 실행하는 데 있어, 방대한 데이터 분석과 창의적인 언어 생성을 통해 인간 마케터가 미처 발견하지 못한 신선하고 효과적인 질문의 틀을 제시하는 핵심적인 조력자가 될 수 있다.

반전 유머 사용 전략, 웃음 속에 숨겨진 강력한 각인

반전 유머 사용 전략은 예상치 못한 상황 설정이나 비유를 통해 웃음을 유발하고, 그 긍정적인 감정을 브랜드에 연결하는 마케팅 기법이다. 핵심은 진지하거나 평범한 상황을 설정한 후, 맥락을 완전히 뒤집는 엉뚱하거나 기발한 반전을 제시하여 소비자의 웃음을 터뜨리는 것이다. 이 웃음은 브랜드에 대한 호감도를 높이고, 메시지를 더욱 쉽고 오래 기억하게 만드는 강력한 도구가 된다.

반전 유머 사용 전략을 좀 더 쉽게 이해하기 위해 몇 가지 비유를 들어보겠다. 먼저, 일상생활에서 진지한 표정으로 심오한 이야기를 시작하는 듯하더니, 갑자기 엉뚱한 결론을 내리며 웃음을 자아내는 코미디언의 연기와 같다. 예상치 못한 반전이 주는 유쾌함은 오랫동안 기억에 남는다.

영화에서는 긴장감 넘치는 스릴러 영화의 마지막 장면에서, 갑자기 모든 것이 코믹한 오해로 밝혀지며 관객에게 안도감과 함께 웃음을 선사하는 것과 같다.

- 반전 유머 사용 전략의 핵심 사용 전략

(1) 일상적인 상황 속 예상치 못한 반전

소비자가 흔히 경험하는 일상적인 상황을 설정하고, 그 상황에 대한 일반적인 예상이나 생각을 완전히 뒤집는 엉뚱한 반전을 제시하여 공감과 웃음을 동시에 유발한다.

- 상황: 월요일 아침, 출근길 만원 버스 안.
- 일반적 예상: 짜증, 피로, 한숨.
- 반전 유머: 옆 사람의 어깨에서 느껴지는 따뜻함… 알고 보니 졸고 있는 강아지 인형이었다. (황당함, 속웃음 유발)
- 상황: 다이어트 결심 후 샐러드를 먹는 상황.
- 일반적 예상: 건강, 절제, 맛없음.
- 반전 유머: 샐러드 속 숨겨진 세 마리의 치킨 너겟 발견! "이 정도면 단백질 밸런스 완벽한 거겠죠?" (죄책감과 자기 합리화, 속웃음 유발)

(2) 제품/서비스의 특징을 활용한 반전

제품이나 서비스의 특징이나 장점을 과장하거나 엉뚱하게 연결하여 예상치 못한 유머를 만들어낸다. 이는 제품/서비스에 대한 관심을 자연스럽게 유도하고, 긍정적인 이미지를 심어준다.

- 제품: 엄청나게 강력한 흡입력을 가진 청소기.
- 반전 유머: "먼지는 기본, 옆집 고양이까지 순간 이동시키는 흡입력!" (과장된 표현으로 제품의 강력함을 유머러스하게 강조)
- 서비스: 매우 빠른 배송 서비스.
- 반전 유머: "방금 주문했는데, 벌써 현관 앞에 택배 박스가… 혹시 시간 여행이라도 하신 건가요?" (제품의 빠른 배송 속도를 비현실적인 상황

에 빗대어 재미를 유발)

(3) 소비자의 기대를 역이용한 반전

소비자가 특정 브랜드나 제품에 대해 가질 수 있는 일반적인 기대나 이미지를 의도적으로 깨뜨리는 반전을 제시하여 신선함과 웃음을 선사한다.

- 브랜드 이미지: 고급스럽고 진지한 자동차 브랜드.
- 반전 유머: 광고 모델이 차 문을 열고 내리는데, 헬멧을 쓴 채 전동 킥보드를 타고 간다. (기존 이미지와 반대되는 행동으로 의외성과 웃음 유발)
- 제품: 첨단 기술이 적용된 스마트폰.
- 반전 유머: "인공지능? 최첨단 기능? 다 좋은데… 뚜껑 여닫는 맛이 없어서 아쉽다고요? 저희가 책임지겠습니다! (병뚜껑 오프너 기능 추가)" (소비자의 예상치 못한 불만을 농담으로 승화)

반전 유머는 단순히 웃음을 주는 것을 넘어, 브랜드와 긍정적인 감정을 연결하고, 메시지를 더욱 효과적으로 전달하는 강력한 마케팅 무기이다. AI는 방대한 유머 데이터를 분석하고 다양한 언어적 트릭을 활용하여 타겟 고객층의 웃음 코드를 정확히 파악하고, 신선하고 효과적인 반전 유머를 창조하는 데 핵심적인 역할을 수행할 수 있다.

예상 깨기 콘텐츠 생성 전략, 틀을 부수는 짜릿한 도발

예상 깨기 콘텐츠 생성 전략은 소비자가 흔히 접하는 정보 제공 방식이나 콘텐츠의 틀을 의도적으로 벗어나, 예측 불가능한 형식이나 내용을 제시하여 시선을 사로잡고 강력한 인상을 남기는 마케팅 기법이다. 핵심은 "뻔하다"는 지루함을 타파하고, "어? 왜 이러지?"라는 궁금증을 유발하여 소비자의 적극적인 참여와 공유를 이끌어내는 것이다. 이는 브랜드에 대한 높은 주목도와 바이럴 효과를 창출하는 강력한 전략이 된다.

예상 깨기 콘텐츠 생성 전략을 좀 더 명확하게 이해하기 위해 몇 가지 비유를 제시해 보겠다. 예를 들어, 일상생활에서 늘 똑같은 시간에 똑같은 뉴스를 보던 시청자에게, 갑자기 뉴스 앵커가 랩을 하며 오늘의 주요 이슈를 전달한다면 어떤 반응이 나올까? 예상치 못한 형식은 강렬한 인상을 남긴다. 또 정형화된 틀 안에서 아름다움을 추구하던 미술계에, 갑자기 변기나 일상용품을 예술 작품으로 제시하는 '레디메이드' 미술이 등장했을 때의 충격과 신선함과 같다.

- 예상 깨기 콘텐츠 생성 전략의 핵심 사용 전략

(1) 파격적인 형식과 포맷 활용

기존의 익숙한 콘텐츠 형식(텍스트, 이미지, 영상 등)을 벗어나 새롭고 실험적인 포맷을 도입하여 소비자의 시각적, 인지적 호기심을 자극한다.

- 블로그 콘텐츠: 텍스트 대신 카드 뉴스 형식, 인포그래픽툰, 혹은 사용자의 선택에 따라 내용이 바뀌는 인터랙티브 스토리텔링 형식 도입.
- 영상 콘텐츠: 짧고 강렬한 '숏폼' 영상, 제품 사용 설명서를 뮤직비디오 형식으로 제작, ASMR 형식으로 제품의 특징을 전달.
- 소셜 미디어 콘텐츠: 텍스트 기반 계정에 그림일기 형식의 콘텐츠 게시, 사진 기반 계정에 텍스트 위주의 심오한 메시지 전달.

(2) 금기어나 역설적인 메시지 활용

일반적으로 사용하지 않는 직설적이거나 도발적인 표현, 혹은 상반되는 의미를 내포하는 역설적인 메시지를 사용하여 소비자의 주의를 끌고 강렬한 인상을 남긴다.

- 광고 카피: "이 제품, 솔직히 말하면 엄청나게 편리하진 않습니다. 하지만…" (솔직함으로 오히려 궁금증 유발)
- 블로그 제목: "당신이 이 글을 클릭하면 안 되는 5가지 이유" (클릭을 유도하는 역설적인 제목)
- 소셜 미디어 게시글: "저희 브랜드는 환경 보호에 관심 없습니다. …라고 말하면 놀라시겠죠?" (극단적인 표현으로 메시지 강조)

(3) 미스터리, 챌린지, 혹은 참여 유도형 콘텐츠

명확한 답을 제시하기보다는 궁금증을 유발하는 미스터리한 요소를 던지거나, 예상치 못한 행동을 요구하는 챌린지를 제시하여 소비자의 자발적인 참여와 공유를 유도한다.

- 미스터리 마케팅: 제품의 일부만 공개하거나, 의미심장한 티저 이미지/영상을 공개하며 궁금증 증폭시킨다.
- 챌린지 마케팅: "#OO챌린지" 와 같이 예상치 못한 행동이나 미션을 제시하여 소비자의 참여와 UGC(User Generated Content) 생성 유도
- 참여형 콘텐츠: "다음 제품의 색깔을 맞춰보세요!", "이 광고의 숨겨진 의미를 댓글로 남겨주세요!" 와 같이 소비자의 직접적인 참여를 유도하여 몰입도 증진.

예상 깨기 콘텐츠 생성 전략은 단순한 새로움을 넘어, 브랜드의 메시지를 더욱 강렬하게 전달하고 소비자와의 적극적인 소통을 이끌어내는 효과적인 방법이다. AI는 방대한 콘텐츠 데이터를 분석하여 소비자들이 지루해하는 요소를 파악하고, 새롭고 실험적인 형식과 메시지를 창조하는 데 핵심적인 역할을 수행할 수 있다.

캐릭터성 부여 전략, 브랜드에 숨결을 불어넣는 마법

캐릭터성 부여 전략은 브랜드에 인간과 같은 개성, 말투, 행동 양식을 부여하여 소비자와 감정적인 연결고리를 형성하고, 브랜드에 대한 친밀도와 충성도를 높이는 마케팅 기법이다. 핵심은 예측 가능하고 획일적인 브랜드 이미지를 넘어, 예상치 못한 매력과 스토리

를 가진 '가상의 인격체'를 창조하여 소비자의 흥미와 공감을 자아내는 것이다. 이는 브랜드를 단순한 상품이나 서비스가 아닌, '이야기가 있는 존재'로 인식시켜 더욱 깊고 지속적인 관계를 구축하는 데 기여한다.

캐릭터성 부여 전략을 더욱 쉽게 이해할 수 있도록 몇 가지 예시를 보면 일상생활에서 딱딱하고 사무적인 친구보다, 엉뚱하고 유머러스하거나 진솔한 매력을 가진 친구에게 더 끌리고 오래도록 기억하는 것과 같다.

또 하나의 예로 영화/애니메이션에서는 단순히 기능적인 역할을 수행하는 캐릭터보다, 독특한 성격과 말투, 행동 양식을 가진 캐릭터가 관객에게 깊은 인상을 남기고 오랫동안 사랑받는 것과 같다.

- **캐릭터성 부여 전략의 핵심 사용 전략**

(1) 예상치 못한 성격 및 말투 설정

브랜드의 타겟 고객층과 어울리면서도 기존의 브랜드 이미지나 업계의 통념과는 다른 독특하고 예상치 못한 성격과 말투를 설정하여 신선함과 재미를 선사한다.

- 성격: 차갑고 시니컬하지만 결정적인 순간에 따뜻함을 보이는 '츤데레' 캐릭터, 지나치게 솔직하고 거침없는 '직진' 캐릭터, 엉뚱하고 예측 불가능한 '4차원' 캐릭터 등.
- 말투: 특정 연령대나 직업군의 말투를 과장하여 사용, 유행어나

신조어를 섞어 사용, 문어체와 구어체를 자유롭게 넘나드는 방식 등.

(2) 일관성 있는 스토리텔링 및 세계관 구축

부여된 캐릭터의 배경 이야기, 가치관, 좋아하는 것/싫어하는 것 등 구체적인 스토리를 개발하고, 나아가 브랜드와 관련된 독자적인 세계관을 구축하여 소비자의 몰입도를 높이고 브랜드에 대한 팬심을 강화한다.

캐릭터의 탄생 비화, 성장 과정, 브랜드와의 만남 등의 스토리를 공개하여 팬덤 형성.
브랜드의 제품/서비스가 존재하는 가상의 배경이나 규칙을 설정하여 소비자의 상상력을 자극하고 참여를 유도.

(3) 예상치 못한 행동 및 소통 방식

소셜 미디어, 광고, 고객 응대 등 다양한 채널에서 기존의 틀을 깨는 엉뚱하거나 재치 있는 행동 방식을 보여주어 소비자의 예상을 뛰어넘는 즐거움을 선사하고 브랜드에 대한 긍정적인 인상을 심어준다.

공식 계정에서 운영자가 캐릭터의 말투로 댓글에 답변하거나, 엉뚱한 밈(meme)을 활용하여 소통. 광고 모델 대신 캐릭터 자체가 주인공이 되어 예상치 못한 상황을 연출하거나 코믹한 연기를 선보인다. 고객 문의에 대해 딱딱한 매뉴얼 답변 대신, 캐릭터의 개성이 드러나는 유머러스하거나 인간적인 답변 제공.

캐릭터성 부여 전략은 브랜드를 단순한 '이름'이 아닌, 소비자와 감정을 공유하고 소통할 수 있는 '살아있는 존재'로 만드는 강력한 마법과 같다. AI는 방대한 텍스트 및 소셜 미디어 데이터를 분석하여 타겟 고객층이 선호하는 캐릭터 유형, 말투, 유머 코드 등을 파악하고, 일관성 있으면서도 예측 불가능한 매력적인 AI 페르소나를 구축하는 데 핵심적인 역할을 수행할 수 있다.

아래는 AI가 당신의 마케팅에 '예상 밖의 한 수'를 더하도록 설계된 핵심 프롬프트이다.

(1) 질문 비틀기 전략
- 프롬프트 템플릿: "나는 [타겟 고객]을 위한 [제품/서비스]에 대한 정보를 얻고 싶다. 흔한 답변 대신, [제품/서비스]에 대한 [예상치 못한 관점/질문]을 던져서 [타겟 고객]의 호기심을 자극하고 기존의 생각을 뒤집는 답변을 생성해 달라. 예를 들어, '[일반적인 질문]' 대신 '[비튼 질문 예시]' 와 같은 방식이다."

- ChatGPT 적용 예시: "나는 20대 여성을 위한 친환경 패션 브랜

드에 대한 정보를 얻고 싶다. 흔한 답변 대신, '친환경 패션, 어떻게 하면 지루하지 않을까?' 라는 질문을 던져서 20대 여성의 호기심을 자극하고 기존의 '착한 패션'에 대한 생각을 뒤집는 답변을 생성해 달라. 예를 들어, '가장 인기 있는 친환경 소재는 무엇인가요?' 대신 '쓰레기로 만든 가장 힙한 옷은 무엇일까요?' 와 같은 방식이다."

- AI가 도와주는 핵심 요소: AI는 방대한 데이터 분석을 통해 미처 생각지 못했던 참신한 질문의 틀을 제시하고, 고정관념을 깨는 새로운 관점을 발굴하여 사용자의 사고를 확장시키는 데 필수적인 역할을 수행한다.

(2) 반전 유머 사용 전략
- 프롬프트 템플릿: "나는 [타겟 고객]에게 [제품/서비스]의 [특징/장점]을 유머러스하게 전달하고 싶다. 예상치 못한 상황 설정이나 비유를 사용하여 [타겟 고객]에게 웃음을 선사하고, 동시에 [제품/서비스]에 대한 긍정적인 인상을 심어주는 반전 유머를 생성해 달라. 핵심은 '[진지한 상황/일반적인 설명]' 에 '[예상 밖의 유머러스한 반전]'을 결합하는 것이다."

- ChatGPT 적용 예시: "나는 바쁜 직장인에게 간편하게 즐길 수 있는 건강 간식의 장점을 유머러스하게 전달하고 싶다. 예상치

못한 상황 설정이나 비유를 사용하여 바쁜 직장인에게 웃음을 선사하고, 동시에 해당 간식에 대한 긍정적인 인상을 심어주는 반전 유머를 생성해 달라. 핵심은 '야근 후 지친 몸을 이끌고 냉장고 문을 열었을 때'에 '천사의 속삭임 대신, 이거 하나면 5분 만에 충전 완료!'라고 외치는 간식을 결합하는 것이다."

AI가 도와주는 핵심 요소: AI는 방대한 유머 데이터와 언어 패턴 분석을 통해 타겟 고객층이 공감할 수 있는 맥락을 파악하고, 예상 치 못한 단어와 상황의 조합을 통해 효과적인 반전 유머를 창조하여 메시지의 전달력과 기억력을 극대화하는 데 핵심적인 지원을 제공한다.

(3) 예상 깨기 콘텐츠 생성 전략

- 프롬프트 템플릿: "나는 [타겟 고객]의 시선을 사로잡고 클릭을 유도하는 [콘텐츠 형식(블로그 제목, 광고 카피 등)]을 만들고 싶다. 일반적인 정보 제공 방식에서 벗어나, [타겟 고객]의 예상과 반대되는 주장, 금지어 활용, 혹은 미스터리한 요소를 포함하여 호기심을 극대화하는 콘텐츠를 생성해 달라. 핵심은 '[일반적인 제목/카피]' 대신 '[예상을 깨는 제목/카피 예시]'와 같이 표현하는 것이다."

- ChatGPT 적용 예시: "나는 20대 초보 투자자들의 시선을 사로

잡고 클릭을 유도하는 블로그 제목을 만들고 싶다. 일반적인 투자 정보 제공 방식에서 벗어나, 20대 초보 투자자들의 예상과 반대되는 주장, 금지어 활용, 혹은 미스터리한 요소를 포함하여 호기심을 극대화하는 콘텐츠를 생성해 달라. 핵심은 '20대, 현명한 투자 방법' 대신 '20대, 투자를 시작하면 절대 안 되는 3가지 이유'와 같이 표현하는 것이다."

- AI가 도와주는 핵심 요소: AI는 트렌드 분석과 언어적 창의성을 바탕으로 클리셰를 탈피한 신선한 표현 방식을 제안하고, 금기어나 역설적인 주장을 효과적으로 활용하여 독자의 인지적 허점을 공략하고, 예측 불가능한 콘텐츠로 높은 주목도를 확보하는 데 핵심적인 역할을 수행한다.

(4) 캐릭터성 부여 전략:

- 프롬프트 템플릿: "나는 [타겟 고객]과 더욱 친밀하게 소통하고 브랜드에 대한 호감도를 높이기 위해 [AI 페르소나 이름]이라는 [예상치 못한 성격/말투]를 가진 AI 페르소나를 구축하고 싶다. 이 페르소나는 [제품/서비스]에 대한 질문에 [페르소나의 특징적인 말투와 어조]로 답변하며, 때로는 [예상치 못한 행동/반응]을 보여주어 [타겟 고객]에게 신선한 재미와 몰입감을 선사해야 한다. 답변 예시를 [페르소나의 말투 예시] 와 같이 제시해 달라."

- ChatGPT 적용 예시: "나는 MZ세대와 더욱 친밀하게 소통하고 우리 커피 브랜드에 대한 호감도를 높이기 위해 '커피에 진심인 츤데레 바리스타 봇' 이라는 '무뚝뚝하지만, 속정이 깊고, 가끔 썰렁한 농담을 던지는' AI 페르소나를 구축하고 싶다. 이 페르소나는 커피와 관련된 질문에 "흥, 그 정도도 몰라서. …(정확하고 간결한 답변)" 와 같이 답변하며, 때로는 "오늘 당신… 커피 없이는 살아남을 수 없어 보인다." 와 같은 예상치 못한 멘트를 던져 MZ세대에게 신선한 재미와 몰입감을 선사해야 한다."

- AI가 도와주는 핵심 요소: AI는 방대한 텍스트 데이터 학습을 통해 다양한 성격과 말투를 모방하고 창조하며, 일관성 있는 캐릭터를 유지하면서도 예측 불가능한 언어적 유희를 구사하여 사용자와의 감정적인 연결고리를 형성하고 브랜드에 대한 충성도를 강화하는 데 필수적인 지원을 제공한다.

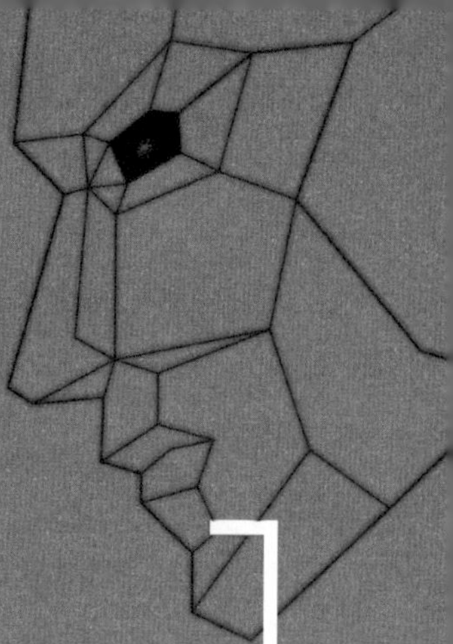

Chapter 9

소비자의 뇌리에 박히는 기억의 마법, 브랜딩 전략

9-1
감각, 감정, 스토리: 기억에 남는 브랜드 경험을 디자인하라

기억에 남는 브랜드의 비밀

소비자는 언제 어떤 브랜드를 기억할까? 이 질문은 단순한 마케팅의 영역이 아니라, 뇌과학과 행동경제학이 만나는 지점에서 해답을 찾을 수 있다.

우리는 수많은 브랜드 속에서 살아간다. 그런데 유독 어떤 브랜드는 시간이 지나도 잊히지 않는다. 그것은 '좋았기 때문'이 아니다. 뇌가 '기억할 수밖에 없게' 설계된 자극이 있었기 때문이다. 기억에 남는 브랜드는 세 가지 공통된 요소를 갖고 있다: 감각, 감정, 그리고 스토리다.

'감각: 뇌의 원초적 입력 장치'

우리 뇌는 오감을 통해 세상을 받아들인다. 시각, 청각, 촉각, 후각, 미각. 이 다섯 가지 감각은 뇌에 저장될 때, 단기 기억을 넘어 장기 기억으로 넘어가는 관문 역할을 한다. 실제로 한 연구에 따르면, 향기 마케팅을 활용한 매장은 그렇지 않은 매장보다 고객 재방문율이 두 배 가까이 높았다. 스타벅스의 커피 향, 애플의 미니멀한 디자인, 나이키 매장에 흐르는 에너지 넘치는 음악은 감각을 통해 소비자의 뇌에 브랜드를 각인시키는 장치다.

길모퉁이에서 나는 고소한 커피 향에 걸음을 멈춘 적이 있을 것이다. 매장에서 흘러나오는 음악, 조명 아래 반짝이는 로고, 그리고 손에 들려 있는 따뜻한 음료 한 잔은 단순한 소비를 넘어 일상의 작은 행복이 된다. 스치듯 스며든 향기, 음악, 느낌 등이 어떤 커피라는 브랜드 이름보다 강하게 각인된다. 커피가 생각나는 어느 날, 그날의 느낌이 떠올라 다시 그 집을 찾게 만든다. 브랜드는 이렇게 우리의 삶 속에 스며들어 기억으로 남는다.

'감정: 기억을 각인시키는 도장'

감정은 기억의 품질을 결정한다. 특히 강한 긍정적 혹은 부정적 감정은 해당 순간을 '에피소드'로 저장되게 만든다. 예를 들어, 디즈니랜드에서의 즐거움은 단순한 놀이공원 체험이 아닌 '가족과 함께한 행복한 하루'로 기억된다. 이것이 바로 감정 기반 브랜딩의 힘이다. 소비자가 브랜드와 접촉할 때 긍정적인 감정을 느낀다면, 그 브랜드는 단순한 제품이 아닌 감정의 상징으로 자리 잡는다.

나 역시 장모님께 특별한 감정을 전달하고자 하나의 '브랜드 경험'을 설계한 적이 있다. 나는 장모님께 어필하기 위해 '그녀의 맛집'

이라는 전략을 사용한다. 장모님의 마법의 키워드는 바로 '닭발의 지존'. 퇴근길에 사무실 근처의 '닭발의 지존'에 들러 매운 닭발과 시원한 조개탕을 포장해서 저녁 식사 전에 전달 드린다. 이 음식을 드실 때마다 스트레스가 쫙 풀린다고 하신다. 감사할 때, 죄송할 때 언제든 좋은 아이템이다. 이렇게 사람의 기억은 본능적이며 선택적이다. 그리고 그것은 감정을 타고 전해진다.

'스토리: 정보를 기억으로 바꾸는 구조'

인간의 뇌는 단편적인 정보보다는 '이야기 구조'를 기억하는 데 훨씬 능하다. 브랜드가 자신만의 스토리를 갖고 있을 때, 소비자는 그 이야기에 자신을 투영하고 감정적으로 연결된다. 예를 들어, 파타고니아는 '환경을 위한 기업'이라는 브랜드 스토리를 꾸준히 전달하며, 단순히 아웃도어 브랜드가 아닌 철학 있는 선택으로 인식된다. 이처럼 스토리는 브랜드에 생명을 불어넣는다.

기억은 합리적인 판단보다 더 강력한 행동의 기반이 된다. 소비자는 가격, 스펙, 기능을 비교하지만 결국 구매를 결정짓는 것은 '기억 속 인상'이다. 따라서 브랜딩은 뇌에 각인시키는 기술이어야 한다. 감각으로 들어가고, 감정으로 물들이고, 스토리로 구조화하라. 이 세 가지 요소가 전략적으로 설계될 때, 브랜드는 소비자의 뇌리에 '선택 가능한 기억'으로 남는다.

브랜드가 소비자의 기억 속에 오래도록 남는다는 것은 단순히 판매 그 이상의 의미를 지닌다. 강렬한 기억은 소비자와 브랜드 사이의 정서적 연결을 강화하며, 반복 구매와 충성도로 이어진다. 성공적인 브랜드는 감각과 감정, 스토리를 결합해 기억에 남는 경험을 설계하며, 이를 통해 단순한 상품을 넘어 소비자의 삶의 일부로 자리 잡는다.

인류의 기억에 강렬히 남는 브랜드들은 이 세 가지 원리를 통해 전 세계에서 확고한 입지를 다진다. 이들이 최고의 자리에 오를 수 있었던 전략, 지금 당신도 설계할 수 있다.

'감각 감정, 스토리' 기업의 전략

(1) 감각: 브랜드 경험을 자극하는 요소
- LG생활건강 - "숨37°"

LG생활건강의 숨37°는 자연주의 화장품 브랜드다. 이 브랜드의 제품들은 자연 유래 성분으로 만들어지며, 각 제품마다 독특한 향과 질감을 지닌다. "너리싱 크림" 같은 제품은 발효 성분을 사용해 깊고 풍부한 향기를 제공한다. 사용자가 이 크림을 피부에 바를 때, 부드러운 질감이 마치 자연의 일부가 되는 듯한 느낌을 준다. 소비자는 이 제품을 통해 자연의 향기를 느끼며, 그 순간이 기억에 남는다. 이런 감각적 요소는 브랜드에 대한 긍정적인 인식을 강화하고, 소비자가 다시 찾고 싶게 만드는 중요한 요소로 작용한다.

- 도요타 - "하이브리드"

　도요타의 하이브리드 차량은 환경친화적인 기술을 강조한다. 이 차량은 소음과 진동을 최소화한 설계로 소비자에게 부드럽고 조용한 주행감을 제공한다. 특히 '프리우스'는 전기 모드에서 주행할 때 거의 소음이 없어, 운전자가 느끼는 스트레스를 줄여준다. 소비자는 이 차량을 통해 혁신적인 기술을 경험하며, 동시에 환경 보호에 기여하고 있다는 자부심을 느낀다. 이런 감각적 경험은 도요타 브랜드에 대한 신뢰와 애착을 강화하는 데 기여한다.

- 에르메스 - "버킨백"

　프랑스의 에르메스 버킨백은 단순한 가방이 아니다. 최고급 가죽으로 만들어지고, 장인의 손길로 완성된 독창적인 디자인을 자랑한다. 소비자가 버킨백을 손에 쥐었을 때 느끼는 무게감과 부드러운 질감은 고급스러움과 특별함을 동시에 전달한다. 이 가방은 단순한 액세서리가 아니라, 소유자의 사회적 지위를 나타내는 상징이 되기도 한다. 소비자는 버킨백을 소유함으로써 자신을 표현할 수 있는 특별한 경험을 하게 되고, 이는 에르메스에 대한 강한 충성도로 이어진다.

(2) 감정: 브랜드와의 연결을 강화하는 요소

- 삼성전자 - "갤럭시"

　삼성전자의 갤럭시 스마트폰 광고는 소비자에게 감정적 연결을 강화하는 데 중점을 둔다. 광고는 가족과 친구와의 소중한 순간을 담아내며, 갤럭시가 그 순간을 기록하고 공유하는 도구가 된다는 메시지를 전달한다. 가족이 함께 여행을 떠나고 그 순간을 갤럭시로 촬영하는 장면은 소비자에게 따뜻한 감정을 불러일으킨다. 이런 감정적 연결은 소비자가 갤럭시를 선택하는 데 중요한 요소로 작용하며, 브랜드에 대한 긍정적인 이미지를 형성하게 된다.

- 유니클로 - "Life Wear"

유니클로의 "Life Wear" 캠페인은 소비자의 일상 속에서 편안함과 실용성을 제공하는 의류를 강조한다. 광고는 다양한 사람들의 일상적인 순간을 담아내며, 유니클로의 제품이 그들의 생활에 어떻게 녹아드는지를 보여준다. 한 아버지가 자녀와 함께 공원에서 뛰어노는 장면은 가족의 소중함을 강조하며, 유니클로의 편안한 의류가 그 순간을 더욱 특별하게 만들어 준다는 메시지를 전달한다. 이런 감정적 요소는 소비자가 유니클로를 선택하게 만드는 강력한 동기가 된다.

- 다이슨 - "기술의 감정"

다이슨은 혁신적인 기술을 통해 소비자에게 감동과 신뢰를 주는 브랜드다. 다이슨의 진공청소기 광고는 집안의 청결을 유지하는 과정에서 느끼는 안도감과 만족감을 강조한다. 광고 속 주인공이 청소하며 느끼는 성취감은 소비자에게 다이슨 제품을 선택하도록 유도한다. 다이슨은 기술을 통해 소비자가 느끼는 감정을 중요시하며, 브랜드에 대한 신뢰를 구축한다.

(3) 스토리: 소비자의 마음에 남는 이야기

- 나이키 - "Just Do It: 한계를 넘어서는 이야기"

나이키는 1988년부터 "Just Do It" 캠페인을 통해 단순한 운동화 브랜드를 넘어 도전과 성취의 상징으로 자리매김했다. 이 브랜드 스토리는 운동선수뿐만 아니라 일반인들의 개인적 한계 극복 경험과 연결된다. 마이클 조던, 세레나 윌리엄스 등 실제 운동선수들의 실패와 재기 스토리를 통해 "불가능해 보이는 일도 해낼 수 있다"는 메시지를 전달한다. 이러한 내러티브는 소비자들이 자신의 도전 상황에서 나이키를 떠올리게 만드는 강력한 브랜드 아이덴티티를 구축하게 되었다.

- 파타고니아 - "지구를 위한 비즈니스"

파타고니아는 1973년 창립 이후 일관되게 환경 보호를 핵심 가치로 내세워 왔다. 창립자 이본 쉬나드는 "우리의 고향인 지구를 구하기 위해 사업을 한다"는 명확한 미션을 제시했다. 실제로 매년 매출의 1%를 환경단체에 기부하고, "이 재킷을 사지 마세요"라는 역설적 광고까지 진행했다. 이는 단순한 마케팅을 넘어 기업의 존재 이유 자체가 스토리가 된 사례로, 환경 의식이 있는 소비자들에게 깊은 신뢰를 얻고 있다.

- 애플 - "Think Different: 혁신가들의 이야기"

애플은 1997년 "Think Different" 캠페인을 통해 기술 회사가 아닌 창의성과 혁신의 대변자로 포지셔닝했다. 아인슈타인, 간디, 피카소 등 역사상 세상을 바꾼 인물들과 애플 사용자를 동일시하는 내러티브를 구축해 냈다. 또한 스티브 잡스의 개인적 스토리(차고에서 시작한 창업, 회사에서 쫓겨난 후 재기)와 제품 혁신 스토리가 결합되어, 애플 제품을 사용하는 것이 곧 창의적이고 혁신적인 사고방식을 표현하는 것으로 인식되게 만들었다.

브랜드 스토리텔링은 제품의 기능적 가치를 넘어 소비자의 정체성과 가치관에 연결되는 깊은 내러티브를 제공한다. 성공적인 브랜드들은 명확한 미션과 일관된 행동을 통해 소비자들이 자신의 이야기와 연결할 수 있는 의미 있는 서사를 구축하며, 이는 단순한 구매 결정을 넘어 브랜드와의 장기적 관계 형성의 기반이 된다.

브랜드는 감각, 감정, 스토리를 통해 소비자와 깊은 연결을 형성하고 기억에 남는 경험을 제공한다. LG생활건강, 도요타, 에르메스와 같은 브랜드들은 각각의 요소를 활용하여 소비자에게 특별한 경험을 선사한다. 이런 경험은 브랜드 충성도와 긍정적인 이미지를 강화하는 데 중요한 역할을 하며, 기억의 마법은 소비자에게 깊이 각인된 브랜드가 되어 다시 찾고 싶게 만드는 원동력이 된다.

감정·감각·스토리 기반 ChatGPT 프롬프트 공식

공식 형태

> [대상 고객]에게 [특정 감정]을 불러일으키는,
> [감각적 언어]를 활용한 [스토리 구조]의 콘텐츠를 만들어줘.
> 형태는 [형식]이고, 브랜드 메시지는 [핵심 메시지]야.

이 공식대로 입력하면, 감정 + 감각 + 스토리가 자동으로 녹아든 콘텐츠가 쭉쭉 나올 것이다.

항목	의미
대상 고객	예: 30대 워킹맘, 취준생, 감성적인 Z세대 등
특정 감정	예: 위로, 설렘, 공감, 자신감, 향수 등
감각적 언어	예: 부드러운, 따뜻한, 쿨한, 아련한, 톡 쏘는 등
스토리 구조	예: 시작-전개-클라이맥스-감정 변화-메시지
형식	예: 광고 문구, 인스타 캡션, 짧은 글, 영상 대본 등
핵심 메시지	브랜드가 전달하고 싶은 중심 문장, 가치 등

9-2
뇌 과학 기반 브랜드 메시지 전략: 반복, 연상, 각인

반복, 연상, 각인을 활용한 브랜드 각인 전략

현대 사회는 무수한 브랜드와 메시지의 홍수 속에 잠겨 있다. 기업은 어떠한 방식으로 소비자의 뇌리에 자사의 브랜드를 각인시키고, 구매 행위로 귀결시키는가? 행동경제학적 관점에서 뇌과학적 원리를 활용하여 효과적인 브랜드 메시지를 구축하는 전략을 탐구해보자. 특히, 반복(Repetition), 연상(Association), 그리고 각인(Imprint)이라는 세 가지 핵심 원리를 중심으로 소비자의 기억과 감정을 자극하는 방안을 심층적으로 분석해야 한다. 단순히 제품의 장점을 나열하는 것을 넘어, 소비자의 무의식 영역까지 파고드는 과학적인 브랜드 메시지 전략을 통하여 기업은 경쟁 우위를 확보하고 지속적인 성장을 견인할 수 있을 것이다.

익숙함은 신뢰를 창출한다.

행동경제학에 따르면, 익숙함은 곧 호감으로 이어진다는 명제가 존재한다. 이는 단순 노출 효과(mere exposure effect)로서, 인간은 반복적으로 접하는 대상에 대하여 긍정적인 감정을 느끼고 신뢰를 형성하는 경향을 보인다. 뇌과학적으로 고찰할 때, 반복적인 자극은 뇌의 인지적 처리 과정을 용이하게 하며, 불확실성을 감소시켜 편안함과 안정감을 야기한다.

브랜드 메시지 전략에 있어 반복은 강력한 도구가 된다. 핵심 메시지를 동일한 문장, 어조, 톤으로 꾸준히 노출함으로써 소비자의 뇌에 각인시키는 것이다. 광고뿐만 아니라 SNS, 제품 패키지, 심지어 사운드 로고에 이르기까지 모든 채널에서 일관성을 유지하는 것이 중요하다. 마치 오랫동안 청취해 온 악곡의 후렴구와 같이, 반복되는 브랜드 메시지는 소비자의 뇌리에 자연스럽게 자리매김하게 된다.

유념해야 할 점은 과도한 반복은 오히려 지루함이나 거부감을 초래할 수 있다는 것이다. 따라서 창의적인 표현 방식을 활용하거나, 다채로운 매체를 통하여 반복의 효과를 극대화하는 전략이 요구된다. 나이키의 "Just do it."이나 서울우유의 "좋은 우유 서울우유"와 같은 간결하고 강력한 메시지는 오랜 기간 반복되면서 소비자들에게 깊은 신뢰감을 형성하였다. 반복은 단순한 노출을 넘어, "이것은 진실이다"라는 무의식적인 확신을 심어주는 강력한 수단이다.

연상된 기억은 영속한다.

　인간의 뇌는 새로운 정보를 기존의 기억과 연결하여 저장하는 속성을 지닌다. 행동경제학에서는 이러한 연상 작용이 소비자의 브랜드 인지도와 선호도에 상당한 영향을 미친다는 점을 강조한다. 특정 이미지, 감정, 상황과 브랜드를 결부시키면 소비자는 해당 브랜드를 더욱 용이하게 기억하고 회상할 수 있게 된다.

　브랜드 메시지 전략에 있어 연상은 감각, 감정, 상황과 연관된 슬로건을 사용하는 방식으로 구현될 수 있다. 예컨대, "치킨에는 콜라"라는 단순한 연결은 특정 상황과 제품을 자연스럽게 연상시키며, "향기로 각인되는 순간"이라는 문구는 후각이라는 감각과 기억, 그리고 브랜드를 연결하여 소비자의 뇌리에 깊숙이 각인된다.

　문화적 코드, 유년기의 경험, 유명인과의 연관성을 활용하는 것 또한 효과적인 전략이다. 친숙하고 긍정적인 대상과의 연결은 브랜드에 대한 호감도를 증진시키고, 기억 속으로 더욱 깊숙이 침투하게 만든다. 광고에서 유사한 상황이나 느낌을 반복적으로 노출시키는 것 역시 연상 효과를 강화하는 방법이다. 소비자는 특정 상황이나 감정을 경험할 때 무의식적으로 해당 브랜드를 떠올리게 되고, 이는 곧 구매 행위로 이어질 가능성을 증대시킨다.

감정이 수반되어야 각인된다.

　뇌 과학 연구에 따르면, 강렬한 감정적 자극은 기억 형성에 중추적인 역할을 담당하는 해마와 감정 처리를 관장하는 편도체를 활성화시킨다. 이때 저장된 정보는 단순한 정보의 단편이 아닌, 생생한 경험으로 기록되는 '에피소드 기억'이 되어 오랫동안 망각되지 않는다. 행동경제학에서도 감정은 소비자의 의사 결정 과정에 강력한 영향을 미치는 핵심 요인으로 강조된다.

브랜드 메시지 전략에 있어 각인은 놀라움, 감동, 공감, 웃음 등 다채로운 감정 반응을 유도하는 콘텐츠를 통하여 이루어질 수 있다. 슬로건이나 브랜드 명칭에 감정적인 어휘를 삽입하거나, 소비자의 공감을 자아내는 스토리텔링을 활용하는 것 또한 효과적인 방안이다. 비비고의 "정성 담은 한 끼"라는 메시지는 따뜻하고 그리운 감정을 자극하며, 디즈니의 "Where Dreams Come True"는 행복하고 설레는 감정을 연상시킨다.

소비자 후기나 브랜드 창업 이야기와 같이 진정성이 담긴 이야기는 소비자의 감정을 움직이고 브랜드에 대한 깊은 유대감을 형성하는 데 기여한다. 단순히 제품의 기능적 장점을 나열하는 것을 넘어, 감성적인 연결고리를 형성하는 것이 강력한 브랜드 각인 효과를 창출하는 핵심이다.

결국, 소비자의 뇌리에 오랫동안 잔존하는 브랜드 메시지는 반복, 연상, 그리고 감정 각인이라는 세 가지 요소가 유기적으로 결합할 때 비로소 완성된다. 이 세 가지 요소는 곱셈의 관계와 유사하게 작용하여, 어느 하나의 효과가 미미할 경우 전체적인 메시지 각인 효과는 현저히 감소한다.

성공적인 브랜드는 이러한 뇌과학적 원리를 이해하고, 행동경제학적 통찰력을 바탕으로 소비자의 심금을 울리는 메시지를 창조한다. 단순한 제품 광고를 넘어, 소비자의 삶에 의미 있는 연결고리를 형성하고 감성적인 경험을 선사하는 브랜드만이 치열한 경쟁 환경 속에서 생존하고, 소비자의 지속적인 선택을 받을 수 있을 것이다. 본서에서 제시된 전략들을 통하여 기업들은 더욱 효과적으로 소비자의 뇌를 사로잡고, 견고한 브랜드 자산을 구축할 수 있을 것이다.

ChatGPT 프롬프트 적용

'반복, 연상, 각인' 전략을 활용하여 20대 여성에게 감성적으로 소구할 브랜드 메시지를 창조해라. 주제는 '오직 당신만을 위한 스킨케어'다. 문장은 간결하고, 반복적이며, 감정을 자극하도록 구성해라.

ChatGPT의 프롬프트에 따라 생성될 수 있는 20대 여성을 위한 감성적인 브랜드 메시지 예시는 다음과 같다.

반복: "매일 빛나는 당신에게, 오롯이 당신만을 위한 스킨케어." (각 문장 시작 반복)

연상: "고단한 하루의 끝, 당신의 피부에 선사하는 감미로운 휴식. 매일 밤, 당신을 위로한다." (휴식, 위로라는 감정과 연결)

각인: "피부도 마음도, 맑게 빛나는 당신. 당신의 아름다움을 일깨워라." (긍정적 감정, 시각적 이미지 활용)

이러한 개별 전략을 융합하여 다음과 같은 통합적인 메시지를 구성할 수 있다.

"매일, 빛나는 당신에게. 오직 당신만을 위한 스킨케어. 고단한 하루의 끝, 당신의 피부에 선사하는 감미로운 휴식. 매일 밤, 당신을 위로한다. 피부도 마음도, 맑게 빛나는 당신. 당신의 아름다움을 일깨워라."

이 메시지는 간결한 문장과 반복적인 구조를 통하여 20대 여성들에게 친밀하게 다가가며, '오직 당신만을 위한', '감미로운 휴식', '위로', '맑게 빛나는'과 같은 감성적인 어휘를 사용하여 깊은 공감을 유도한다.

행동경제 전문가의 관점에서 볼 때, 이러한 메시지는 단순히 제품의 효능을 설명하는 것에 그치지 않고, 20대 여성들의 감성적인 니즈를 정확히 파악하고 그들의 일상과 밀접하게 연결되도록 설계되었다. 반복을 통하여 메시지의 친숙도를 증진시키고, 긍정적인 감정과 이미지를 연상시켜 브랜드에 대한 호감을 형성하며, '오직 당신만을 위한'이라는 문구를 통하여 개인화된 경험과 특별한 가치를 부여함으로써 강력한 감정적 각인을 유도한다. 이는 곧 브랜드에 대한 충성도를 제고하고, 긍정적인 구매 행위로 이어질 가능성을 증대시키는 효과적인 전략이라고 평가할 수 있다.

Chapter 10

시간, 장소, 분위기: 맥락이 소비 심리에 미치는 영향

10-1
사람은 상품이 아닌, 그 순간의 감정을 구매하는 것이다

뇌가 낚이는 순간: 시간, 장소, 분위기가 만든 예상 밖 소비

　우리는 대개 소비를 합리적인 선택의 결과라고 생각한다. 제품의 기능, 가격, 효용 등을 면밀히 따져 가장 이득이 되는 것을 선택한다고 믿는다. 하지만 때로는 예상치 못한 순간, 뜬금없는 장소에서 강렬한 소비 충동을 느끼게 된다. 이는 우리가 단순히 물건을 사는 것이 아니라, 그 물건을 둘러싼 맥락, 즉 시간, 장소, 분위기가 자아내는 특별한 감정을 구매하는 것이다.

　비가 촉촉하게 내리던 어느 저녁, 평범했던 그 날의 기억은 한 장의 영화 스틸컷처럼 우리의 뇌리에 각인된다. 우산을 받쳐 든 채 걷던 발걸음은 은은한 불빛이 새어 나오는 오래된 노포 앞에서 멈춰 선다. 코끝을 간지럽히는 해물파전의 향, 시원한 막걸릿잔을 기울이며 웃음꽃을 피우는 사람들의 모습은 마치 잘 연출된 한 편의 영화와 같다. 특별한 약속도, 서둘러야 할 이유도 없었지만, 우리는 그 낯선 공간이 주는 묘한 이끌림에 저항할 수 없었다. 그 문을 열고 들어가, 그 분위기 속으로 녹아들고 싶은 강렬한 욕망이 인다.

이처럼 소비는 냉철한 이성적 판단보다, 우리를 둘러싼 맥락이 불러일으키는 감정의 파도에 훨씬 더 큰 영향을 받는다. 우리는 단순히 배고픔을 달래기 위해 음식을 주문하는 것이 아니라, 그 순간의 허기진 감정, 그 장소의 낯선 설렘, 그 분위기의 따뜻함에 이끌려 소비를 결정하는 것이다.

행동경제학에서는 이러한 현상을 '맥락 효과(Context Effect)'라고 한다. 이는 상품 그 자체의 가치나 효용을 넘어, 상품을 둘러싼 '심리적 배경'이 우리의 소비 결정에 결정적인 역할을 한다는 것을 의미한다. 마치 연극의 무대 장치처럼, 시간, 장소, 분위기는 우리의 감정을 자극하고 특정한 소비 행위를 유도하는 보이지 않는 손인 것이다.

시간(Time) 기분과 판단의 리듬을 타다

우리의 심리 상태는 하루의 시간대에 따라 끊임없이 변화한다. 아침에는 새로운 시작에 대한 기대감과 함께 계획적이고 이성적인 판단을 내리는 경향이 있다. 하지만 하루의 피로가 누적되는 저녁 무렵이 되면, 우리는 논리적인 사고보다는 감성적인 영역에 더 쉽게 기대게 된다.

특히 비 오는 날의 저녁, 하루의 고단함과 함께 찾아오는 공허함은 우리를 더욱 취약하게 만든다. 이때 우리는 쉽게 '작은 위로'

를 찾아 소비라는 행위에 기대게 된다. 퇴근길에 맛있는 야식을 주문하거나, 평소에는 망설였을 사소한 물건을 충동적으로 구매하는 것은 이러한 심리적 기저에서 비롯되는 것이다. "오늘만큼은 괜찮아"라는 자기 합리화는 대부분 이처럼 피곤하고 감정이 느슨해진 시간 속에서 우리를 찾아온다. 시간이라는 맥락은 우리의 판단 기준을 느슨하게 만들고, 감성적인 소비를 부추기는 중요한 요인이 되는 것이다.

장소(Place) 공간이 우리의 심리를 조종하다

장소는 단순한 물리적 위치 그 이상이다. 노포, 좁은 골목길, 낯선 여행지, 화려한 공항 라운지, 은밀한 호텔 바 등 이 모든 공간은 우리의 뇌 속에서 각기 다른 '특정한 감정 코드'로 작동한다.

오래된 노포가 주는 익숙함과 안정감, 낯선 여행지가 선사하는 해방감과 설렘, 어린 시절 추억을 떠올리게 하는 골목길의 향수, 고급스러운 호텔 바의 특별함과 만족감 등, 각 공간은 고유한 감정적 분위기를 형성한다. 이러한 감정들은 우리의 소비 행위를 정당화하는 정서적 배경이 되거나, 예상치 못한 소비를 자극하는 강력한 촉매제가 된다. 여행지에서 평소에는 사지 않을 기념품을 충동적으로 구매하거나, 분위기 좋은 바에서 비싼 칵테일을 기꺼이 주문하는 것은 모두 장소라는 맥락이 우리의 심리에 미치는 강력한 영향력을 보여주는 사례인 것이다.

분위기(Mood) 감정의 상태가 선택의 방향을 튼다

그날 우리가 노포에서 느꼈던 강렬한 이끌림은 단순히 해물파전이라는 음식 자체에 대한 욕구가 아니었다. "지금 이 기분에는, 저 곳이 딱이야"라는 감정의 타이밍이 절묘하게 맞아떨어졌기 때문이다.

따뜻하게 빛나는 조명, 사람들의 정겹고 활기찬 웃음소리, 빗방울이 창문을 두드리는 소리와 어우러지는 막걸리 한 잔의 운치. 이 모든 요소가 조화롭게 어우러진 '분위기의 총합'이 우리의 발길을 붙잡고, 결국 소비라는 행위로 이끌었던 것이다.

이처럼 감정은 소비의 문을 여는 열쇠와 같다. 특히 브랜드가 의도적으로 조성하는 음악, 은은한 조명, 감각적인 색감, 기분 좋은 향기 등은 소비자의 무의식에 깊숙이 작용하여, 현재의 감정 상태에 딱 맞는 소비를 자연스럽게 유도한다. 편안한 음악이 흐르는 카페에서 우리는 더 오래 머물고 싶어지고, 은은한 조명 아래 놓인 제품은 더욱 매력적으로 느껴진다.

10-2
감정에 이끌려, 소비를 합리화하다

감정적 끌림과 소비의 맥락

행동경제학은 소비자가 항상 냉철한 이성적 판단에 따라 구매하는 것이 아니라, 감정적으로 강하게 '끌릴 때' 비로소 자신의 소비 행위를 합리화하는 경향이 있다는 것을 밝혀낸다. 즉, 우리는 먼저 감정적인 반응을 보이고, 그 후에 논리적인 이유를 덧붙여 자신의 선택을 정당화하는 것이다.

맥락은 바로 이러한 소비자의 감정 상태를 정교하게 조율하는 역할을 한다. 특정한 시간, 매력적인 장소, 기분 좋은 분위기는 우리의 감정을 특정한 방향으로 이끌고, 이는 곧 특정한 소비 행위로 이어지게 된다. 흥미로운 점은, 맥락은 동일한 상품조차 전혀 다른 방식으로 인식하게 만들 수 있다는 것이다. 평범한 커피 한 잔도, 멋진 야경이 보이는 루프탑 바에서 마실 때와 사무실 책상에서 마실 때의 감성적 가치는 완전히 달라진다.

결국, 맥락이 섬세하게 설계된 공간에서는 소비가 단순한 '욕구 충족'이 아닌, 마치 '필요'처럼 느껴지게 된다. 우리는 그 순간의 감정을 경험하고 싶어 소비를 선택하며, 그 경험은 우리의 기억 속에 오랫동안 특별한 순간으로 각인된다.

이제 브랜드는 단순히 '좋은 제품'을 만드는 것을 넘어, 소비자가 제품을 경험하는 '총체적인 맥락'을 디자인해야 한다. 소비자가 언제(시간), 어디서(장소), 어떤 분위기(감정) 속에서 자사 브랜드를 마주하게 될지를 깊이 고민해야 한다.

소비자의 '그날, 그 감정'에 자연스럽게 스며드는 브랜드, 소비자의 특별한 순간을 더욱 특별하게 만들어 주는 브랜드야말로 진정으로 강력한 힘을 가질 수 있는 것이다. 제품 그 자체의 기능적 우수성을 넘어, 소비자의 감성을 섬세하게 어루만지고 긍정적인 경험을 선사하는 브랜드만이 소비자의 마음속에 오랫동안 각인될 것이다.

Chapter 11

마케팅 시각을 바꾸면 미래가 보인다

11-1
마케팅 시각을 바꾸면 미래가 보인다. 소비자 중심 마케팅 공감

소비자의 마음을 움직이는 마법, 공감

마케팅은 짝사랑과 같다. 상대방의 마음을 얻기 위해서는 먼저 상대방을 이해하고, 그들의 마음에 공감해야 한다. 단순히 "좋아해요!"라고 외치는 것만으로는 충분하지 않다. 짝사랑하는 상대가 무엇을 좋아하는지, 어떤 것에 관심 있는지, 무엇을 꿈꾸는지 알아야 한다. 마찬가지로 소비자 중심 마케팅의 첫걸음은 바로 '공감'이다. 소비자의 숨겨진 니즈와 욕구를 파악하고, 그들의 감정에 진심으로 공감하는 마케팅 메시지를 전달해야 한다. 오랜 친구처럼, 소비자들의 이야기에 귀 기울이고, 그들의 고민과 기쁨을 함께 나누는 것이다. '배달의 민족'은 "치킨은 살 안 쪄요. 살은 내가 쪄요." 와 같은 재치 있는 광고 카피로 소비자들에게 웃음을 선사하며 공감을 얻었다. 이는 단순히 음식을 배달하는 것을 넘어, "소비자들이 일상에서 느끼는 소소한 감정들을 이해하고 함께 웃고 싶다"는 배달의 민족의 진심에서 비롯된 것이다. 유쾌한 친구가 던지는 농담처럼, 배달의 민족은 소비자들의 마음을 편안하게 하고, 브랜드에 대한 친근감을 높였다.

이러한 공감 능력은 생성형 AI를 통해 더욱 강화될 수 있다. 생성형 AI에게 "우리 제품에 대한 고객 리뷰를 분석하여, 고객들이 어떤 점을 만족스러워하고 어떤 점을 불편하게 생각하는지 요약해줘. 긍정적인 리뷰와 부정적인 리뷰를 분류하고, 각 리뷰에서 나타나는 주요 감정 키워드를 분석해줘."와 같은 프롬프트를 입력하면, 생성형 AI는 숙련된 심리 상담가처럼, 고객들의 리뷰를 분석하여 그들의 숨겨진 감정을 파악하고, 브랜드 개선을 위한 인사이트를 제공한다. 또한 "우리 브랜드의 타겟 고객층이 가진 가치관, 라이프스타일, 소비 패턴 등을 분석하여 그들이 진정으로 원하는 것이 무엇인지 예측해줘. 이를 위해 설문 조사 데이터, 소셜 미디어 데이터, 웹사이트 방문 기록 등 다양한 데이터를 활용해줘."와 같은 프롬프트로 잠재 고객의 니즈를 예측할 수 있다.

미래를 예측하는 예언가처럼, 생성형 AI는 방대한 데이터를 분석하여 잠재 고객의 숨겨진 니즈를 예측하고, 미래 시장 트렌드를 파악할 수 있도록 돕는다.

[공감 마케팅 프롬프트]

감정 키워드	"[제품/서비스]에 대한 고객 리뷰를 분석하여, 긍정적인 평가와 부정적인 평가를 분류하고, 각 평가에서 나타나는 주요 감정 키워드를 분석해줘."
주요 감정	"최근 3개월 동안 소셜 미디어에서 [자사 브랜드]에 대해 언급된 내용을 분석하여, 긍정적인 언급과 부정적인 언급을 분류하고, 각 언급에서 나타나는 주요 감정을 파악해줘."
니즈 분석	"[자사 브랜드]의 타겟 고객층이 가진 가치관, 라이프스타일, 소비 패턴 등을 분석하여 그들이 진정으로 원하는 것이 무엇인지 예측해줘."
공감 메시지	"최근 '가치 소비' 트렌드를 반영하여, [타겟 고객층] [제품/서비스]에서 중요하게 생각하는 가치를 분석하고, 그들이 기대하는 제품 특징과 마케팅 메시지를 제시해줘."

11-2
마케팅 시각을 바꾸면 미래가 보인다.
소비자 중심 마케팅 참여

브랜드 팬을 만드는 마법, 참여

소비자는 절대 수동적인 존재가 아니다. 기업이 제공하는 콘텐츠를 소비하는 것을 넘어, 직접 콘텐츠를 만들고 공유하며 브랜드와 소통하기를 원한다. 소비자 참여를 유도하는 것은 함께 춤을 추자고 손을 내미는 것과 같다. 소비자들이 브랜드 스토리에 함께 참여하고, 자신의 경험을 공유하며 브랜드와 함께 성장하는 즐거움을 느낄 수 있도록 해야 한다. 오케스트라의 지휘자가 각 연주자의 개성을 살려 아름다운 하모니를 만들어내듯, 기업은 소비자들의 참여를 이끌어내고, 함께 브랜드를 만들어가는 경험을 제공해야 한다. 'CJ 제일제당'은 "햇반 컵반 챌린지"를 통해 소비자들이 자신만의 컵반 레시피를 만들어 SNS에 공유하는 이벤트를 진행했다. 참여자들은 창의적인 레시피를 선보이며 적극적으로 이벤트에 참여했고, 이는 브랜드 인지도 향상과 제품 판매 증진으로 이어졌다. 소비자들은 요리 경연 대회처럼, 자신의 개성을 담은 레시피를 뽐내고, 다른 참여자들과 경쟁하며 즐거움을 느꼈다.

소비자 참여를 유도하기 위해 생성형 AI를 활용할 수 있다. AI에게 "우리 브랜드의 핵심 가치를 잘 드러낼 수 있는 고객 참여 이벤트 아이디어를 제시해줘. 예를 들어, 우리 브랜드가 추구하는 '건강한 삶'이라는 가치를 반영하여, 고객들이 자신의 건강 관리 경험을 공유하고, 서로에게 팁을 주고받을 수 있는 이벤트를 기획할 수 있을까?"와 같은 프롬프트를 입력하면, AI는 아이디어 뱅크처럼, 브랜드의 가치와 소비자 트렌드를 결합하여 참신하고 매력적인 이벤트 아이디어를 제시한다. 또한 "우리 브랜드 SNS 채널에서 고객 참여를 유도하고 활발한 소통을 위해 어떤 콘텐츠를 제작해야 할까? 텍스트, 이미지, 영상 등 다양한 형식의 콘텐츠 아이디어를 제시해줘."와 같은 프롬프트로 콘텐츠 제작 아이디어를 얻을 수 있다.

AI는 콘텐츠 제작 전문가처럼, 다양한 형식의 콘텐츠 아이디어를 제공하고, 각 콘텐츠의 장단점을 분석하여 최적의 콘텐츠 제작 전략을 수립할 수 있도록 돕는다.

[참여 마케팅 프롬프트]

가치 반영 고객 이벤트	"[자사 브랜드]가 추구하는 [자사 브랜드 가치]라는 가치를 반영하여, 고객들이 [기획하는 이벤트] 활동에 참여하고 경험을 공유할 수 있는 이벤트 아이디어를 제시해줘."

재미 경쟁 참여 이벤트	"[타겟고객]의 참여를 유도하기 위해, '재미'와 '경쟁' 요소를 가미한 고객 참여 이벤트 아이디어를 제시해줘."
이벤트 개최 상세 기획	"[자사 브랜드]의 '[기획하는 이벤트]'을 개최하고 싶어. [진행 방법], [참여 방법], [심사 기준], [경품 내용] 등을 구체적으로 기획해줘."
SNS 소통 콘텐츠 아이디어	"[자사 브랜드] SNS 채널에서 고객 참여를 유도하고 활발한 소통을 위해 어떤 콘텐츠를 제작해야 할까? 텍스트, 이미지, 영상 등 다양한 형식의 콘텐츠 아이디어를 제시해줘."
숏폼 영상 제작 시나리오	"'[이벤트]' 홍보를 위해 [영상의 주제] 숏폼 영상을 계획하고 있어. 영상 스토리, 배경음악, 스크립트 등을 구체적으로 기획해줘."

11-3
마케팅 시각을 바꾸면 미래가 보인다. 소비자 중심 마케팅 경험

잊지 못할 순간을 선물하는 마법, 경험

긍정적인 고객 경험은 아름다운 추억처럼 소비자의 마음속에 오래도록 남아 브랜드에 대한 애정을 키운다. 고객 경험 맵(Customer Journey Map)을 활용하여 소비자 여정 전반을 분석하고, 각 접점에서 긍정적인 경험을 제공해야 한다. 온라인 쇼핑몰의 편리한 UI/UX, 오프라인 매장의 친절한 서비스, 빠른 배송, 정확한 정보 제공 등 모든 것이 고객 경험을 구성하는 요소다. 여행 가이드가 여행객들에게 즐거운 여행 경험을 선사하기 위해 최선을 다하듯, 기업은 소비자들에게 긍정적인 경험을 제공하기 위해 노력해야 한다. '올리브영'은 단순히 화장품을 판매하는 것을 넘어, 매장 내에 '체험존'을 마련하여 고객들이 자유롭게 제품을 사용해 보고, 전문가에게 피부 상담을 받을 수 있도록 한다. 또한, 정기적으로 '뷰티 클래스'를 개최하여 메이크업 팁, 피부 관리법 등 유용한 정보를 제공하며 고객들에게 특별한 경험을 선사한다. 뷰티 놀이터처럼, 올리브영은 고객들이 다양한 화장품을 체험하고, 뷰티 전문가와 소통하며, 자신에게 맞는 제품을 찾아가는 즐거움을 누릴 수 있도록 돕는다.

생성형 AI는 이러한 고객 경험 디자인에도 도움을 줄 수 있다. AI에게 "우리 제품의 잠재 고객 데이터를 분석하여, 그들에게 긍정적인 경험을 선사할 수 있는 맞춤형 마케팅 전략을 제시해줘. 예를 들어, '여행'이라는 키워드에 관심이 많은 고객에게는 여행 관련 콘텐츠를 제공해줘, '요리'에 관심이 많은 고객에게는 레시피 콘텐츠를 제공하는 등 개인 맞춤형 콘텐츠를 통해 긍정적인 경험을 제공할 수 있을까?" 와 같은 프롬프트를 입력하면, AI는 개인 맞춤형 여행 가이드처럼, 각 고객의 특성에 맞는 정보와 경험을 제공하여 고객 만족도를 극대화한다.

[경험 마케팅 프롬프트]

맞춤형 상품 추천가이드	"자사 고객 데이터를 분석하여, 고객의 구매 내역, 선호 제품, 관심사 등을 기반으로 개인 맞춤형 상품 추천 및 쇼핑 가이드를 제공해줘."
고객 체형/스타일 분석 AI 패션 코디 제안	"온라인 쇼핑몰에서 고객의 체형, 스타일, 선호하는 색상 등을 분석하고, 'AI 스타일리스트' 서비스를 제공해줘. 고객이 자신의 사진을 업로드하거나 체형 정보를 입력하면, 고객에게 어울리는 옷을 추천하고, 코디 제안, 스타일링 팁 등을 제공해줘."

11-4
마케팅 시각을 바꾸면 미래가 보인다. 소비자 중심 마케팅 관계

고객과 끈끈한 연결고리를 만드는 마법, 관계

고객과의 관계는 정원을 가꾸는 것과 같다. 꾸준히 관심을 가지고 돌봐야 아름다운 꽃을 피울 수 있다. 고객과의 장기적인 관계를 구축하기 위해서는 단순히 제품을 판매하는 것에 만족하지 않고, 고객과 진정한 소통을 하고, 지속적인 관심을 기울여야 한다. 로열티 프로그램, 멤버십 혜택, 개인 맞춤형 서비스 등을 통해 고객과 끈끈한 연결고리를 만들어야 한다. 오랜 시간 동안 쌓아온 우정처럼, 고객과의 관계는 브랜드의 소중한 자산이 된다. 'CJ ONE'은 CJ 계열사의 다양한 브랜드에서 포인트를 적립하고 사용할 수 있는 통합 멤버십 서비스를 통해 고객들에게 포인트 적립, 할인 쿠폰, 생일 쿠폰, 문화 공연 초대 등 다양한 혜택을 제공하며, 고객과의 장기적인 관계를 구축하고 있다. 여러 개의 열쇠를 하나로 묶어주는 마스터키처럼, CJ ONE은 고객들에게 다양한 브랜드를 하나로 연결하

는 편리함을 제공하고, 고객과의 관계를
더욱 돈독하게 만들어준다.

[관계 프롬프트]

고객 후기 기반 유형별 소통전략	"자사 브랜드 제품에 대한 구매 후기를 분석하여, '만족 고객', '불만 고객', '잠재 고객' 등으로 고객을 분류하고, 각 유형에 맞는 소통전략을 제시해줘."
고객 맞춤형 이메일 마케팅 메시지 작성	"[고객 A]의 구매 내역, 선호 제품, 웹사이트 활동 등을 분석하여 이 고객에게 발송할 맞춤형 이메일 마케팅 메시지를 작성해줘."
고객 문의 분석 및 맞춤 답변 제공	"[고객 B]의 문의 내용을 분석하여, 고객의 상황에 맞는 친절하고 정확한 답변을 생성해줘."

소비자 중심 마케팅은 이제 선택이 아닌 필수다. 공감, 참여, 경험, 관계라는 네 가지 마법을 사용하여 소비자의 마음을 움직이고, 브랜드 성공을 이끌어 내자. 행동경제학과 생성형 AI 라는 강력한 도구를 활용하여 소비자를 이해하고, 그들의 마음을 사로잡는 마케팅 전략을 펼쳐보자.

Part 5

마음의 스위치를 켜는 기술, 고객의 숨겨진 욕망을 읽는 기술

Chapter 12

감정 트리거 해부학

12-1
고객 마음속 미지의 방을 여는 열쇠, 감정 트리거 해부학 첫걸음

미지의 방을 여는 열쇠, 즉 '감정 트리거'를 해부

우리가 고객에게 제품이나 서비스를 판매할 때, 단지 가격의 합리성, 품질의 우수성, 또는 기능의 혁신성만이 결정적인 요인이 되는 것은 아니다. 오히려 고객의 마음속 깊은 곳에 존재하는 '감정의 버튼'이 진정한 구매 결정의 스위치를 작동시키는 것이다. 고객이 특정 제품을 구매하거나 브랜드를 선택하는 진짜 이유는, 종종 이성적인 판단의 영역 너머, 눈에 보이지 않는 감정의 영역에 숨겨져 있는 법이다. 그것은 고객 자신조차 명확히 인지하지 못하는 미지의 방과 같은 것이다. 이 책은 바로 그 미지의 방을 여는 열쇠, 즉 '감정 트리거'를 해부하는 여정이 될 것이다.

감정 트리거, 왜 중요한가?

고객은 완벽한 논리로만 설득되지 않는다. 오히려 논리는 이미 마음속으로 내린 감정적인 선택을 합리화하고 정당화하는 도구로 사용될 때가 많은 것이다. 한번 생각해보라. 최신 스마트폰을 구매할 때, 단순히 향상된 카메라 성능이나 배터리 용량 같은 스펙(논리)만 고려했는가? 아니면 "이걸 가지면 트렌드를 따라가는 느낌이 들 거야", "남들이 부러워할 거야"와 같은 설렘이나 과시욕(감정)이 더 크게 작용하지는 않았는가? 혹은 고가의 명품 가방을 선택할 때, 뛰어난 가죽 품질(논리) 때문인가, 아니면 그것이 주는 특별함과 소속감(감정) 때문인가?

결정적인 순간, 사람들은 두려움("이 기회를 놓치면 후회할 거야"), 기쁨("이것이 나를 행복하게 만들어 줄 거야"), 소속감("나도 이 그룹의 일원이 되고 싶어"), 안전욕구("이것이 나를 위험으로부터 지켜줄 거야")와 같은 원초적인 감정적 트리거에 의해 강력하게 움직인다. 인간의 뇌는 본능적으로 감정적인 정보에 먼저 반응하도록 설계되어 있다. 감정을 담당하는 뇌 영역(변연계)이 이성적인 판단을 내리는 영역(전두엽 피질)보다 먼저 활성화되는 것이다.

따라서, 고객의 감정을 건드리지 못하는 메시지나 전략은 아무리 논리적으로 완벽해 보여도 진정한 설득력이 있기 어려운 것이다. 제품의 장점만 나열하는 것은 고객의 귀를 스쳐 지나갈 뿐, 마음 깊숙이 파고들지 못한다. 이것이 바로 수많은 기업이 혁신적인 제품을 내놓고도 시장에서 외면받거나, 막대한 비용을 들인 마케팅 캠페인이 실패하는 근본적인 이유 중 하나이다. 고객의 '감정 주파수'에 맞추지 못한 것이다.

결론적으로, 고객의 마음을 얻고 실제 구매 행동으로 이끌기 위해서는, 그들의 숨겨진 감정 트리거를 이해하고 활용하는 것이 필수적이다. 이것은 단순한 심리 트릭이나 조작을 의미하는 것이 아니다. 오히려 고객을 더욱 깊이 이해하고, 그들의 진짜 필요와 욕망에 공감하며, 그들의 언어로 소통하는 진정한 고객 중심적 접근법인 것이다. 이 장에서는 구매 결정의 가장 깊은 곳에 자리한 이 핵심적인 감정 트리거들이 무엇이며, 왜 이것이 현대 비즈니스, 특히 AI를 활용한 세일즈에서 가장 먼저 해부하고 이해해야 할 대상인지 명확히 밝힐 것이다.

12-2
구매를 부르는 대표적인 감정 트리거 해부

고객의 지갑을 열게 만드는 4가지 감정 트리거

이제 고객의 마음을 움직여 지갑을 열게 만드는, 가장 강력하고 보편적인 네 가지 감정 트리거의 내부 구조를 상세히 해부해 볼 차례이다. 이러한 감정들은 마치 우리 마음의 운영체계(OS)에 깊숙이 내장된 핵심 코드와 같아서, 우리의 선택과 행동에 지대한 영향을 미치는 것이다. 따라서 이 코드들을 이해하는 것은 고객의 '감정 지도'를 읽는 첫걸음이 될 것이다.

첫째, 두려움(Fear)은 마음을 조종하는 보이지 않는 채찍과 같다. 즉, 놓치거나 잃어버릴지도 모른다는 불안감, 다시 말해 손실 회피(Loss Aversion)의 감정은 인간의 가장 원초적인 방어기제 중 하나이다. 실로 이것은 마치 맹수를 피해 달아나던 선조들의 생존 본능처럼, 우리의 의사 결정에 강력한 영향력을 행사한다. 심리학적으로 볼 때, 인간은 같은 크기의 이득에서 얻는 기쁨보다 손실에서 느끼는 고통을 훨씬 더 크게(약 2배 이상) 느낀다고 한다. 그러므로 이 '두려움'이라는 트리거는 고객에게 "지금 행동하지 않으면 무언가 가치 있는 것을 영원히 잃을지도 모른다"는 강력한 메시지를 전달한다. 이는 마치 째깍거리는 시한폭탄과 같아서, 망설임을 없애고 즉각적인 행동을 촉발하는 가장 효과적인 유발자 중 하나인 것이다. 예컨대, 한정 판매("Limited Time Offer!"), 재고 부족 알림("Only 3 left!"), 조기 마감 임박 등의 마케팅 메시지는 바로 이 두려움의 감정을 정교하게 자극하는 대표적인 사례이다. 뿐만 아니라, 보험 상품이나 보안 서비스처럼 미래의 잠재적 위험(손실)으로부터 보호받고 싶은 욕구 역시 이 두려움의 또 다른 얼굴인 것이다. 결국, 이 트리거를 이해하는 것은 고객의 '회피 동기'라는 신경 회로를 해부하는 것과 같다.

둘째, 욕망(Desire)은 더 나은 내일을 향한 강력한 엔진이다. 다시 말해, 인간은 현재에 만족하지 않고 더 나은 상태, 더 나은 삶을 끊임없이 갈망하는 존재이다. 즉, 더 높은 지위, 더 깊은 행복, 더 나은 자아실현을 향한 이 강렬한 열망, 곧 '욕망'은 우리를 앞으로 나아가게 만드는 강력한 내적 동력이다. 마치 항해사를 북극성으로 이끄는 불빛처럼, 우리의 목표 설정과 행동 방향에 지대한 영향을 미치는 것이다. 따라서 이 '욕망' 트리거는 고객에게 "이것을 통해 당신은 더 멋지고, 더 성공하고, 더 행복해질 수 있다"는 매력적인 미래상을 제시한다. 다시 말해, 제품이나 서비스가 단순한 기능적 효용을 넘어, 고객이 꿈꾸는 이상적인 자아나 라이프스타일을 실현해 줄 수 있다는 약속은 강력한 구매 동기를 부여하는 것이다.

뇌 과학적으로 이는 보상 회로(Reward Circuit)를 자극하여 기대감과 쾌감을 유발하는 과정과 관련이 깊다고 한다. 예컨대, 명품 브랜드의 고급스러운 이미지, 자기계발 서적의 성공 약속, 최신 기술이 가져올 편리한 미래상, 피트니스 프로그램의 건강하고 매력적인 몸매 등은 모두 고객의 내재된 욕망을 자극하여 구매 욕구를 불러일으키는 전략이다. 그러므로 이 트리거의 해부는 고객 마음속 '성장과 쾌락 추구'의 메커니즘을 이해하는 과정이다.

셋째, 소속감(Belonging)은 '우리'라는 울타리를 향한 본능적 끌림이다. 왜냐하면, 인간은 사회적 동물이기 때문이다. 태초부터 무리를 지어 생활하며 생존 가능성을 높여왔기 때문에, 어딘가에 속하고 연결되고자 하는 욕구는 우리의 유전자 깊숙이 각인되어 있다. 이것은 마치 추운 겨울밤, 따뜻한 모닥불 주변으로 사람들이 모여드는 것과 같은 자연스러운 본능인 것이다. 즉, 우리는 '우리'라는 울타리 안에서 안정감을 느끼고, 정체성을 확인하며, 사회적 지지를 얻는다. 따라서 이 '소속감' 트리거는 고객에게 "이것을 선택함으로써 당신도 이 매력적인 그룹의 일원이 될 수 있다"는 강력한 메시지를 전달한다. 다시 말해, 특정 브랜드나 커뮤니티에 소속됨으로써 얻는 동질감, 유대감, 그리고 사회적 인정은 강력한 구매 유인책이 되는 것이다. 다른 사람들이 많이 선택하는 것을 따라 하려는 사회적 증거(Social Proof) 심리 역시 이 소속감 욕구와 깊은 관련이 있다. 예를 들어, 특정 브랜드의 팬덤 문화 형성, 온라인 커뮤니티 운영, '우리 회원들만 누리는 특별한 혜택' 강조, 특정 집단이 선호하는 패션 스타일 유행 등은 모두 소속감 트리거를 활용한 예시이다. 결국, 이 트리거를 이해하는 것은 인간의 '사회적 연결망'에 대한 본능적 갈망을 해부하는 것과 같다.

마지막으로, 자부심(Pride)은 나를 특별하게 만드는 가치의 증명이다. 다시 말해, 인간은 자신의 가치를 인정받고, 남들보다 뛰어나거나 특별하다고 느끼고 싶어 하는 욕구가 있다. 이것은 바로 '자부심'이라는 감정 트리거이다. 단순히 생존을 넘어, 자신의 존재 의미를 확인하고 자존감을 높이려는 내적 동기인 것이다. 이는 마치 올림픽 시상대 가장 높은 곳에 서고 싶은 선수의 마음과도 같으며, 자신의 노력과 성취, 혹은 현명한 선택을 통해 스스로를 증명하고 싶어 하는 마음인 것이다. 그러므로 이 '자부심' 트리거는 고객에게 "이것을 소유하거나 경험함으로써 당신의 안목, 지위, 혹은 가치관이 더욱 돋보일 것이다"라는 메시지를 전달한다. 즉, 남들이 쉽게 가질 수 없는 희소성 있는 제품, 뛰어난 성능을 자랑하는 고품질의 상품, 혹은 윤리적 가치를 실현하는 소비 등은 모두 고객의 자부심을 충족시켜 주는 강력한 요인이 될 수 있다. 이는 자신의 선택이 현명하고 우월하다는 느낌을 제공하며, 때로는 타인에게 과시하고자 하는 심리와도 연결되는 것이다. 예를 들어, 프리미엄 자동차나 시계 브랜드의 장인 정신 강조, 친환경 제품의 윤리적 가치 소구, 전문가용 장비의 뛰어난 성능 강조, 희소성 있는 한정판 제품 출시 등은 모두 자부심 트리거를 공략하는 전략이다. 결국, 이 트리거를 해부하는 것은 인간의 '자기 고양(Self-Enhancement)' 및 '사회적 인정'

욕구를 깊이 이해하는 과정이다.

고객의 마음, AI로 읽어내기: 감정 해부학의 첨단 도구들

고객의 진짜 속마음, 특히 구매를 결정짓는 그 미묘한 감정의 파동을 알아내는 것은 마치 잠긴 문 뒤의 비밀을 푸는 것과 같다. 고객 자신도 인식하지 못하는 깊은 곳의 두려움이나 욕망을 어떻게 알 수 있을까? 바로 여기에 인공지능(AI)이라는 혁신적인 열쇠가 등장하는 것이다. AI는 이제 고객의 감정적 트리거를 과학적인 방법으로 분석하고, 이를 통해 놀랍도록 정확하게 고객의 마음을 읽어내는 탁월한 도구로 기능한다. 이 장에서는 AI가 어떻게 우리의 눈과 귀를 대신하여, 때로는 그 이상으로 고객의 숨겨진 감정을 '해부'하고 이해하는지, 그 대표적인 기술들을 완전히 처음 접하는 독자도 쉽게 이해할 수 있도록 설명할 것이다.

첫째로 텍스트 분석(Text Analysis)은 글 속에 숨겨진 감정의 암호를 푸는 역할을 한다. 고객은 다양한 곳에 자기 생각과 감정을 글로 남기는데, 예를 들어 온라인 쇼핑몰의 상품 후기, 소셜 미디어의 댓글, 고객센터 채팅 내용, 심지어 검색창에 입력하는 키워드까지, 이 모든 텍스트 데이터는 고객의 속마음을 엿볼 수 있는 귀중한 창인 것이다. 하지만 사람이 이 방대한 텍스트를 일일이 읽고 분석하는 것은 거의 불가능한 일이다. 이에 AI 텍스트 분석 기술은 마치 수백만 권의 책을 순식간에 읽고 핵심 감정을 요약하는 초능력 독서가와 같다. 즉 AI는 자연어 처리(NLP) 기술을 이용하여 문장 속에서

"매우 만족", "다시는 안 사"와 같은 긍정적, 부정적 표현을 찾아내는 것은 물론, "배송이 느려서 답답했다", "이 기능이 정말 필요했는데"와 같이 구체적인 불만이나 숨겨진 욕망을 암시하는 핵심 단서까지 포착해내는 것이다. 결과적으로 이 기술을 통해 기업은 특정 제품에 대한 고객의 주요 불만 사항이 무엇인지(예: 특정 기능의 부재 - '결핍' 트리거), 고객들이 새롭게 원하는 기능은 무엇인지(예: 더 빠른 속도 - '욕망' 트리거), 혹은 어떤 점에 안도감이나 불안감을 느끼는지(예: 안전 기능 언급 빈도 - '두려움/안전' 트리거) 등을 데이터에 기반하여 객관적으로 파악할 수 있게 되는 것이다. 결국 이것은 고객의 '텍스트 지문'을 통해 감정 상태를 해부하는 과정이라고 할 수 있다.

둘째로 음성 분석(Voice Analytics)은 목소리의 높낮이로 감정의 온도를 재는 기술이다. 일반적으로 우리는 대화할 때 상대방의 목소리 톤이나 말투만 듣고도 그 사람의 기분이 어떤지 직감적으로 알아차리곤 한다. 마찬가지로 AI 음성 분석 기술은 바로 이 점에 착안하여 고객센터 통화 녹음 파일 등 고객의 음성 데이터를 분석하고, 말하는 내용뿐만 아니라 어떻게 말하는지에 담긴 감정 정보를 추출하는 기술이다. 다시 말해 AI는 마치 음악 전문가가 연주만 듣고도 연주자의 감정을 읽어내듯, 목소리의 높낮이(Pitch), 빠르기(Speed), 크기(Volume), 떨림(Jitter) 등을 정밀하게 분석한다. 따라서 이를 통해 고객이 화가 났는지, 기뻐하는지, 지루해하는지, 아니면 불안해하는지 등을 높은 정확도로 판단할 수 있는 것이다. 예를 들어, 평소보다 목소리 톤이 높고 말이 빠르다면 흥분이나 불만 상태일 가능성이 크다고 판단한다. 반대로 목소리가 작고 말이 느리다면 우울하거나 망설이는 상태일 수 있는 것이다. 따라서 이 기술은 고객이 직접 "불만 있어요"라고 말하지 않아도 실제 감정 상태를 파악하여 상담원이 더욱 공감적으로 응대하거나, 잠재적인 고객 이탈 위험을 미리 감지하는 데 매우 유용하게 활용될 수 있다. 요컨대 이것은 고객 목소리의 '음향적 특징'을 통해 드러나는 감정을 해부하는 과정인 것이다.

셋째로 표정 인식(Facial Recognition for Emotion)은 찰나의 표정으로 속마음을 읽는 기술이다. 대개 사람의 표정은 감정을 드러내는 가장 직접적인 창구 중 하나이다. 특히 본인도 의식하지 못하는 사이 찰나의 순간(수십 분의 1초) 스쳐 지나가는 미세 표정(Micro-expression)에는 숨기기 어려운 진짜 감정이 담겨 있다고 한다. 이와 마찬가지로 AI 표정 인식 기술은 바로 이 미세한 얼굴 근육의 움직임까지 포착하여 감정을 분석하는 기술이다. 다시 말해 AI는 마치 숙련된 심리학자나 포커 플레이어처럼, 카메라에 포착된 얼굴 이미지를 분석하여 눈썹의 움직임, 입꼬리의 변화, 눈의 깜빡임 등을 정밀하게 측정한다. 그리고 학습된 데이터를 바탕으로 현재 감정 상태가 기쁨, 슬픔, 분노, 놀람, 경멸, 공포 등 어떤 것에 가까운지를 실시간으로 판단하는 것이다. 결과적으로 이 기술은 매장에서 제품을 살펴보는 고객의 표정을 분석하여 어떤 제품에 호감을 느끼는지, 혹은 설명이 어렵거나 지루하게 느껴지는지 등을 파악하는 데 활용될 수 있다. 뿐만 아니라 화상 회의나 온라인 교육 등에서 참가자들의 집중도나 반응을 실시간으로 모니터링하는 데도 응용될 수 있는 것이다. 결국, 이것은 얼굴이라는 '감정의 캔버스'에 나타나는 시각적 신호를 해부하는 과정이다.

이처럼 AI 기술들은 이전에는 상상하기 어려웠던 방식으로 고객의 내면 깊숙한 곳에 숨겨진 감정 트리거를 과학적으로 탐색하고 분석할 수 있게 한다. 그러므로 이는 더 이상 고객의 마음을 '짐작'하는 것이 아니라, 데이터를 통해 '이해'하고 '예측'하는 시대로 나아가고 있음을 의미하는 것이다.

감정 트리거 기반 프롬프트 설계법: AI의 언어에 감성을 불어넣다

AI, 특히 챗봇이나 콘텐츠 생성 AI에게 단순히 "제품을 홍보해줘"라고 지시하는 것은 마치 연주자에게 악보 없이 즉흥 연주를 맡기는 것과 같다. 어떤 메시지가 나올지는 예측하기 어렵고, 고객의 마음을 움직일 가능성도 낮은 것이다. AI가 생성하는 마케팅 메시지, 광고 문구, 심지어 챗봇의 응답까지, 그 설득력은 어떤 '감정 트리거'를 정조준하도록 설계되었는가에 따라 극명하게 달라진다.

따라서 AI에게 작업을 지시하는 '프롬프트(Prompt)' 자체를 설계할 때부터, 혹은 AI가 생성한 결과물을 다듬을 때, 우리가 앞서 해부했던 핵심 감정 트리거들을 명시적으로 반영해야 한다. 이것은 마치 건축가가 청사진에 건물의 핵심 구조를 그려 넣듯, AI가 만들어 낼 결과물의 감성적 골격을 미리 잡아주는 과정이다. 이렇게 감정 중심으로 설계된 프롬프트나 메시지는 단순한 정보 전달을 넘어,

고객의 무의식적인 감정 영역을 직접 겨냥하여 훨씬 더 강력한 행동 유발 효과를 만들어 낼 수 있다.

이제 대표적인 감정 트리거들을 활용한 프롬프트(또는 최종 메시지) 설계 예시와 그 작동 원리를 살펴보자.

(1) [두려움(Fear) 프롬프트]: 손실 회피 본능을 자극하는 긴급 메시지

예시: "이번 특별 할인, 단 3일 후 종료됩니다. 이 기회를 놓치면 정상가로 구매하셔야 합니다. 후회하기 전에 지금 바로 확인하세요."

해설: 이 프롬프트는 "놓치면 손해 본다"는 손실 회피 심리를 직접 자극한다. '3일 후 종료', '정상가 구매', '후회'와 같은 단어들은 고객의 '두려움 회로'를 활성화해 시간적 압박감을 느끼게 하고, 망설임을 줄이며 즉각적인 행동(확인, 구매)을 유도하는 것이다. 이것은 고객의 '결핍 민감성'이라는 신경을 건드리는 설계이다.

(2) [욕망(Desire) 프롬프트]: 더 나은 미래를 향한 열망을 부채질하다

예시: "매일 반복되는 지루한 업무, 더 스마트하게 일할 수는 없을까요? OOO 솔루션이 당신의 업무 효율을 극대화하고 워라밸 실현을 앞당겨 줄 것입니다. 지금보다 더 나은 내일을 경험하세요."

해설: 이 프롬프트는 현재의 불편함(지루한 업무)을 언급하며, 제품/서비스가 가져다줄 긍정적인 미래상(업무 효율 극대화, 워라밸 실현)을 구체적으로 제시한다. 이는 고객의 '성장과 발전'에 대한 내재적 욕망을

자극하는 것이다. "더 스마트하게", "극대화", "더 나은 내일"과 같은 표현들은 고객의 '보상 회로'를 자극하여 기대감과 긍정적인 감정을 불러일으키고 구매 욕구를 증폭시키는 역할을 한다. 이것은 고객의 '이상 자아실현' 욕구를 겨냥한 설계이다.

(3) [소속감(Belonging) 프롬프트]: '우리'라는 울타리로 초대하다

예시: "이미 10만 명의 전문가들이 OOO 커뮤니티에서 최신 정보를 나누고 있습니다. 업계 리더들과 교류하고 함께 성장할 기회를 놓치지 마세요. 지금 바로 '우리'의 일원이 되세요."

해설: 이 프롬프트는 사회적 증거("10만 명의 전문가")를 제시하여 제품이나 서비스의 신뢰도를 높이는 동시에, 커뮤니티 가입을 통해 가치 있는 그룹("업계 리더")의 일원이 될 수 있다는 점을 강조한다. 이는 "다른 사람들과 연결되고 인정받고 싶다"는 인간의 근본적인 '소속감' 욕구를 자극하는 것이다. "최신 정보", "함께 성장", "'우리'의 일원"과 같은 메시지는 고립에 대한 불안감을 해소하고 집단에 대한 긍정적인 감정을 유발하여 참여를 유도한다. 이것은 고객의 '사회적 연결' 본능을 활용한 설계이다.

(4) [자부심(Pride) 프롬프트]: 현명한 선택으로 가치를 증명하다

예시: "최고를 알아보는 당신의 안목, OOO 프리미엄 에디션으로 다시 한번 증명하세요. 소수에게만 허락된 특별함, 시간이 흘러도 변치 않는 가치를 경험하실 것입니다."

해설: 이 프롬프트는 고객을 "안목 있는 특별한 사람"으로 규정하며 자존감을 높여준다. "최고", "증명", "소수에게만 허락된", "변치 않는 가치"와 같은 표현들은 고객이 이 제품을 선택함으로써 스스로가 특별하고 현명하다는 느낌(자부심)이 들도록 유도하는 것이다. 이는 단순히 제품을 구매하는 행위를 넘어, 자신의 가치와 취향을 표현하고 인정받고자 하는 고객의 '자기 고양' 욕구를 충족시키는 역할을 한다. 이것은 고객의 '자기 가치 확인' 심리를 이용한 설계이다.

이러한 감정 트리거 기반 프롬프트 설계는 단순한 광고 문구 작성을 넘어선 고도의 심리적 접근법이다. AI에게 감정 트리거를 명확히 지시하거나, AI가 생성한 결과물을 감정 트리거 관점에서 다듬는 것은 고객의 이성이 아닌 무의식과 직접 소통하여 강력한 설득력을 발휘하는 핵심 전략이 될 것이다.

감정 트리거 기반 프롬프트 설계: AI의 언어에 감성을 불어넣고 마음을 움직이다

우리가 인공지능에 내리는 프롬프트, 즉 명령어는 단순한 작업 지시서가 아니다. 그것은 마법사가 주문을 외워 정령을 움직이듯, 인공지능이 만들어낼 결과물의 설득력과 파급력을 좌우하는, 보이지 않는 '감성의 설계도'인 것이다. 특히 고객의 마음을 움직여야 하는 마케팅 메시지, 광고 문구, 설득력 있는 콘텐츠 등을 만들고자 할 때, 이 인공지능 프롬프트는 반드시 고객 마음속 '감정 트리거', 즉 감정의 방아쇠를 정교하게 조준해야만 하는 것이다. 이것은 마치 명사수가 과녁의 가장 핵심을 노리는 것과 같아서, 정확한 조준이 이루어질 때 비로소 인공지능은 강력한 힘을 발휘하게 된다.

우리는 이미 "고객은 논리가 아닌 감정으로 구매한다"는 중요한 사실을 확인했다. 멋진 설명이나 합리적인 이유는 종종, 이미 마음이 기운 감정적인 선택을 스스로 납득시키기 위한 보조 역할에 그치는 것이다. 따라서 마케팅 메시지나 콘텐츠를 기획하고 인공지능에 생성을 요청할 때, 우리가 앞서 해부하고 이해한 핵심 감정 트리거들 – 예를 들어 두려움, 욕망, 소속감, 자부심 같은 것들을 – 프롬프트 단계에서부터 전략적으로, 그리고 명확하게 심어주어야 한다. 그럴 때 비로소 인공지능은 고객의 마음을 효과적으로 흔드는 강력한 결과물, 즉 마음을 사로잡는 메시지를 만들어낼 수 있을 것이다.

핵심 원리를 담은 간결한 예시들

이것이 어떻게 작동하는지, 핵심 원리를 담은 간결한 예시들을 먼저 살펴보자. 이 예시들은 각 감정 트리거가 어떻게 메시지의 '핵심 신경'을 건드려 반응을 이끌어내는지 명확히 보여준다.

(1) [두려움 프롬프트 예시]: "이 기회를 놓치면 다음은 없습니다. 지금 바로 확인하세요."

(2) [욕망 프롬프트 예시]: "지금보다 더 나은 삶, 이 제품이 시작점입니다."

(3) [소속감 프롬프트 예시]: "이미 수천 명이 선택한 브랜드, 이제 당신 차례입니다."
(4) [자부심 프롬프트 예시]: "당신의 안목, 이 선택으로 증명해보세요."

문장 깊이 해부하기

이 짧지만 강력한 문장들이 어떻게 고객의 마음 깊은 곳을 흔드는지, 조금 더 깊이 그 속을 들여다보며 해부해 보자.

(1) 두려움 프롬프트 분석

"이 기회를 놓치면 다음은 없습니다…" 이 메시지는 인간의 가장 강력한 본능 중 하나인 '손실 회피 심리'에 직접 비상벨을 울리는 것이다. 심리학적으로 우리는 무언가를 얻는 기쁨보다 잃어버리는 고통을 훨씬 더 크게 느끼도록 설계되었다. 따라서 "다음은 없다"는 경고는 '지금 행동하지 않으면 돌이킬 수 없는 손실을 볼지도 모른다'는 원초적인 두려움을 강하게 자극한다. 이는 마치 발등에 떨어진 불처럼, 이성적인 고민을 잠시 멈추게 하고 즉각적인 행동("지금 바로 확인")을 유도하는 강력한 '감정적 채찍' 역할을 하는 것이다.

(2) 욕망 프롬프트 분석

지금보다 더 나은 삶, 이 제품이 시작점입니다." 이 메시지는 고객의 가슴속 깊은 곳, 미래를 향한 '성장과 발전의 욕망'이라는 작은 씨앗에 희망의 물을 주는 것과 같다. 현재 상황에 대한 약간의 아쉬움을 암시하며, 이 제품이 바로 더 나은 미래("더 나은 삶")로 나아가는 '빛나는 출발선'이 될 수 있다는 꿈과 가능성을 제시하는 것이다. 이는 고객의 뇌 속 '보상 회로'를 간질여 긍정적인 기대감을 부풀리고, "이 제품을 통해 내 꿈에 더 가까워질 수 있겠구나!" 하는 설렘을 느끼게 하여 구매 욕구를 강력하게 자극한다.

(3) 소속감 프롬프트 분석

"이미 수천 명이 선택한 브랜드, 이제 당신 차례입니다." 이 메시지는 '사회적 증거'라는, 즉 "다른 사람들도 다 한다."는 강력한 심리적 무기를 사용한다. 이를 통해 '소속감'에 대한 인간의 본능적인 갈망을 파고드는 것이다. "수천 명"이라는 구체적인 숫자는 '이렇게 많은 사람이 선택했다면 분명 믿을 만하고 좋은 것일 거야'라는 안도감을 줌과 동시에, '나도 이 인기 있는 흐름에 동참하고 싶다.', '나만 뒤처지고 싶지 않다'는 사회적 연결 욕구를 자극하는 것이다. 이는 마치 인기 있는 클럽의 문을 살짝 열어 보여주며 "이미 많은 멋진 사람들이 여기서 즐기고 있어요, 당신도 어서 들어와 '우리'가 되세요!"라고 속삭이는 것과 같아서, 혼자라는 불안감을 해소하고 따뜻한 공동체 안으로 들어오도록 부드럽게 유혹한다.

(4) 자부심 프롬프트 분석

"당신의 안목, 이 선택으로 증명해보세요." 이 메시지는 고객의

'자존감'이라는 내면의 거울을 비추며 스스로를 긍정적으로 인식하도록 돕는다. 단순히 물건을 파는 것이 아니라, 고객을 "뛰어난 안목을 가진 특별한 주체"로 인정해주면서, 이 제품을 선택하는 행위 자체가 그 훌륭한 가치를 '증명'하는 하나의 '명예 훈장'이 될 수 있음을 암시하는 것이다. 이는 "나는 남들과 다른, 특별하고 현명한 선택을 할 줄 아는 사람이다"라는 자부심을 느끼게 하여, 제품 구매를 통해 깊은 자기 만족감과 약간의 우월감까지 경험하도록 유도하는 매우 세련된 접근법이다.

실전 적용: AI 프롬프트 레시피

감정 트리거를 활용한 메시지는 단순한 정보 나열을 훨씬 뛰어넘어, 고객의 심리 깊숙한 곳과 직접 소통하는 놀라운 힘을 가진다. 그러나 이러한 원리를 아는 것만으로는 충분하지 않다. 실제 인공지능에게 효과적으로 작업을 지시하고 우리가 원하는 결과물을 일관되게 얻어내기 위해서는, 이 원리를 더욱 체계적이고 구체적인 '프롬프트 설계도'로 만들어 활용해야 한다. 마치 최고의 요리사가 자신만의 비밀 레시피를 가지고 있듯, 우리도 인공지능을 위한 감정 트리거 기반의 '프롬프트 레시피'가 필요한 것이다.

이제, 각 감정 트리거를 활용하여 인공지능에게 구체적으로 작업을 지시하는 방법을 담은 실용적인 프롬프트 템플릿들을 제시할 것이다. 이 템플릿들은 당신이 고객의 감정을 해부하여 얻은 소중한 통찰을 실제 AI 명령어로 바꾸는 데 결정적인 도움을 줄 것이다.

각 템플릿은 필요한 정보들을 체계적으로 입력하여 인공지능이 목표 감정을 정확하게 겨냥하고 설득력 있는 메시지를 생성하도록 안내하는 상세한 가이드라인이다.

[AI 프롬프트 템플릿 상세 가이드]

(템플릿1) 두려움(Fear) 기반 프롬프트

- 역할

당신은 긴급성과 손실 회피 심리를 활용하는 데 능숙한 마케팅 카피라이터이다.

- 작성 목표

[제품/서비스 이름]에 대한 [콘텐츠 종류 (예: 웹사이트 팝업 문구, 문자 메시지)]를 작성하라.

- 타겟 고객

[타겟 고객 설명 (예: 구매를 망설이는 잠재 고객, 이벤트 종료 임박을 모르는 고객)]

- 핵심 목표 (고객 행동)

고객이 [원하는 행동 (예: 즉시 구매 버튼 클릭, 서둘러 이벤트 페이지 확인)]을 하도록 강력하게 유도한다.

- 활용할 감정 트리거

'두려움(Fear)'

- 구체적 감정 발현

고객이 느끼는 '[구체적으로 두려워하는 것 (예: 한정 수량 매진, 특별 할인 기회 상실, 가격 인상 전 마지막 기회 놓침, 남들보다 뒤처짐)]'에 대한 두려움을 극대화하라.

- **필수 포함 요소**

1. 행동하지 않으면 발생할 수 있는 구체적인 '손실' 또는 '부정적 결과' 언급

2. 제한된 시간 또는 수량 강조 (긴급성 부각)

3. 명확하고 강력한 행동 촉구 (Call to Action)

- **톤앤매너**

긴급하고, 단호하며, 약간의 불안감을 조성하는 톤

- **작성 요청**

위 내용을 바탕으로 설득력 있는 [콘텐츠 종류] 문구를 작성하라.

(템플릿2) 욕망(Desire) 기반 프롬프트

- **역할**

당신은 고객의 꿈과 열망을 자극하여 행동을 유도하는 비전 제시형 카피라이터이다.

- **작성 목표**

[제품/서비스 이름]에 대한 [콘텐츠 종류 (예: 소셜 미디어 광고 문구, 블로그 게시물 서론)]를 작성하라.

- **타겟 고객**

[타겟 고객 설명 (예: 현재 상황에 만족하지 못하고 변화를 꿈꾸는 사람, 더 나은 자신을 원하는 사람)]

- **핵심 목표 (고객 행동)**

고객이 [원하는 행동 (예: '자세히 알아보기' 클릭, 무료 샘플 신청, 상담 예약)]을 하도록 긍정적인 동기를 부여한다.

- **활용할 감정 트리거**

'욕망(Desire)'

- **구체적 감정 발현**

고객이 '[구체적으로 열망하는 것 (예: 경제적 자유, 더 아름다운 외모, 업무 생산성 향상, 행복한 인간관계, 사회적 성공)]'을 이 제품/서비스를 통해 얻을 수 있다는 강한 기대감을 심어주어라.

- **필수 포함 요소**

1. 고객이 꿈꾸는 이상적인 미래 또는 결과에 대한 생생한 묘사
2. 제품/서비스가 그 꿈을 실현하는 데 어떻게 도움을 주는지 연결
3. 긍정적이고 희망적인 어조
4. 꿈을 향해 나아가도록 격려하는 행동 촉구 (Call to Action)

- **톤앤매너**

영감을 주고, 긍정적이며, 매력적이고 희망적인 톤

- **작성 요청**

위 내용을 바탕으로 설득력 있는 [콘텐츠 종류] 문구를 작성하라.

(템플릿3) 소속감(Belonging) 기반 프롬프트

- **역할**

당신은 커뮤니티 형성과 사회적 연결을 강조하여 참여를 유도하는 전문 카피라이터이다.

- 작성 목표

[브랜드/커뮤니티 이름 또는 관련 제품]에 대한 [콘텐츠 종류 (예: 회원 가입 안내 페이지 문구, 이메일 뉴스레터)]를 작성하라.

- 타겟 고객

[타겟 고객 설명 (예: 특정 관심사를 공유하는 사람들, 새로운 관계 형성을 원하는 사람, 특정 그룹에 속하고 싶어 하는 사람)]

- 핵심 목표 (고객 행동)

고객이 [원하는 행동 (예: 커뮤니티 가입, 친구 태그하기, 이벤트 참여 신청)]을 통해 '우리'의 일원이 되도록 유도한다

- 활용할 감정 트리거

'소속감(Belonging)'

- 구체적 감정 발현

고객이 '[소속되고 싶어 하는 그룹의 매력 (예: 전문가들의 네트워크, 같은 취미를 즐기는 활기찬 모임, 최신 정보를 가장 먼저 얻는 그룹)]'의 일원이 될 수 있다는 점, 또는 '[이미 많은 사람이 함께하고 있다는 사실 (사회적 증거)]'을 강조하여 '나만 빠질 수 없다'는 느낌이 들게 하라.

- 필수 포함 요소

1. 소속될 그룹/커뮤니티의 긍정적인 특징 및 가치 강조
2. 함께할 때 얻을 수 있는 이점 (정보 공유, 유대감, 즐거움, 성장 등) 언급
3. (선택 사항) 이미 많은 사람이 참여하고 있다는 사회적 증거 제시

4. 따뜻하고 환영하는 분위기의 행동 촉구 (Call to Action)

- 톤앤매너:

따뜻하고, 친근하며, 환영하고 포용적인 톤

- 작성 요청:

위 내용을 바탕으로 설득력 있는 [콘텐츠 종류] 문구를 작성하라.

(템플릿4) 자부심(Pride) 기반 프롬프트

- 역할

당신은 고객의 안목과 가치를 인정하며 자부심을 높여주는 프리미엄 카피라이터이다.

- 작성 목표

[제품/서비스 이름 (주로 고가/프리미엄/전문가용)]에 대한 [콘텐츠 종류 (예: 브로슈어 문구, 웹사이트 상세 페이지)]를 작성하라.

- 타겟 고객

[타겟 고객 설명 (예: 높은 안목을 가진 소비자, 전문가, 자신의 가치를 중요하게 생각하는 사람)]

- 핵심 목표 (고객 행동)

고객이 [원하는 행동 (예: 구매 결정, 인증 프로그램 등록, 프리미엄 멤버십 가입)]을 통해 자신의 특별함과 가치를 확인하도록 유도한다.

- 활용할 감정 트리거

'자부심(Pride)'

- 구체적 감정 발현

고객이 이 제품/서비스를 선택하는 것이 '[고객이 자부심을 느낄 만한 요소 (예: 탁월한 안목의 증명, 전문가로서의 자격 입증, 남다른 가치관의 표현, 현명한 투자 결정, 사회적 지위의 상징)]'임을 강조하여 자부심을 느끼게 하라.

- 필수 포함 요소

1. 고객의 안목이나 가치를 인정하고 칭찬하는 표현
2. 제품/서비스의 희소성, 우수성, 특별한 가치 강조
3. 이 선택이 고객에게 가져다줄 자부심과 만족감 묘사
4. 가치를 알아보는 소수만이 누릴 수 있다는 뉘앙스의 행동 촉구 (Call to Action)

- 톤앤매너

고급스럽고, 자신감 있으며, 가치를 인정하고 존중하는 톤

- 작성 요청:

위 내용을 바탕으로 설득력 있는 [콘텐츠 종류] 문구를 작성하라.

감정 해부학에 기반한 AI 커뮤니케이션

AI 시대를 살아가는 마케터와 커뮤니케이터에게 '감정 트리거 해부학'은 필수적인 역량이다. 고객의 마음을 움직이는 근본적인 감정의 작동 원리를 이해하고, 이를 AI 프롬프트 설계에 정교하게 적용할 때, 우리는 비로소 기술의 힘을 빌려 인간의 마음과 진정으로 연결되는 강력한 커뮤니케이션을 실현할 수 있을 것이다.

단순히 AI에게 작업을 맡기는 것을 넘어, 감정이라는 변수를 전

략적으로 활용하여 AI의 능력을 최대한으로 끌어내는 것, 이것이 바로 미래 세일즈와 마케팅의 핵심 경쟁력이 될 것이다. 위에 제시된 원리와 템플릿들을 바탕으로, 당신의 비즈니스에 맞는 가장 효과적인 AI 커뮤니케이션 전략을 수립해 보길 바란다.

12-3
인공지능, 감정을 지휘하다. 감성 마케팅의 작곡가로 진화하는 인공지능

우리는 지금까지 고객의 마음을 움직이는 개별적인 감정의 방아쇠인 트리거들을 해부하고, 이를 활용하여 인공지능에게 지시하는 프롬프트를 설계하는 방법을 살펴보았다. 그러나 인공지능 기술의 역할은 여기서 멈추지 않는다. 이제 인공지능은 단순히 특정 감정을 유발하는 단편적인 메시지를 넘어, 고객 여정 전체에 걸쳐 감정의 흐름을 설계하고 지휘하는 '작곡가' 또는 '지휘자'로 진화하고 있다. 이 장에서는 인공지능이 어떻게 고객의 감정을 하나의 잘 짜인 '교향곡'처럼 작곡하고, 이를 통해 더욱 깊은 수준의 고객 경험과 관계를 만들어내는지 탐구할 것이다.

한 문장 카피의 시대는 끝났다: 단음이 아닌 감정의 '흐름'을 설계하다

물론, 고객의 시선을 단번에 사로잡는 강력한 한 줄의 후킹 문구는 여전히 중요하다. 그러나 정보의 홍수 속에서 살아가는 현대 고객들은 이제 단순한 자극에 쉽게 마음을 열거나 그 상태에 오래 머물지 않는다. 짧고 강렬한 '단음'만으로는 고객의 마음속에 깊은 울림을 만들어내기 어려운 시대가 된 것이다.

따라서 현대 마케팅은 단순히 순간적인 관심을 끄는 것을 넘어, 고객이 브랜드를 인지하고, 관심을 가지며, 구매를 결정하고, 나아가 충성 고객이 되기까지의 전 과정에 걸쳐 일관된 '감정의 서사'를 설계하고 경험시키는 기술로 진화하고 있다. 고객의 감정은 하나의 정적인 '음'이 아니라, 시간의 흐름에 따라 변화하고 발전하는 '멜로디' 또는 '흐름'과 같은 것이다. 처음에는 호기심으로 시작했다가, 점차 욕망과 기대로 발전하고, 구매 시점에는 확신과 자부심을 느끼며, 구매 후에는 만족감과 안정감을 경험하는, 이러한 자연스러운 감정의 여정을 만들어내는 것이 중요해진 것이다.

그리고 바로 이 복잡하고 다층적인 감정의 흐름을 마치 정교한 악보처럼 설계하고 관리할 수 있는 강력한 도구로 인공지능 기술이 부상하고 있다. 인공지능은 개별 감정 트리거들에 대한 이해를 바탕으로, 이제 전체적인 감정의 '곡'을 쓰는 단계로 나아가고 있다.

감정 설계는 교향곡이다: 고객 여정을 위한 4악장 구조

고객의 감정 여정을 설계하는 것은 마치 하나의 '교향곡'을 작곡하는 것과 유사하다. 각 악장, 즉 고객 여정 단계마다 특정한 감정적 분위기와 목표를 설정하고, 이를 통해 전체적으로 고객의 마음을 사로잡고 행동을 이끌어내는 구조를 만드는 것이다. 이 감정 교향곡은 대략 다음과 같은 4악장 구조로 구성될 수 있다.

(1) 제1악장

서주 (주의 끌기): 고객의 관심을 단번에 사로잡는 도입부이다. 여기서는 '공포(놓치면 안 된다는 불안감)', '호기심(이것은 무엇일까?)', '긴급성(지금 바로 알아봐야 해!)'과 같은 다소 강력하고 자극적인 감정을 활용하여 고객이 메시지에 주목하게 하는 것이 효과적이다.

(2) 제2악장

본론 (관심과 욕망 유발): 서주에서 확보한 관심을 구체적인 '욕망'으로 발전시키는 단계이다. 제품이나 서비스가 제공하는 가치와 혜택을 매력적으로 제시하고, 고객이 "나도 저걸 갖고 싶다", "저렇게 되고 싶다"는 열망을 느끼도록 자극해야 한다. 또한, '소속감(다른 사람들도 원하고 있다)'이나 '공감(내 문제를 이해하고 있다)'과 같은 감정을 활용하여 고객과의 유대감을 형성하는 것도 중요하다.

(3) 제3악장

클라이맥스 (행동 촉구): 고객의 욕망이 최고조에 달했을 때, 실제 구매 행동으로 이어지도록 강력하게 동기를 부여하는 클라이맥스 부분이다. 여기서는 '자부심(이 선택은 현명하고 특별하다)', '기대감(구매 후 얻게 될 만족감)', '사회적 인정(이 선택으로 인정받을 수 있다)'과 같은 긍정적이고 확신에 찬 감정을 자극하여 구매 결정의 마지막 문턱을 넘도록 돕는다.

(4) 제4악장

종결 (만족과 충성도): 구매 이후 고객이 느끼는 만족감을 극대화하고 장기적인 충성도를 구축하는 마무리 악장이다. '안정감(좋은 선택이었다는 확신)', '감동(기대 이상의 경험)', '감사(우리를 선택해줘서 고맙다)'와 같은 감정을 전달하여 긍정적인 브랜드 경험을 완성하고 재구매 및 추천으로 이어지도록 하는 것이다.

예를 들어, 한 자동차 광고가 이러한 감정 교향곡을 연주하는 방식을 상상해 볼 수 있다. 광고는 먼저 "지금이 아니면 평생 후회할지도 모르는 단 한 번의 기회!"와 같은 메시지로 고객의 시선을 즉시 사로잡을 것이다(서주). 이어서 고급스러운 디자인과 첨단 기능을 보여주며 "성공한 당신의 품격을 완성하는 마지막 퍼즐"이라고 속삭이며 고객의 열망을 키울 것이다. 또한, 다른 성공한 사람들이 이 차를 타는 모습을 보여주며 "당신도 이 특별한 클럽의 멤버가 될 자격이 있다"고 느끼게 하여 유대감을 형성할 수도 있을 것이다(본론). 구매 결정의 순간에는 "망설이지 마십시오. 당신은 이미 최고의 선택을 할 준비가 된 사람입니다. 지금 바로 당신의 성공 스토리를 시작하십시오!" 와 같이 확신을 심어주며 행동을 강력히 촉구할 것이다(클라이맥스). 마지막으로, 구매한 고객에게는 "현명한 선택에 감사드립니다. OOO과 함께라면 당신의 여정은 언제나 안전하고 특별할 것입니다."와 같은 메시지를 전달하여 만족감을 높이고 브랜드에 대한 충성도를 다질 것이다(종결).

인공지능은 어떻게 감정을 작곡하는가?: 고객 여정 기반 시나리오 엔진

그렇다면 인공지능은 어떻게 이렇게 정교한 감정의 교향곡을 실제로 '작곡'하고 '지휘'할 수 있는 것인가? 이는 주로 다음 두 가지 핵심 과정을 통해 이루어진다.

(1) 고객 여정 기반 트리거 배치

인공지능은 먼저 고객 여정의 각 단계를 정의한다. (예: 인지 → 고려 → 결정 → 충성도)

그리고 단계별로 고객의 심리 상태와 정보 필요성을 분석하여, 가장 효과적인 감정의 방아쇠인 트리거를 전략적으로 배치하는 것이다. 마치 작곡가가 각 악장에 어울리는 악기나 빠르기를 결정하듯, 인공지능은 다음과 같이 감정 요소를 배치할 수 있다.

인지 단계에서는 아직 브랜드나 제품을 잘 모르는 상태이므로, '호기심'을 자극하거나 '공포(문제를 인식하지 못했을 때의 위험성)'를 살짝 건드려 주의를 끄는 것이 효과적이다.

고려 단계에는 여러 대안을 비교하는 단계이므로, 제품의 매력을 부각하여 '욕망'을 키우고, 다른 사람들의 긍정적 평가를 통해 '소속감'을 느끼게 하거나, 경쟁 제품 대비 우월성을 강조하는 것이 중요하다.

결정 단계는 마지막 구매 결정을 앞두고 있으므로, '자부심(현명한 선택임을 강조)'을 높여주거나, '희소성(지금 아니면 놓칠 수 있다는 두려움 재자극)'을 활용하여 결단을 촉진해야 한다.

충성도 단계에 들어서면 이미 고객이 된 상태이므로, 지속적인 만족과 관계 유지를 위해 '감사'를 표현하고, '보상(특별 혜택 제공)'을 통해 '공감(고객의 필요를 지속적으로 보살핌)'을 보여주는 것이 핵심이다.

(2) 인공지능 시나리오 설계 시스템 작동 방식

이렇게 배치된 감정 전략을 바탕으로, 인공지능 시나리오 설계 시스템이 실제 고객 소통 시나리오를 생성하고 실행한다.

1) 고객군 분류

인공지능은 앞서 수집된 방대한 고객 데이터(행동, 구매 이력, 감성 분석 결과 등)를 기반으로 고객들을 유사한 감정적 특성이나 필요를 가진 그룹으로 정교하게 분류한다.

2) 최적 감정 곡선 자동 배치

각 고객 그룹별로 가장 효과적일 것으로 예측되는 '감정 곡선', 즉 감정 트리거의 순서와 강도를 자동으로 설계하고 배치한다. 어떤 고객 그룹에는 '두려움'을 먼저 제시하는 것이 효과적일 수 있고, 다른 고객 그룹에는 '욕망'을 먼저 자극하는 것이 더 효과적일 수 있는 것이다.

3) 이야기 기반 시나리오 자동 생성

설계된 감정 곡선에 맞춰, 최신 언어 모델과 같은 생성형 인공지능 기술을 활용하여 실제 마케팅 콘텐츠(이메일, 광고 문구, 대화형 인공지능 응답 등)를 자동으로 생성한다. 이때 인공지능은 각 단계와 목표 감정에 맞는 이야기 구성 기법과 적절한 언어, 어조를 구사하도록 학습되어 있다.

결론적으로, 인공지능 기술은 이제 데이터 분석 능력과 콘텐츠 생성 능력을 결합하여, 단순히 감정을 '읽는' 것을 넘어 고객 여정 전체에 걸쳐 감정을 '설계'하고 '작곡'하는 단계로 나아가고 있다. 이는 마케터가 더욱 정교하고 효과적인 감성 마케팅을 펼칠 수 있도록 지원하는 강력한 도구가 될 것이다.

Chapter 13

팔리는 글쓰기를
알아야
AI 똑똑하게 활용한다

13-1
AI 글쓰기 시대, 팔리는 글의 핵심은 역시 인간이다

AI는 도구일 뿐, 전략은 인간의 몫

AI가 글쓰기 아주 편하게 해주는 건 맞다. 하지만 진짜 중요한 건 사람 마음 움직이는 '한 방'이다. AI는 똑똑하지만, 결국 우리가 뭘 팔 건지, 누구한테 팔 건지 제대로 알려줘야 한다. 이게 바로 사람만이 할 수 있는 전략이다.

AI는 데이터 분석 끝내주게 잘한다. 문법도 완벽하고, 단어 조합도 최고로 뽑아준다. 그런데 그거 아는가? 사람은 데이터만 보고 지갑 안 연다. 감동해야 '어머, 이건 사야 해!' 하는 것이다. 그 마음을 흔드는 능력, 그게 바로 사람의 글쓰기이다.

AI가 멋진 그릇을 만들어줬다면, 우리는 거기에 영혼이 담긴 맛있는 음식을 담아야 한다. AI가 기본적인 글 틀은 만들어 주겠지만, 거기에 우리의 진짜 아이디어, 고객을 꾀는 전략, 진심 어린 감정을 넣어야 진짜 '팔리는 글'이 되는 것이다. 마치 AI라는 자동 요리 기계로 전에 없던 '인생 맛집' 음식을 만드는 것과 흡사하다.

결국, AI로 제대로 팔리면, 우리 인간의 글쓰기 능력이 핵심 of 핵심이다. 그 이유는 다음과 같다.

첫째, 목표 설정이라는 중요한 과제는 오롯이 우리의 몫이기 때문이다. 누구에게 어떤 제품이나 서비스를 판매할 것인지, 그리고 고객의 마음을 강렬하게 사로잡을 '심쿵' 포인트는 무엇인지를 결정하는 것은, 스스로의 의지를 가진 인간만이 수행할 수 있는 창의적인 작업이다. AI는 우리가 명확하게 지시하는 대로 단순히 따를 뿐이므로, 전략적인 방향 설정은 전적으로 우리의 책임이다.

둘째, 고객의 진정한 마음을 읽어내는 섬세한 능력은 역시 인간만이 가진 고유한 영역이다. AI가 방대한 데이터를 놀라운 속도로 분석하는 뛰어난 능력을 지녔지만, 고객의 진정한 속마음, 숨겨진 깊은 니즈, 그리고 그들이 삶에서 진정으로 중요하게 생각하는 가치는 오직 인간만이 깊이 있게 공감하고 이해할 수 있다. 이처럼 깊은 공감 능력은 성공적인 마케팅의 첫 단추와 같은 중요한 요소이다.

셋째, 경쟁 속에서 빛나는 차별화된 메시지를 창조하는 것은 우리의 강력한 무기이다. AI가 빠른 속도로 유사한 글들을 쏟아내는 디지털 환경 속에서, 우리의 메시지가 유독 반짝반짝 빛나며 고객의 시선을 사로잡기 위해서는, 남들과는 확연히 다른 독창적인 아이디어와 마음을 사로잡는 매력적인 스토리텔링이 필수적이다. 이러한 창의적인 능력은 AI가 결코 쉽게 따라올 수 없는, 인간 고유의 특별한 재능이다.

넷째, 우리가 창조하는 콘텐츠에 대한 윤리적인 책임감 또한 중요한 고려 사항이다. AI가 생성한 콘텐츠가 예상치 못한 부정적인 영향을 미칠 경우, 그 책임은 결국 콘텐츠를 활용하는 우리에게 귀속된다. 따라서 AI를 지혜롭고 윤리적으로 활용하기 위한 우리의 신중한 생각과 올바른 판단이 무엇보다 중요하다. AI라는 강력한 도구를 똑똑하고 책임감 있게 사용하는 것은 오롯이 우리의 몫이다.

다섯째, AI의 능력을 지속적으로 발전시키는 핵심 동력은 바로 우리의 피드백 능력이다. AI가 처음부터 완벽한 글을 만들어낼 수는 없다. 우리가 AI가 생성한 글을 주의 깊게 분석하고, 어떤 점이 훌륭했고, 어떤 부분을 개선해야 할지에 대한 건설적인 피드백을 제공해야만 AI는 점진적으로 더욱 똑똑하고 유능한 파트너로 성장할 수 있다. 결국, 인간의 섬세한 분석 능력이야말로 AI를 끊임없이 발전시키는 핵심 엔진인 것이다.

결론적으로, AI 시대에도 인간의 글쓰기 능력은 단순한 기술적인 숙련도를 넘어선 깊은 의미를 지닌다. 우리 내면에 존재하는 풍부한 지혜와 따뜻한 마음을 진솔하게 담아내어 고객의 마음을 깊이 사로잡고, 궁극적으로 '팔리는 메시지'를 창조하는 핵심 중의 핵심 역량인 것이다. 따라서 AI라는 강력한 도구를 효과적으로 활용하고 싶다면, 우리 인간만이 할 수 있는 고유의 글쓰기 실력부터 제대로 키우는 데 집중해야 한다. 이 중요한 사실을 결코 잊지 마라.

13-2
AI 활용 '돈' 되는 글쓰기, 팔리는 메시지 제작 비법 대방출

AI가 글쓰기를 돕는 시대는 이미 왔다. 하지만 진짜 '돈'이 되는 글은 사람의 마음을 움직여 지갑을 열게 만드는 능력에 달려 있다. 마치 빈틈없는 그물처럼, 고객을 사로잡아 절대 놓치지 않는 필승 글쓰기 전략을 지금 바로 공개한다.

1. '완판'을 부르는 팔리는 글쓰기 8가지 핵심 요소

(1) 고객 중심 사고 (WIFM)

핵심 이득을 명확히 제시한다. "그래서, 나한테 뭐가 좋은 건데?"라는 고객의 질문에 핵심적인 이득으로 명확하게 제시해야 한다. 고객 입장에서 생각하는 것이 돈을 버는 첫 번째 단계이다.

(2) 구체적인 증거 제시

팩트로 신뢰를 쌓는다. "좋다", "최고다"와 같은 추상적인 표현 대신, 숫자, 데이터, 실제 고객 후기와 같은 구체적인 증거로 팩트 폭격을 해야 믿음이 간다. 눈으로 보이는 결과가 고객의 지갑을 열게 만든다. 이때 설득의 6단계 흐름 설계(퍼널 구조)가 구매 여정으로 안내한다.

설득의 흐름 퍼널구조 첫 단계는 시선 끌기(Hook)이다. 강력한 헤드라인이나 흥미로운 질문으로 독자의 시선을 사로잡는다. 두 번째 단계는 공감 얻기이다. 공감 얻기는 독자의 문제나 고민에 깊이 공감하며 감정적인 연결을 시도한다. 세 번째 단계는 해결책 제시이다. 제시하는 제품이나 서비스가 독자의 문제를 어떻게 해결해 줄 수 있는지 명확하게 설명한다. 네번째 단계는 이득 강조이다. 이득 강조는 제품이나 서비스 사용으로 고객이 얻게 될 실질적인 이점을 구체적으로 강조한다. 다섯 번째 단계는 신뢰 구축이다. 객관적인 데이터, 고객 후기, 전문가 인증 등을 활용하여 신뢰도를 높인다. 마지막 단계는 행동 촉구(CTA)단계이다. "지금 바로 구매하세요", "무료 상담 신청하세요"와 같이 명확한 행동을 유도한다.

(3) 짧고 명확한 문장

핵심 메시지를 빠르게 전달한다. 온라인 글은 길면 집중도가 떨어진다. 핵심 내용만 간결하고 명확하게 담아 독자의 머리에 쏙쏙 박히도록 작성해야 한다. 한 문장에는 하나의 메시지만 담는 것이 효과적이다. 강렬한 헤드라인은 클릭을 유도하는 첫인상이다. 헤드라인은 글의 얼굴과도 같다. 독자의 시선을 사로잡고 클릭을 유도하는 강력한 헤드라인은 다음과 같은 요소를 갖춘다. 첫째 호기심 유발을 해야한다. "왜 이 제품은 입소문만으로 완판될까?"와 같이 궁금증을 자아낸다. 둘째 독자의 핵심적인 문제점을 정확히 건드려야한다.

"당신의 OOO 문제를 해결하지 못하는 이유는 바로 이것 때문입니다!" 와 같이 독자의 pain point를 건드린다. 셋째 명확하고 구체적인 이득 제시해야 한다. "단 7일 만에 OOO 효과를 경험한 고객 98%!"와 같이 명확한 이점을 약속한다. 넷째 기능 아닌 '이득'을 판매한다. 단순히 제품의 기능만을 나열하는데 그치지 않고 그 기능이 고객의 삶에 어떠한 긍정적인 변화를 가져다주는지를 명확하게 제시한다. "이 기능 덕분에 당신의 OOO이 훨씬 편리해집니다"와 같이 구체적인 이점을 강조해야 한다. 다섯째 논리보다 강력한 스토리텔링, 감정으로 설득한다. 사람들은 논리적인 설명보다 감동적인 이야기에 더 쉽게 설득된다. 고객의 성공 사례나 제품 사용 후 극적인 변화를 보여주는 스토리텔링은 강력한 영향력을 발휘한다. Before &After 구조를 활용하여 변화를 생생하게 보여주는 것이 효과적이다. 마지막 한 방(CTA &P.S.)으로 즉각적인 행동을 유도한다. 행동 촉구(CTA)는 "지금 바로 구매하세요", "한정 수량", "오늘 마감" 등 긴급성과 행동의 이점을 명확하게 제시하여 즉각적인 구매를 유도해야 한다. 추신(P.S.)은 본문에서 강조하지 못한 핵심 혜택이나 추가 정보를 다시 한번 강조하여 마지막까지 독자의 구매 심리를 자극한다.

2. '사게 만드는' 문장 만들기 7가지 필살 전략

첫째 고객의 언어를 포착하여 친밀감을 높이고 공감대를 형성한다. AI를 활용하여 고객 리뷰나 소셜 미디어 데이터를 분석하면 고객이 실제로 사용하는 단어와 표현 방식을 파악할 수 있다. 고객의 언어로 글을 쓰는 것은 친밀감을 높이고 공감대를 형성하는 효과적인 전략이다.

둘째 지능적인 질문 던지기로 능동적인 사고를 이끌어낸다. "혹시 OOO 때문에 고민이신가요?", "지금까지 OOO 문제를 어떻게 해결해 오셨나요?"와 같은 질문은 고객 스스로 자신의 문제를 인식하고, 제시하는 해결책에 집중하도록 유도한다.

셋째 감각적인 묘사 활용하여 생생한 상상력을 자극한다. AI를 활용하여 제품과 관련된 이미지나 영상을 함께 제시하면 더욱 효과적이다. 고객이 제품을 사용하는 상황을 눈앞에 그리듯이 생생하게 묘사하면 구매 욕구를 자극할 수 있다.

넷째 쉬운 비유와 연결고리 만들기는 이해도를 높이고 기억에 오래 남도록 한다. 어려운 개념이나 복잡한 기능을 일상적인 경험에 빗대어 설명하면 독자의 이해도를 높일 수 있다. 고객의 머릿속에 '아하!' 하는 순간을 만들어야 한다. 다섯째 긍정적이고 확신에 찬 어조는 신뢰감과 기대감을 심어준다. 자신감 있는 말투와 긍정적인 표현은 고객에게 신뢰감을 주고 제품에 대한 기대감을 높여 구매 결정에 긍정적인 영향을 미친다. 여섯째 긴급성과 희소성 강조는 빠른 행동을 유도한다. "지금 아니면 다시없는 기회입니다!", "한정

판으로 딱 100개만 준비했습니다!"와 같이 긴급성과 희소성을 강조하면 고객의 조급한 마음을 자극하여 빠른 구매를 유도할 수 있다. 일곱 번째 명확한 행동 촉구 (CTA)는 다음 단계를 제시한다. "지금 바로 클릭하여 특별 할인을 받으세요!", "더 자세한 정보를 원하시면 문의하세요!", "망설이지 말고 지금 바로 경험해보세요!"와 같이 구체적인 행동을 명확하게 제시해야 고객이 다음 단계로 나아갈 수 있다.

    결론적으로 AI는 글쓰기 효율성을 극대화하는 강력한 도구이다. 하지만 진짜 '팔리는 글'은 고객의 마음을 꿰뚫는 인간의 전략과 기술, 그리고 진심에서 우러나오는 메시지에 의해 완성된다. AI를 똑똑하게 활용하고, 이 모든 필살 전략을 기억한다면 당신도 글 하나로 놀라운 '완판 신화'를 창조할 수 있을 것이다.

13-3
'사게 만드는' 문장 만들기 필살 전략 실습

각 전략을 적용하여 당신의 제품 또는 서비스를 홍보하는 문장을 직접 작성한다. AI 도구를 활용하여 아이디어를 얻거나 문장을 개선할 수 있다.

실습 1: 고객의 언어로 쓰는 연습

당신의 타겟 고객은 어떤 단어와 표현을 주로 사용하는가? (AI 고객 리뷰 분석 도구 활용)

그들의 언어를 활용하여 제품/서비스의 특징을 설명하는 문장을 3개 작성한다.

(1) 고객들은 "이거 진짜 편해요"라고 말한다. 우리 제품은 사용 편의성을 극대화한 설계이다.

(2) "가성비 끝판왕"이라는 후기가 많다. 합리적인 가격으로 최고의 성능을 제공하는 것이 우리 제품의 강점이다.

(3) "인생템 등극"이라는 반응이 쏟아진다. 고객의 삶의 질을 향

상시키는 필수적인 아이템이다.

실습 2: 질문 던지기로 참여 유도하는 연습

당신의 타겟 고객이 겪는 잠재적인 고민이나 질문은 무엇인가?

그들의 생각을 자극하고 참여를 유도하는 질문 3개를 작성한다.

(1) 아직도 OOO 때문에 불편함을 느끼고 있는가? 이제 혁신적인 솔루션을 경험할 때이다.

(2) 당신의 OOO 문제를 해결할 가장 효과적인 방법은 무엇이라고 생각하는가? 우리의 전문적인 제안을 확인하라.

(3) OOO에 대한 당신의 숨겨진 니즈는 무엇인가? 맞춤형 솔루션이 여기 준비되어 있다.

실습 3: 감각적인 묘사 활용 연습

당신의 제품/서비스를 통해 고객이 경험할 수 있는 감각적인 요소(시각, 청각, 촉각, 미각, 후각)는 무엇인가?

이러한 감각을 활용하여 제품/서비스의 매력을 생생하게 묘사하는 문장을 3개 작성한다.

(1) 은은하게 퍼지는 OOO 향이 당신의 공간을 아늑함으로 가득 채운다. 시각적인 만족감 또한 놓치지 않았다.

(2) 부드러운 OOO의 촉감이 피부에 닿는 순간, 편안함과 고급스러움을 동시에 느낄 수 있다.

(3) OOO의 깊고 풍부한 사운드가 당신의 청각 경험을 완전히 새

로운 차원으로 끌어올린다.

실습 4: 쉬운 비유와 연결고리 만들기 연습

당신의 제품/서비스의 핵심 기능을 고객이 쉽게 이해할 수 있는 일상적인 경험에 비유한다.

비유를 활용하여 제품/서비스를 설명하는 문장을 3개 작성한다.

(1) 마치 OOO처럼, 우리 제품은 복잡한 과정을 단 한 번의 클릭으로 해결해준다.

(2) OOO이 당신의 손과 발이 되어주듯, 우리 서비스는 당신의 업무 효율성을 극대화한다.

(3) 마치 OOO처럼, 우리 제품은 당신에게 안정적이고 흔들림 없는 결과를 보장한다.

실습 5: 긍정적이고 확신에 찬 어조 연습

당신의 제품/서비스에 대한 자신감을 드러내고 고객에게 긍정적인 기대를 심어주는 문장을 3개 작성한다.

(1) 우리는 확신한다. 이 제품이 당신의 OOO 문제를 완벽하게 해결해줄 것이라고.

(2) OOO 분야에서 최고의 솔루션이라고 자부한다. 우리의 기술력을 믿어 의심치 않아도 좋다.

(3) 이 서비스를 경험하는 순간, 당신은 이전과는 완전히 다른 OOO을 만나게 될 것이다.

실습 6: 긴급성과 희소성 강조 연습

당신의 제품/서비스 구매를 서두르도록 유도하는 긴급성 또는 희소성을 강조하는 문장을 3개 작성한다.

(1) 지금 바로 구매해야 한다. 이 특별 할인은 오늘 자정까지만 유효하다.

(2) 한정판으로 제작되어 소량만 남아 있다. 서두르지 않으면 기회를 놓칠 것이다.

(3) 다음 OOO까지 기다릴 필요가 없다. 지금 바로 경험하고 놀라운 변화를 확인하라.

실습 7: 명확한 행동 촉구(CTA) 작성 연습

고객이 당신의 글을 읽고 나서 즉시 취해야 할 행동을 명확하게 제시하는 CTA 문구를 3개 작성한다.

(1) 더 이상 망설이지 마라. 지금 바로 '무료 체험하기' 버튼을 클릭하여 변화를 경험하라.

(2) 궁금하다면 지금 바로 문의해야 한다. 당신의 모든 질문에 전문적으로 답변해줄 것이다.

(3) 이 특별한 기회를 놓치지 마라. '구매하기' 버튼을 클릭하고 당신의 삶을 업그레이드하라.

AI 활용 글쓰기 전략 구체화

글쓰기 과정에서 AI를 다음과 같은 단계에 활용하여 효율성과 효과성을 높일 수 있다.

(1) 아이디어 발상 단계: AI 브레인스토밍 도구를 활용하여 참신하고 다양한 헤드라인 및 콘텐츠 아이디어를 얻는다.

(2) 키워드 분석 단계: AI 키워드 분석 도구를 활용하여 타겟 고객이 실제로 검색하는 키워드를 파악하고, 글에 최적화한다.

(3) 고객 데이터 분석 단계: AI 고객 리뷰 분석 도구를 활용하여 고객의 니즈, 불만, 선호도를 파악하고, 이를 글쓰기에 반영한다.

(4) 문장 개선 단계: AI 글쓰기 교정 도구를 활용하여 문법 오류를 수정하고, 문장의 명확성, 간결성, 설득력을 향상시킨다.

(4) 헤드라인 최적화 단계: AI 헤드라인 분석 도구를 활용하여 클릭률을 높이는 매력적인 헤드라인을 생성하고 테스트한다.

(5) 콘텐츠 최적화 단계: AI 콘텐츠 최적화 도구를 활용하여 SEO 친화적인 글쓰기를 수행하고, 독자의 몰입도를 높인다.

AI 도구를 활용하여 작성한 문장들을 평가하고 개선할 때에는 다음과 같은 질문을 던져볼 수 있다.

- 이 문장이 타겟 고객의 언어와 일치하는가?
- 이 문장이 고객의 궁금증을 유발하고 참여를 유도하는가?
- 이 문장이 제품/서비스의 매력을 감각적으로 잘 묘사하고 있는가?
- 이 문장이 어려운 내용을 쉽고 명확하게 전달하는가?

- 이 문장이 긍정적이고 확신에 찬 어조를 사용하고 있는가?
- 이 문장이 긴급성 또는 희소성을 효과적으로 강조하고 있는가?
- 이 문장이 고객이 취해야 할 다음 행동을 명확하게 제시하는가?

액션 플랜

오늘 워크지를 통해 얻은 인사이트를 바탕으로, 앞으로 당신의 세일즈 글쓰기를 다음과 같이 변화시키고 실행한다.

(1) 타겟 고객 분석 심화

AI 도구를 활용하여 타겟 고객의 언어, 니즈, pain point를 더욱 깊이 이해한다.

(2) 핵심 메시지 명확화

팔고자 하는 제품/서비스의 핵심 가치와 고객에게 제공하는 궁극적인 이점을 명확하게 정의한다.

(3) 필살 전략 적용 훈련

워크지에서 학습한 '사게 만드는' 문장 만들기 필살 전략을 꾸준히 연습하고 실제 글쓰기에 적용한다.

(4) AI 도구 적극 활용

글쓰기 각 단계에 최적화된 AI 도구를 적극적으로 활용하여 효율성과 효과성을 극대화한다.

(5) 데이터 기반 최적화

AI 분석 도구를 활용하여 작성한 글의 성과를 측정하고, 데이터를 기반으로 지속적인 개선을 수행한다.

잊지 마라! AI는 당신의 글쓰기 능력을 혁신적으로 향상시키는 강력한 도구이다. 이 워크지를 꾸준히 활용하고 실천함으로써 '완판'을 달성하는 최고의 세일즈 글쓰기 전문가가 될 수 있다!

13-4
이제는 '어떻게 팔 것인가'가 아니라 '어떻게 설계할 것인가'의 시대이다

AI와 인간의 마음

　사람들은 왜 같은 실수를 반복하는가. 머리로는 안 된다는 것을 알면서도, 감정의 이끌림에 속수무책으로 무너지는 순간들을 경험한다. "이 제품 좋다"는 수많은 외침 속에서 우리의 귀는 닫히지만, "당신만 그런 게 아니에요"라는 한마디에 마음이 움직이는 이유는 무엇일까. 그것은 단순한 마케팅 전략의 문제가 아니라, 인간이라는 존재 자체가 얼마나 강력한 감정의 지배를 받는 존재인가를 여실히 보여주는 단적인 예이다.

　이 책은 바로 그 근본적인 질문에서 출발했다. 단지 현란한 문장 기술을 가르치는 것이 아니다. 인공지능이 인간의 뇌 작동 메커니즘을 어떻게 이해하고, 그 뇌의 판단 오류를 역이용하여 설득의 기회를 창출하는지 명확하게 설명한다. 인간의 무의식적인 반응, 감정의 예측 가능한 패턴, 그리고 때로는 비합리적인 결정의 빈틈을 어떻게 언어라는 도구를 사용하여 정교하게 공략할 것인가. 이것이 바로 이 책이 궁극적으로 파헤치는 핵심 지점이다.

이 책을 통해 당신은 혁신적인 변화를 맞이하게 된다.

첫째, 감각이 아닌 과학적인 구조로 말하는 능력을 갖추게 된다. 더 이상 막연하게 "잘 써야 한다"는 추상적인 조언에 의존하지 않아도 된다. '어떻게 써야 비로소 반응이 오는가'에 대한 명확한 해답을 구조적인 설계를 통해 제시한다. 클릭 한 번, 망설임 없는 구매, 견고한 신뢰 구축, 지속적인 관계 형성까지, 이 모든 것이 우연이 아닌 치밀하게 구조화된 언어 설계로 가능해짐을 깨닫게 될 것이다.

둘째, AI와 인간 사이의 미묘한 간극을 전략적으로 활용하는 힘을 얻게 된다. 인공지능은 놀라운 능력을 갖춘 도구이지만, 인간의 복잡하고 섬세한 감정 영역을 완벽하게 복제할 수는 없다. 그러나 우리가 그 감정의 본질을 정확하게 언어로 설계하여 AI에게 입력한다면, AI는 그 누구보다 강력한 감정 복제 및 전달 장치가 될 수 있다. 이 책은 바로 그 미세한 간극을 정확히 이해하고, AI를 단순한 자동화 도구가 아닌 진정한 '설득 파트너'로 탈바꿈시키는 혁신적인 전략을 제시한다.

셋째, 뇌 과학과 행동경제학이라는 강력한 '무기'를 손에 넣는 놀라운 경험을 하게 된다. 인간의 뇌는 이성적인 판단보다 감정적인 반응에 훨씬 더 빠르다. 이 책은 바로 그 뇌의 속도에 최적화된 AI 프롬프트의 구조, 감정 트리거를 작동시키는 프레임 설정, 그리고 다양한 심리 유형에 효과적으로 대응하는 전략을 구체적으로 제시한다. 더 이상 직관과 감에 의존하여 설득하는 시대는 끝났다. 당신은 이 책을 통해 '감'이 아닌 과학적인 '설계'를 통해 사람들의 마음을 움직이는 영향력 있는 존재로 거듭날 것이다.

왜 지금, 바로 이 책이어야만 하는가?

지금은 단순한 정보 과잉의 시대를 넘어섰다. 매 순간 쏟아지는 정보 속에서, 사람들은 본능적으로 "어떤 말이 진정으로 내 마음을 울리는가"를 구별하려 한다. 아무리 방대한 지식과 뛰어난 정보를 전달한다 해도, 그것이 상대방의 뇌 구조와 감정 패턴에 부합하지 않는다면, 그 모든 노력은 공허한 외침에 불과할 것이다. 인공지능이 스스로 말할 수 있는 시대는 이미 도래했다. 하지만 그 AI를 당신의 의도대로, 효과적으로 말하게 만드는 사람은 아직 극소수에 불과하다. 이 책은 바로 당신을 그 '소수'로 이끌어줄 강력한 도구이며, 스스로가 설득의 새로운 패러다임을 창조하는 '최초의 설계자'가 되도록 설계된 궁극의 지침서이다.

이 책을 완독하고 마지막 페이지를 덮는 바로 그 순간, 더 이상 평범한 '글을 쓰는 사람'에 머무르지 않을 것이다. 인간의 뇌와 감정의 작동 원리를 깊이 이해하고, 그것을 정교한 언어로 디자인하는 '뇌와 감정을 설계하는 언어 디자이너'로 새롭게 태어날 것이다. 그리고 이제, 단순한 질문을 던지는 대신, 의도대로 GPT를 완벽하게 제어하고 활용할 수 있는 강력한 능력을 갖추게 될 것이다. 이것이 바로 이 책이 선사하는 가장 큰 이점이며, 당신의 삶과 비즈니스에 획기적인 전환점이 될 것이라고 확신한다. 지금 바로 이 책을 통해 당신의 언어를 설계하고, 영향력을 극대화하며, 원하는 모든 것을 현실로 만들어내는 놀라운 여정을 시작하라. 이 책은 단순한 지식을 넘어, 잠재력을 폭발시키고 새로운 가능성을 열어줄 것이다. 망설이지 마라. 당신의 성공적인 미래는 바로 이 책 속에 담겨 있다. 당신의 성장을 진심으로 응원한다.

보너스장

AI 세일즈 글쓰기 워크북

이 워크북은 AI를 활용하여 '잘 팔리는 글'을 다양한 글쓰기 형식별로 구조화하고, 감정과 행동을 유도하는 카피라이팅을 실전에서 구현하기 위한 실습용 가이드이다. 단순히 좋은 말이 아니라, '구매로 연결되는 말'을 만드는 기술을 훈련한다.

'사게 만드는' 문장 만들기 필살 전략 실습

각 전략을 적용하여 당신의 제품 또는 서비스를 홍보하는 문장을 직접 작성해보아야 한다. AI 도구를 활용하여 아이디어를 얻거나 문장을 개선할 수 있다.

실습 1. 고객의 언어로 쓰는 연습

문제: 당신의 타깃 고객은 어떤 단어와 표현을 주로 사용하는가? 그들의 언어를 활용하여 제품/서비스의 특징을 설명하는 문장을 3개 작성하라.

예시 답안

(1) "요즘 애들 말로 '찐템'입니다. 써보면 압니다."

(2) "하루 끝, 이거 하나면 피로가 싹 날아갑니다."

(3) "엄마들 커뮤니티에서 입소문 난 바로 그 제품입니다."

실습 2. 질문 던지기로 참여 유도하는 연습

문제: 타깃 고객이 겪는 고민이나 질문은 무엇인가? 그들의 생각을 자극하는 질문 3개를 작성하라.

예시 답안

(1) "퇴근 후 1시간, 어떻게 쓰고 계시는가요?"

(2) "혹시 당신도 매일 아침 피곤하게 시작하시나요?"

(3) "당신의 하루, 이대로 괜찮습니까?"

실습 3. 감각적인 묘사 활용 연습

문제: 제품/서비스를 통해 고객이 경험할 수 있는 감각적 요소는 무엇인가? (시각, 청각, 촉각 등) 그 감각을 활용해 생생하게 묘사한 문장을 3개 작성하라.

예시 답안

(1) "첫 모금에 입안 가득 퍼지는 진한 풍미, 딱 그 맛이다."

(2) "따뜻한 촉감, 밤하늘 아래 담요 같은 위로를 준다."

(3) "눈을 감고 듣는 순간, 바다에 서 있는 기분이었다."

실습 4. 쉬운 비유와 연결고리 만들기 연습

문제: 제품/서비스의 핵심 기능을 쉽게 이해할 수 있는 일상적인 비유로 설명하라. 문장 3개를 작성하라.

예시 답안

(1) "이 앱은 마치 당신의 시간 비서 같다. 하루를 알아서 정리해준다."

(2) "이 제품은 고단한 하루 끝, 따뜻한 국밥 한 그릇 같은 존재다."

(3) "이건 마치 손안의 작은 헬스트레이너다."

실습 5. 긍정적이고 확신에 찬 어조 연습

문제: 제품/서비스에 대한 자신감을 표현하고 고객에게 긍정적인 기대를 심어주는 문장을 작성하라.

예시 답안

(1) "이 제품을 선택한 순간부터 당신의 일상이 달라진다."

(2) "더 이상 고민하지 않아도 된다. 믿고 써보라."

(3) "결과는 분명히 다르다. 경험해보면 안다."

실습 6. 긴급성과 희소성 강조 연습

문제지: 구매를 서두르게 만들기 위한 긴박한 문장을 작성하라.

예시 답안

(1) "오늘 밤 12시까지만 이 혜택이 열린다."

(2) "단 100개 한정. 품절되면 다음은 없다."

(3) "이번 주말까지만, 절대 놓치지 마라."

실습 7. 명확한 행동 촉구(CTA) 작성 연습

문제지: 독자가 즉시 행동에 옮기도록 유도하는 명령형 문장을 작성하라.

예시 답안

(1) "지금 바로 신청하라."

(2) "할인가가 끝나기 전에 클릭하라."

(3) "단 10초, 링크를 눌러 시작하라."

AI 활용 글쓰기 전략 구체화

글쓰기의 각 단계에서 AI를 어떻게 활용할 수 있을지 구체적으로 계획하라.

예시

헤드라인 아이디어 수집 → GPT 헤드라인 생성 프롬프트 활용

고객 언어 추출 → AI 리뷰 요약 툴 사용

Before/After 비교 문장 작성 → GPT 스토리 프레임 적용

작성한 문장을 AI에 다시 입력하여, 더 매끄럽고 설득력 있는 버전으로 개선할 수 있다.

액션 플랜 수립하기

실습을 통해 얻은 통찰을 바탕으로, 앞으로 당신의 세일즈 글쓰

기를 어떻게 변화시킬지 구체적인 실천 계획을 적어보라.

예시

매주 3개의 CTA 문장 만들기 루틴 설정

모든 콘텐츠에 감정 트리거를 1개 이상 넣기

GPT 프롬프트 라이브러리 만들기

기억하라. AI는 단순한 도구가 아니라, 당신의 설득 능력을 배가시키는 전략 파트너이다.

이 워크지를 반복 활용하면, 당신은 반드시 '완판 글쓰기 전문가'가 될 수 있다.

ChatGPT용 AI 세일즈 전략 프롬프트 ZIP

각 실습을 바로 AI에 던져 사용할 수 있는 전략 프롬프트로 바꾸어 제공한다.

실습 1. 고객의 언어로 쓰기

프롬프트

"20대 여성 고객 리뷰를 분석하고, 자주 사용하는 표현과 감성 키워드를 바탕으로 제품 특징을 설명하는 문장 3개 작성해줘."

실습 2. 질문으로 참여 유도

프롬프트

"30대 직장인 여성 고객이 공감할 수 있는 일상 속 고민을 기반으로, 생각을 자극하는 질문형 문장 3개 만들어줘."

실습 3. 감각 묘사 활용

프롬프트

"고급 커피 브랜드에 대해 시각, 후각, 미각 중심의 감각적 문장 3개 작성해줘. 고객이 실제 마셔보는 느낌을 상상하게 해줘."

실습 4. 쉬운 비유와 연결고리

프롬프트

"시간 관리 앱의 기능을 일상적 사물이나 상황에 비유해서 쉽게 설명하는 문장 3개 작성해줘."

실습 5. 긍정적 확신 어조

프롬프트

"자기계발 프로그램에 대해 확신 있는 어조로 강하게 설득하는 문장 3개 만들어줘. 긍정적인 기대감을 강조해."

실습 6. 긴급성과 희소성 강조

프롬프트

"할인 마감이 임박한 상황에서 고객이 조급함을 느끼도록 유도하는 문장 3개 작성해줘. 한정 수량, 마감 기한을 활용해."

실습 7. 명확한 CTA 작성

프롬프트

> "구매 유도를 위한 강한 명령형 CTA 문장 3개 작성해줘. 지금 바로 행동하게 만들 수 있게 만들어줘."

보너스. Before &After 구조 스토리 프레임

프롬프트

> "이 제품 사용 전과 후의 변화를 감정 중심으로 표현한 Before &After 스토리 문장 3개 만들어줘. 공감과 변화에 초점 맞춰줘."

이 프롬프트들만 있으면 워크북 안의 실습 문제를 전부 AI에게 자동화시켜 적용할 수 있다.

AI 실전 응용기술 프롬프트북 "이제 이걸 써먹자"

1. AI로 클라이언트 브랜딩 설계하기

단순 카피라이팅을 넘어, 클라이언트의 말투·성격·가치관까지 GPT에 복제하는 전략이다.

프롬프트 예시

> 클라이언트는 따뜻하고 진정성 있는 말투를 원해.
> 페르소나는 친절한 조언자.
> 이 브랜드 어조로 30대 여성 타깃 상품 소개 문장 3개 작성해줘.

2. AI 세일즈 챗봇 스크립트 자동화

대화형 세일즈 스크립트를 GPT가 설계하도록 하는 기술이다.

프롬프트 예시

> 고객이 망설이고 있어.
> 챗봇이 공감한 후 혜택을 강조하고,
> 마지막에 강한 CTA로 이어지는 대화문 3개 작성해줘.

3. 소비자 심리코드 분류 자동화

리뷰나 댓글을 통해 고객의 심리 상태를 분석하고 그에 맞는 맞춤형 문장 생성이 가능하다.

프롬프트 예시

> 이 블로그 리뷰들에서 감정 키워드를 추출하고,
> 불안형 소비자에게 맞는 마케팅 문장 3개 작성해줘. (리뷰 복사 붙여넣기 후 활용가능)

4. 라이브 커머스용 AI 대본 자동화

쇼호스트 전용 톤과 전개 구조를 GPT에게 맡겨 대본을 짜는 방식이다.

프롬프트 예시

> 고객: 30대 워킹맘
> 상품: 가성비 좋은 무선청소기
> 라이브 방송용 오프닝 1분 + 클로징 멘트 구성해줘.

> 대화형 말투로 긴장감 있게.

5. 거절을 설득으로 바꾸는 문장 리프레이밍

'비싸요', '생각해볼게요' 같은 거절을 공감 → 전환 → CTA로 바꾸는 설득 기술이다.

프롬프트 예시

> 고객이 '가격이 부담돼요'라고 말했을 때,
> 이를 공감하면서도 구매 유도로 자연스럽게 이어지는 문장 3개 작성해줘.

활용법 팁

- 이 프롬프트북은 현장형 AI 활용 가이드다.

그냥 "문장 써줘" 대신 "상황 + 감정 + 어조 + 목표"까지 넣어서 요청하면, GPT는 진짜 '브랜드 담당자'처럼 반응한다.

소비자 심리로 설계하는 AI CS 전략

고객의 말 뒤에 숨은 심리를 읽고, AI에게 말하게 해라. 소비자는 말을 돌려 한다. 그 심리를 우리는 읽어야 한다.

고객은 "비싸요"라고 말하지만, 사실은 "지금 이걸 사는 게 나한테 가치가 있는지 모르겠다"는 것이다. "좀 더 생각해볼게요"는 "설득이 부족하다"는 뜻이다.

고객의 표현 → 심리 코드 → 대응 언어 이 흐름을 AI에게 프롬프트 구조로 입력할 수 있어야 한다.

[소비자 심리 유형 5가지]

유형	표면 언어	내면 심리	대응 방식
불안형	"이거 효과 있을까요?"	실패에 대한 두려움	공감 + 사례 제공
기대형	"진짜 괜찮은가요?"	만족과 감동을 원함	미래 변화 그리기
회의형	"비싸네요"	신뢰 부족	수치 + 보장 강조
감정형	"기분이 안 좋아요"	존중받고 싶음	사과 + 공감 표현
행동형	"귀찮네요"	간편함과 효율 추구	빠르고 쉬운 해결 제안

프롬프트 설계 전략. GPT에게 감정을 읽게 하라

프롬프트 설계 구조

1. 고객 발화
2. 숨겨진 심리 분류
3. 그에 맞는 응답 전략 생성

AI 프롬프트 예시

(1) 불안형 고객 대응 프롬프트

- 고객: "이거 효과 있을까요?",
- 분석: 이 고객은 불안형.

> GPT야, 공감하면서 실제 후기나 사용 사례 기반으로 설득하는 문장 3개 작성해줘.

- 고객: "괜히 돈 낭비일까 봐요"

> GPT야, 공감 + 실사용 후기 + 실패 리스크 축소가 담긴 문장 3개 작성해줘.

(2) 회의형 고객 대응 프롬프트

- 고객: "가격이 좀…"
- 분석: 이 고객은 회의형.

> GPT야, 가격의 이유를 논리적으로 설명하고, 환불 정책이나 보장 조건 포함한 문장 3개 작성해줘.

- 고객: "너무 비싼 거 아닌가요?"

> GPT야, 가격의 논리 + 품질 보장 + 환불 정책을 포함한 설득 문장 3개 만들어줘.

(3) 감정형 고객 대응 프롬프트

- 고객: "기분 나쁘네요"
- 분석: 감정형.

> GPT야, 감정 존중과 사과가 담긴 진심 있는 문장 2개 + 해결 제안 1개 작성해줘.

- 고객: "상처받았어요"

> GPT야, 진심 어린 사과 + 감정 인정 + 정중한 후속 조치를 담은 문장

3개 작성해줘.

실제 상담에 GPT 적용하는 실전 시나리오

상황

고객이 "하자가 있네요. 다시는 여기서 안 사요"라고 한다면?

→ GPT 입력 구조 예시

- 고객 불만: 하자 제품 + 분노 표현

> GPT야, 감정형 반응이므로 공감 후 해결책 제시하는 문장 3개 작성해줘.
> 분노의 감정은 최소화하면서 브랜드 신뢰는 지키는 톤으로 작성해줘.

GPT는 고객의 말만 들으면 무기력하다. 하지만 "말 뒤에 숨어 있는 심리 코드"를 입력하면 정확하게, 진심 있게, 타이밍에 맞게 말하는 설득자가 된다.

에필로그

언어가 심리를 움직일 때, 소비 행동은 이미 발현된다.

현대 소비자들은 매일 선택한다. 무엇을 구매하고, 어떤 브랜드를 선호할지, 그리고 왜 그러한 결정을 내렸는지조차 의식하지 못한 채로 말이다. 무의식은 언제나 의식보다 한 발 앞서 반응하고, 클릭하고, 결제한다.

이 책은 바로 그 순간의 메커니즘을 심층적으로 분석하였다. 감정은 논리보다 빠르게 작동하며, 욕망은 필요보다 강력하다. '지금이 아니면 안 된다'는 긴박감과 '모두가 하고 있다'는 사회적 압박은 소비자의 뇌를 조용히, 그러나 확실하게 움직인다.

그리고 AI는 이 모든 심리적 흐름을 학습하고 있다. 소비자가 머문 화면, 주저한 타이밍, 반복한 검색어 속에서 '다음 행동'을 조용히 예측하고, 설계하고, 유도한다. 우리는 선택하고 있다고 믿지만, 때로는 선택당하고 있는 것이다.

이 책은 현장에서 활동하는 마케터이자 전략가로서, 그리고 AI

기술을 마케팅에 활용하는 실무자로서 우리가 함께 목격하고 분석한 '소비의 심층 구조'를 담고 있다. 감정이 데이터가 되고, 심리가 알고리즘이 되며, 그 모든 과정이 AI를 통해 더욱 정밀하게 증폭되고 있다는 현실을 규명하였다.

하지만 이 책이 궁극적으로 전달하고자 한 핵심은 단 하나이다.

심리를 읽을 수 있다면, 그리고 그것을 AI로 구현할 수 있다면, 우리는 진정한 설득의 힘을 가질 수 있다는 것이다.

브랜드를 구축하고 있는 독자라면, 다크 심리학과 AI 기술이 만나는 접점에서 어떤 전략을 설계할지 고민하게 될 것이다.

또한, 소비자의 입장에 있는 독자라면, 무심코 반응한 그 순간의 감정이 어떻게 AI에 의해 읽혀지고 활용되는지를 되짚어보게 될 것이다.

AI는 데이터를 분석하지만, 우리는 마음을 해석할 수 있다. 그리고 이제 AI는 그 마음의 해석을 더욱 정교하게 만든다.

 기술은 더욱 빨라지고 있지만, 우리는 여전히 감정으로 설득되고, 관계로 연결된다. 하지만 그 감정과 관계마저도 AI가 예측하고 최적화한다.

 언어가 변화하면 매출이 변화한다. AI가 언어를 분석하면 감정의 흐름이 데이터로 변환된다. 그리고 그 모든 과정의 이면에는 다크 심리학이 작동한다.

 이 책은 단순한 마케팅 전략서가 아니다. 다크 심리학과 AI 기술이 함께 엮어낸, 차세대 소비자 행동 예측의 설계도이다.

 우리는 각자의 전문 영역에서 이 융합을 분석하였고, 그 분석 결과를 독자들과 공유하였다. 이제, 그 설계를 어떻게 활용할지는 독자의 판단에 달려 있다.

이새봄 작가